国家社会科学规划基金资助项目
"基于语法化理论的汉语兼类虚词习得顺序研究"
项目批准号：09BYY031

基于语法化理论

的

汉语兼类虚词习得顺序研究

高顺全　著

中国社会科学出版社

图书在版编目（CIP）数据

基于语法化理论的汉语兼类虚词习得顺序研究／高顺全著．—北京：
中国社会科学出版社，2015.9
ISBN 978 - 7 - 5161 - 6308 - 5

Ⅰ.①基…　Ⅱ.①高…　Ⅲ.①汉语—虚词—研究　Ⅳ.①H146.2

中国版本图书馆 CIP 数据核字（2015）第 131086 号

出 版 人	赵剑英
责任编辑	吴丽平
责任校对	王佳玉
责任印制	李寡寡

出　　版	中国社会科学出版社
社　　址	北京鼓楼西大街甲 158 号
邮　　编	100720
网　　址	http://www.csspw.cn
发 行 部	010 - 84083685
门 市 部	010 - 84029450
经　　销	新华书店及其他书店

印刷装订	北京君升印刷有限公司
版　　次	2015 年 9 月第 1 版
印　　次	2015 年 9 月第 1 次印刷

开　　本	710×1000　1/16
印　　张	21.5
插　　页	2
字　　数	365 千字
定　　价	68.00 元

目　录

1

绪　　论

1.1　研究对象与范围

本书名为《基于语法化理论的汉语兼类虚词习得顺序研究》。

兼类虚词指的是身兼两个以上词类的虚词，如"和"兼属连词和介词，"在"兼属介词和副词，"不过"兼属副词、连词和助词等。

现代汉语有不少兼类虚词。一般的词典或虚词类工具书如《现代汉语词典》《现代汉语规范词典》《现代汉语八百词》（吕叔湘主编）、《现代汉语虚词词典》（张斌主编）和《现代汉语常用虚词词典》（武克忠主编）等都对虚词的词性做了标注。我们考察后发现，这些辞书对某一虚词是否兼类或者身兼几类的处理并不完全一致。本书在确定研究对象和范围时主要依据《现代汉语八百词》（为了行文简便，以下及后面各章中均简称为《八百词》），最主要的原因是它编写的初衷是"供非汉族人学习汉语时使用"，是为汉语作为第二语言教学服务的。它在对虚词的意义和用法分类时，更充分地考虑到了第二语言教学实际。

我们在《八百词》中共统计到兼类虚词 30 个，其中单音节 16 个，双音节 14 个。具体如下：

并　从　给　跟　管　和　将　就　可　连　同　以　因　与　在
自　不过　果然　果真　还是　或者　尽管　就是　可是　另外　那
么　甚至　同时　因为　只是

在这 30 个兼类虚词中，属于副词和介词兼类的有 6 个，分别是

"从""就""将""连""在"和"自";属于介词和连词兼类的有 8 个,分别是"跟""管""和""同""与""因""因为"和"以";属于副词和连词兼类有 15 个,分别是"并""不过""果然""果真""还是""或者""尽管""就是""可""可是""另外""那么""同时""甚至"和"只是"(其中"那么"《八百词》标为指代词和连词兼类,我们觉得它指示程度时更像是副词);属于介词和助词兼类的只有"给"1 个。

我们最初的打算是在汉语中介语语料库输出用例的统计分析上对所有的兼类虚词分别进行专题研究,但在初步的检索统计后发现,有些兼类虚词的输出用例太少甚至没有,有些则表现为两类词性的输出用例的数量相差悬殊,因此,我们决定缩小专题研究的范围。

在 6 个副介兼类虚词中,"从"的副词用法使用受限(只用在否定词前),"就"的介词用法输出用例极少,"连"基本上没有副词用例,"将""自"属于书面语,副词和介词用法都鲜有输出用例。在 8 个介连兼类虚词中,"管"的连词用例为零,介词用例也很少;"以"的书面色彩过浓。在 15 个副连兼类虚词中,"并"和"或者"基本上只有连词用例而没有副词用例;"另外"的副词用法本身就仅限于用在动词之前(用于名词性成分之前时为代词),中介语语料中基本上见不到用例;至于"果然"和"果真",虽然《八百词》和一般辞书一样把它们标注为副词和连词兼类,但两者意义和用法基本相同,很难加以区分;"给"的助词用法(用于"把"字句和"被"字句中,或者相当于"把""被")在汉语中介语语料库中很难见到输出用例。

经过这样一轮初步的筛选之后,我们把专题研究对象确定为以下 17 个兼类虚词,即:

在　跟　和　同　与　因　因为　不过　还是　尽管　就是　可　可是　那么　同时　甚至　只是

语法化(grammaticalization)是人类语言共同存在的一种语言演变现象,主要指实词逐渐虚化为没有实在意义的语法成分和短语或词组逐渐凝结为一个单词的过程(江蓝生,2000)。前者即一般所说的实词虚化,后者也可以看作短语的词汇化(lexicalization)。本书研究的单音节兼类虚词的语法化是实词虚化;双音节兼类副词大都经历了词汇化和语法化两个过程,不过这两个过程互相伴随,很难区分,而且两者的演变机制相同,动因上也有很大的一致性,都属于语言演变的大框架(王灿龙,2005)。因此我们侧重从语法化的角度理解。语法化有程度上的高低之别:意义由实变虚是虚化,由虚变为更虚也是虚化。虚词的不同意义和用法之间的语法化程度由低到高可以形成一个序列,我们把这个序列叫做语法化程度顺序,简称语法化顺序。

二语习得理论认为,第二语言学习者在习得两个以上语言项目时存在一个习得顺序,即某些语言项目一定在另外一些语言项目之前或之后习得。习得顺序不受学习者母语、年龄以及学习环境等因素的影响,是一种客观存在。就语法项目来说,习得顺序包含两方面的内容:一是指习得不同语法项目时的先后顺序,学习者总是先习得某些语言规则后再习得另外一些语言规则,一般称之为"习得顺序"(the order of acquisition);二是指习得某一特定、较为复杂语法项目内部相关的子项目时也遵循固定的顺序,有人称之为"习得次序/序列"(the sequence of acquisition)。

兼类虚词虽然完全同形,但在句法、语义甚至语用上却是有区别的。对于把汉语作为第二语言的学习者来说,它们几乎是不同的语言项目。同时,汉语虚词意义和用法一般都比较复杂,兼类虚词的某一词类内部的不同意义和用法也不是同时习得的。因此,本书研究的习得顺序包括两方面的内容:兼类虚词不同词类之间的习得顺序是"order",某一词类内部不同用法之间的先后是"sequence",不过我们认为两者之间并没有本质的区别,因此统称为习得顺序。本书着重研究兼类虚词不同词类之间的习得顺序,即学习者先习得兼类虚词的哪一个词性的意义和用法,同时也对某一词类的意义和用法进行再分类,研究其小类用法或者说不同义项之间的习得顺序。

1.2 研究思路与方法

本研究的总体思路是,在语法化理论的框架下研究汉语兼类虚词的习得顺序。该思路基于这样的认识:语法化过程和成人二语习得过程之间存在认知共性和发展共性,语法化顺序和习得顺序在很大程度上是一致的。

本书根本性的研究方法为"构拟—验证"法。构拟的习得顺序和客观习得顺序之间可能存在差异，因此本研究是具有理论导向的习得顺序研究。具体思路和操作程序如下：

（ⅰ）假设虚词的语法化顺序和习得顺序基本一致，或者呈显著正相关；

（ⅱ）描写某一虚词不同意义和用法之间的语法化顺序；

（ⅲ）根据该虚词的语法化顺序构拟其不同意义和用法之间的习得顺序；

（ⅳ）通过对该虚词在较大规模中介语语料库中输出用例的分析考察，得出其客观习得顺序；

（ⅴ）把构拟的习得顺序和客观习得顺序进行对比，讨论二者的一致性或相关性，验证构拟顺序的准确性。

本书在对 17 个兼类虚词进行专题研究时采取基于用法的研究方法，即研究兼类虚词一个形式的不同意义和用法之间的语法化顺序与习得顺序。每个专题都基本遵守相同的研究思路和程序。即：

第一步，对兼类虚词的意义和用法进行分类。在《八百词》的分类基础上，参考其他辞书的分类，吸收语法学界的研究成果（以贴近教学实际为原则），同时提出自己的看法。

第二步，从共时和历时两个角度（包括语义关联顺序、历时发展顺序、抽象化程度和主观化程度多个方面）描写兼类虚词不同意义和用法的语法化程度顺序，并在此基础上构拟其习得顺序。

第三步，通过对本研究所用的汉语中介语语料库中兼类虚词的习得情况考察，得出各个意义和用法的客观习得顺序。在评判习得情况等级顺序时，注意综合某一意义和用法在输出、正确率和初现三方面的表现，得出一个比较符合实际的客观习得顺序。

第四步，对比客观习得顺序和基于语法化程度构拟出的习得顺序之间的异同，对不同之处进行讨论和解释。同时考察《高等学校外国留学生汉语教学大纲》（以下各章简称《教学大纲》）对该兼类虚词的处理情况，并就相关教学安排提出一些合理化建议。

本研究在描写语法化顺序时主要采取共时和历时相结合、演绎推导和语料佐证相结合的方法；在考察习得情况、描写习得顺序时主要使用定性和定量研究相结合的方法。定性研究主要指对习得情况进行分等级评价，定量研究则主要表现为语料库研究法——对每个兼类虚词的不同用法都进行穷尽性分类统计和对比分析。

为了简便，本研究使用"＞"这一个符号表示多个意思：用以描写语法化顺序时表示"低于"，描写习得情况等级顺序时表示"好于"，构拟和描写习得顺序时表示"先于"。

1.3 语料说明

本书对兼类虚词客观习得顺序的描写和评判建立在对汉语中介语语料库输出用例的穷尽性统计分析基础之上。

本书使用的汉语中介语语料库由两个各为60万字的子语料库组成。其中之一为作者自建，由作者所在的复旦大学国际文化交流学院不同水平的外国留学生书面作文组成（包括平时作文和考试作文，以前者居多）。语料收集时间在2008年至2012年之间，形式主要为命题作文，文体大都为叙事文体，也有少量属于说明和议论性质，作文长度在100字至800字之间。这些作者来自于30多个国家，学习汉语时间在两个月到两年半之间。留学生按语言水平编班，细化为从A到J共10个阶段：分班测试时，零起点学生编在A段，学习两个月后升为B段；有一定汉语基础、学习时间在两个月左右的留学生分班时编在B段，学习两个月后升为C段，依此类推。我们按照学生的汉语水平，把收集来的语料分为三个等级：B-D段为初级，E-H段为中级，I-J段为高级。自建复旦语料库中初级、中级和高级之语料各为20万字。

另一子语料库由南京师范大学国际文化教育学院所建汉语中介语语料库之部分语料组成，由肖奚强教授友情提供（本书作者亦将自建语料库之部分语料回赠）。该语料库语料全部为南师大外国留学生书面作文，其形式、文体属性以及文章长度均和复旦语料库中的作文相类，作者也来自多个国家。语料按学生年级分为三个等级（各20万字）：一年级学生作文语料为初级，二年级作文为中级，二年以上学生作文为高级。

复旦大学国际文化交流学院一个学期完成两段教学，因此自建语料库的初、中、高级和南师大语料库的初、中、高级水平基本相当。这样，本研究所用汉语中介语语料库的初、中、高三个等级均为40万字，总规模为120万字。虽然不是很大，但已经能够保证中介语料的连续性和统计分析的有效性。研究者之所以使用两个来自不同高校的子语料库，除了资源共享之外，更重要的目的是想对比不同教学情况下学习者的语言项目输出是否有较大的不同，特别是在初现方面有无差异。

复旦语料库和南师大语料库均不分国别，不过习得顺序在提出之初的定义就是二语习得中存在一个不受学习者母语影响的共同顺序。尽管后来的研究表明某些语言项目的习得顺序可能会因母语的差异而有所不同，但这种差异不是根本性的。本书研究的出发点和目的是从语法化和语言习得在认知上存在共通之处这一角度来解释习得顺序的共性或者说倾向，因此不分国别不会影响我们的基本结论。

对汉语中介语语料库中某一语言项目的统计分析只能发现某一语言项目的绝对输出情况，要比较科学地评价输出情况，最好能把它和本族语料中相应语言项目的使用情况结合起来进行对比分析。为此，我们又建立了一个约100万字的本族语语料库。考虑到中介语语料库中的书面作文主要为叙事、说明和议论文体，我们选取了王朔的小说《我是你爸爸》（约15.2万字）、赵瑜的报告文学《马家军调查》（约31万字）、张正隆的报告文学《雪白血红》（约16.1万字）、余秋雨的散文《抱愧山西》（约17.7万字）和《邓小平文选》（第三卷，约19.5万字）作为本族语定量统计分析比较的对象。前三部作品的口语和北方话色彩比较浓厚，余秋雨的作品则具有比较明显的书面语气息，《邓小平文选》则兼具口语和书面语色彩。这样能基本上保证这一小规模本族语语料库的"普通话"属性。

另需说明的是，我们在对兼类虚词进行意义和用法分类时所举例句有些直接引自《八百词》，有些出自前述四部本族语作品，少数则为研究者自省，均未标明出处。在兼类虚词历时发展过程之考察部分，所用例句除特别说明外，均出自中国人民大学朱冠明教授所建之"朱氏语料库"，所有用例都注明了出处。中介语部分，除了错别字以外，均未做改动，因此不少语句颇有不通之处。但真实的中介语语料确实如此。

语法化顺序与汉语兼类虚词习得顺序研究

2.1　语法化顺序

2.1.1　语法化及其单向性

语法化（grammaticalization）是指"词汇单位或结构式在某个特定的语言环境里获得语法功能，或者语法项发展出新的语法功能"这样一种演变过程。（Traugott，2001；转引自吴福祥，2003a）包括实词逐渐虚化为没有实在意义的语法成分和短语或词组逐渐凝结为一个单词的过程（江蓝生，2000）。前者即中国传统语言学所说的实词虚化，后者也可以看做短语的词汇化（lexicalization）。本书研究的单音节兼类虚词的语法化是实词虚化，双音节兼类虚词大都经历了词汇化和语法化两个过程，不过这两个过程互相伴随，很难区分，而且两者的演变机制相同，动因上也有很大的一致性，都属于语言演变的大框架。（王灿龙，2005）因此我们侧重从语法化的角度理解它们。

语法化研究在国外于20世纪70年代后重新兴起，其研究重心从历时转向共时，目的是希望从共时和历时相结合的角度出发，用语法化来解释共时层面上难以理解的语法现象，并进一步探索语法的演变过程。国内汉语语法化的研究一直是最近20年来语法学界的热点问题，相关研究全面、深入，成果斐然。由于本书的研究重点不是语法化本身，而是要把它作为兼类虚词习得顺序研究的理论基础，因此这里只对相关概念和观点做一简单的介绍。

关于语法化的动因，一般认为，语法化现象的发生是由话语交际中某种语用/认知策略促动的，本质上是语言使用的产物。导致语法化过程发生的主要语用/认知动因是隐喻和转喻。（吴福祥，2003a）隐喻体现为一

个语言成分基于意义感知的相似性而发生变化，在性质上具有类同性
（analogical）和像似性（iconic）；转喻体现为一个语义成分基于意义感知
的邻接性（contiguity）而发生变化，在性质上具有相关性和标引性（in-
dexical）。

关于语法化的机制，国外的相关研究比较充分。沈家煊（1998）曾
评介了五种，分别是隐喻（metaphor）、推理（inference）、泛化（general-
ization）、和谐（harmony）与吸收（absorption of context）。隐喻是用一个
具体概念来理解一个抽象概念的认知方式，是由一个认知域投射到另一个
认知域；推理是指语用推理，即听话人依靠语境从说话人有限的话语中推
导出没有说出而实际要表达的意思（隐含义），如果一种话语形式经常传
递某种隐含义，这种隐含义就逐渐"固化"，最后成为那种形式固有的意
义，这种后起的意义甚至可能取代原有的意义；泛化是一个实词的语义部
分消失从而造成自身适用的范围扩大；吸收是指虚词会把所处的上下文的
意义吸收到自身身上。其中推理机制是虚化的最重要的机制，它贯穿于虚
化的全过程；泛化基本上也贯穿始终，但是语素变得越虚就越不易再继续
泛化；隐喻机制只在虚化的早期阶段起作用，发生在实词变为较虚实词的
阶段；和谐和吸收两种机制只在虚化的晚期起作用，发生在虚词变为更虚
成分的阶段。

国内也有很多学者进行了相当深入的研究。解惠全（1987）认为实
词的虚化以意义为依据，以句法地位为途径。词义的虚化与词义引申的道
理大体相同，而且同词义引申密切相关。因为词义引申在多数情况下是由
具体到抽象，而词义虚化则常常是在引申的基础上进一步的抽象化，虚化
是引申的继续或延续。双音虚词的形成，多与实词的虚化有密切的联系。
刘坚等（1995）认为诱发实词虚化的因素有句法位置、词义变化、语境
因素等。当一个动词经常在句子中充当次要动词，它的这种句法位置被固
定下来之后，其词义就会慢慢抽象化、虚化，再发展下去，其语法功能就
会发生变化，由词汇单位变成语法单位。词义的演变、虚化，也会影响词
的功能的改变，使之用于新的语法位置、结构关系上，从而产生一个新的
虚词。词的意义和功能总是在一定的语境之中才得到体现，语境影响也是
一个值得注意的因素。此外，重新分析（reanalysis）也是语法化过程中
的一个重要环节。重新分析指没有改变表层表达形式的结构变化，它是一
种认知行为，作用是从认知的角度把词义的虚化、功能变化的过程以结果

的形式表现出来并加以确认。洪波（1998）认为，汉语实词虚化的机制
有两种，一是认知因素，一是句法语义因素，其中后者是主要的。虚化可
以分为结构语法化和功能语法化，双音节虚词既发生了结构语法化，又发
生了功能语法化。（洪波、董正存，2004）

　　关于语法化的一般原则，沈家煊（1994）概括为 9 条，即并存原则、
歧变原则、择一原则、保持原则、降类原则、滞后原则、频率原则、渐变
原则和单向（循环）原则。其中歧变原则是指一个词朝一个方向变为一
种语法成分后，还可以朝另一个方向演变为另一种语法成分。如沈家煊
（2004）的研究表明，短语"不过"语法化为副词"不过"之后，又虚
化出连词用法。降类原则是说词义的虚化总是伴随着词性的降格，即由主
要词类（如名词、动词）变为次要词类（如介词、连词）；滞后原则指的
是语形的变化总是滞后于语义的变化，结果就是语言中普遍存在一词多义
现象，即一个词形既表示实义又表示虚义，或者既表示较虚义又表示更虚
义；渐变原则是说语法化是个连续的渐变的过程，一个实词会经历多个不
同的虚化阶段或过程。每一次虚化都可能增加一个新的意义，这些不同的
意义共同形成了一个虚化链（grammaticalization chain）。在虚化链中，两
极单位之间的差别很大，但相邻单位之间的区别却是细微的。也就是说，
一个词由 A 义转变为 B 义，一般总是存在着一个既有 A 义又有 B 义的中
间阶段，即 A > A/B > B。如时间副词"在"是由引介处所的介词"在"
演变而来的，但"我在这里想明天的工作怎么安排"中的"在"可以理
解为表示处所，也可以理解为表示"正在进行"。

　　单向原则或曰单向性（unidirectionality）是历时语法化研究中的一个
基本假设，是语法化的一个最重要的共性特征。吴福祥（2003b）对此曾
有专文讨论。所谓单向性，指的是语法化的演变过程是以"词汇成分 >
语法成分"或"较少语法化 > 较多语法化"这种特定方向进行的。换句
话说，语法化是有序的，在形态—句法、语义和语用方面表现为以下三个
序列（改造自吴福祥，2003b）：

　　　　形态—句法：实词 > 虚词 > 附着形式 > 屈折形式 > 零形式
　　　语　　　义：具体义 > 较少抽象义 > 更多抽象义
　　　语　　　用：客观性 > 较少主观性 > 更多主观性

单向性在形态—句法方面表现为黏着性逐渐增强。不过在汉语这种缺乏屈折变化的语言中，实词虚化到一定程度往往转为词内成分，如"是"在经历判断动词到焦点标记的语法化过程之后，又会进一步语法化为词内成分，和别的虚词素组合成虚词"X是"。

单向性在语义方面表现为抽象性逐渐增强。因为语义虚化首先是一种抽象化的演变，一方面，抽象化使得某一语素的应用范围更广，另一方面，该语素也就显得缺乏较具体的意义。虚化也是一种创造性的概念的转换。原始概念一般较目标概念具体，由原始概念转换到目标概念的过程，也就是抽象化和虚化的过程。(孙朝奋，1994)

单向性在语用方面表现为主观性逐渐增强，因为虚化也是一种主观化(subjectification)过程。语言的主观性(subjectivity)指的是在话语中多少总是含有说话人"自我"的表现成分，包括说话人的视角(perspective)、情感(affect)和认识(epistemic modality)。"视角"就是说话人对客观情状的观察角度，"情感"包括感情、情绪、意向和态度等，"认识"主要跟情态有关。含有说话人主观态度和信念的形式和结构逐渐衍生出可识别的语法成分，就是主观化。主观化是指语言为表现这种主观性而采用的相应的结构形式或经历相应的演变过程，它既是一个"共时"的概念，又是一个"历时"的概念。Traugott(1995)从历时的角度看待主观化，认为主观化是一种语义—语用的演变，即"意义变得越来越依赖于说话人对命题内容的主观信念和态度"，它和语法化一样是一个渐变的过程。在这一变化过程中，说话人的语用推理(pragmatic inference)起了重要的作用，语用推理反复使用的结果就是形成主观性表达成分。而语用推理的产生则是由于说话人在会话时总想用有限的词语传递尽量多的信息，包括说话人的态度和感情。主观化可以说是无处不在，语法化中的主观化表现在互相联系的多个方面，如由命题功能变为言谈功能，由客观意义变为主观意义，由非认识情态变为认识情态等。实词表达的意义一般是客观的，虚化以后就可能具有主观性或者主观化。

关于单向性，近年来的语法化研究中存在着争论。吴福祥(2003b)在对相关看法进行评介之后认为，单向性是一种强烈的倾向而非绝对的原则。应当承认单向性有反例，但反例具有可解释性，其存在并不影响将单向性作为一种演变的共性而做出概括。

2.1.2　语法化顺序及其确定

语法化的单向性意味着语法化有程度的区别。语法化程度是共时语法化研究中常常用到的一个概念，指的是在一个语言的共时平面上不同的语法范畴之间往往具有语法化程度高低的差别。（吴福祥，2003a）关于如何判定语法化程度，国内外学者们已经做过比较充分的研究。沈家煊（1994）指出，判断一个成分语法化的程度是高是低，一个重要的依据是看它在历时上形成的时间先后，因为按单向原则，语法化总是由实变虚，由虚变得更虚。不考虑历时的因素，单从共时层面也可以判定语法成分的虚化程度。其标准主要是认知因素。Diehl（1975）曾把广义的空间关系分为四个等级，认为"社会空间"的语法化程度最低，"逻辑空间"的语法化程度最高；Heine 等人（1991）把语法化看作若干认知域之间的转移过程，各个基本的认知域存在一个由具体到抽象的等级（转引自沈家煊，1994）。沈家煊（1994）还认为，在共时平面上判定语法化程度，可依据的标准大体可归纳为：（1）表示空间的成分语法化程度最低；（2）三维（空间）低于一维（时间），一维低于零维（如性质、原因、方式等）；（3）与名词有关的低于与小句有关的，如介词低于连词。他同时转述 Heine 和 Traugott 等人的观点，认为从认知上看，语法化程度是抽象高于具体；从语法功能上看，Halliday 区分的人际功能的语法化程度最高，其次是语篇功能，然后是概念功能。吴福祥（2003a）认为辖域（scope）也是判定语法化程度的一个参数，如果两个语法范畴的辖域（scope）有大小之别，那么辖域大的语法范畴语法化程度高于辖域小的范畴。

我们认为，前述单向性在形态—句法、语义和语用三个方面表现出来的三个序列，反映的实际上就是语法化程度的高低顺序。由于汉语缺乏形态变化，虚词的语法化在形态—句法上的表现一般为到词内成分为止，因此语法化顺序主要表现在语义的抽象化程度和主观化程度两个方面。抽象化或主观化程度越高，语法化程度也就越高。我们把这种由低到高的语法化程度序列称为语法化程度顺序，简称语法化顺序。

就本书研究的兼类虚词来说，语法化顺序并不是"较少语法化 > 较多语法化""较少抽象义 > 更多抽象义"或者"较少主观性 > 更多主观性"这么简单。因为一个实词或意义实在的词汇成分会经历多个虚化的过程，增加一个过程，就增加一个新义，因而一个形式可以有多种意义，即一词多义甚至是一词多类（兼类）。这些意义之间可以形成一个虚化概念网（孙朝奋，1994），或一个（几个）虚化链。如图 2 - 1、图 2 - 2 所示：

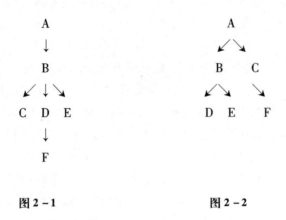

图 2 - 1   图 2 - 2

　　图 2 - 1、图 2 - 2 中 A 代表一个实词或意义实在的词汇成分，其他字母代表由 A 派生出来的虚词意义。在图 2 - 1（改造自孙朝奋，1994）中，B 是由 A 派生出来的，C、D、E 都是由 B 派生出来的，但它们互相之间没有派生关系，F 则是由 D 派生出来的。在图 2 - 2（孙朝奋，1994）中，B、C 都是由 A 派生出来的，D、E 是 B 派生出来的，F 则是由 C 派生出来的。更为复杂的情况是，图 2 - 1 中的 C、D、E 和 F 中可能有一个意义由于句法原因变成了另外一个词类，图 2 - 2 中的 B 和 C 也可能不属于同一个词类。前者如"在"，B 为又 A（动词）虚化而来的引介处所的介词，C 为引介时间的用法，D 为引介范围的用法，E 则是由 B 语法化而来的表示动作进行的时间副词（详见第 3 章）；后者如"和"，B 为由动词"和"语法化而来的连词用法，C 则是由动词"和"语法化而来的介词用法（详见第 4 章），D、E 为连词"和"的次类用法。
　　在图 2 - 1 中，B 和 C、B 和 E，甚至 B、D 和 F 三者之间的语法化程度一般比较容易判断；图 2 - 2 中的 B 和 D、B 和 E、C 和 F 之间的情况也是如此。因为一方面，从共时平面看，它们之间形成了一个虚化链，在语义上存在直接的关联，这种关联是有序的，可以叫做语义关联顺序（高顺全，2006），它反映的也是语法化顺序；另一方面，从历时平面看，既然它们之间存在派生关系，那么也一定存在历时的先后顺序，我们把这种顺序称为历时发展顺序。一般来说，后出现的意义语法化程度高于先出现的意义。例如"在"引介处所的用法先秦时已经出现,而表示动作进行是清代以后才有的用法,后者的语法化程度当然高于前者;"和"连接名词性成分的用法唐代已经出现,但连接动词性成分的用法直到近代才出现,后者的语法化程度自然也高于前者。

如果属于同一词类,有直接引申关系的两个义项的语法化程度比较容易判断,一般只看语义关联顺序即可。因为语义关联顺序和语义的抽象化程度顺序是一致的。例如介词"在"可以引介处所,也可以引介时间,后者两者之间的语义关联顺序和抽象化程度顺序都是"处所 > 时间"。此时甚至不需要看历时发展顺序(由于文献语料的局限性,甚至无法找出其历时先后顺序——这两个用法都产生于先秦)。但对那些没有直接语义关联的两个或更多的义项来说,历时发展顺序就是一个更有效的判断标准。比如"在"引介时间和引介范围这两个用法之间虽然没有直接的关联,但后者产生的时间要晚得多,在这种情况下,历时上的先后可以作为判定两者之间的语法化程度的参考依据。不过,语法化程度的判定不能完全依赖于历时考察。一方面,由于语料不充分等原因可能会导致历时证据缺乏;另一方面,实词的虚化网络犹如一颗语义树,主干的上部是语法化程度最高的部分,但主干的下部也可能冒出新枝,这一新枝在时间上可能会和主干的上部分枝同时产生,也可能晚于上部分枝。

如果不属于一个词类,兼类虚词的两个或更多的意义和用法的语法化程度如何判断?

这个问题比较复杂。首先,兼类虚词的类变至少有两种语法化模式。一是单向演变,如"在"的演变模式是"动词→介词(引介处所)→副词";二是双向演变或平行演变,如"和"的演变模式是"动词→连词/介词"(江蓝生,2012)。此外,有些兼类虚词的语法化表现为一种"快捷模式"。所谓快捷模式,指的是有些兼类虚词的两个词类的产生并非正常的单向演变的结果,而是虚词同义替代、同义复合或双音化的结果,其产生往往表现为一种突变。如副词"就"的大部分用法都出现于元明时期,但其中不少用法是替代或继承近义的"即"和"便"的结果;"就是"是在很大程度上是"就"双音化的结果,其副词用法和连词用法都是很晚才产生的,但连词用法是对"即是""便是"的继承和替代,不是由副词"就是"发展而来的;又如"因为",其介词用法是"因 + 为 N(+ VP)"重新分析的结果,而连词"因为"是同义连词"为"和"因"

复合的结果（详见第4章），连词"因为"的产生反而在介词"因为"之前；再如"尽管"，其连词用法不是副词用法演变的结果，而是对连词"只管"的替代。

在上述三种模式中，单向演变是最常见、最典型的模式。就这种模式来说，语义关联和历时发展两个标准在判断语法化程度时一般是有效的。例如引介处所的介词"在"和时间副词"在"之间的语法化程度高低很容易判断，因为可以借助语义关联顺序和历时发展顺序两个标准，而且结果是一致的。但介词"在"还有引介时间、引介范围、表示条件等多个小类用法，它们和副词"在"之间的语法化程度如何判断？此时语义关联顺序几乎不起作用，不过历时发展顺序尚有一定的参考作用，因为引介时间和范围的"在"先于副词"在"出现。可是表示条件的"在"和时间副词"在"历时产生的年代相去不远，此时历时顺序标准也变得无能为力。

这是否意味着表示条件的介词"在"和时间副词"在"之间的语法化程度无法判断？我们不这么认为。因为在语义关联（语义的抽象化程度）和历时发展这些标准之外，还有一个主观化程度标准。虽然表示条件的介词"在"和时间副词"在"之间没有直接的语义关联，也无法比较历时先后，但前者具有较强的主观性，后者则基本上是客观表达，可以根据这一点认为前者的语法化程度高于后者。

引进主观化程度标准可以解决一些问题，但同时也会带来一些矛盾。因为：第一，语言成分的抽象化程度和主观化程度并不总是并行的，比如对于副连兼类虚词来说，副词的抽象化程度低于连词，但主观化程度却不一定；第二，主观化程度顺序不仅可能和语义关联顺序（抽象化顺序）矛盾，也可能和历时发展顺序矛盾。以"可"为例，其语法化模式是"助动词→副词→连词"（连词"可"由表示强调的副词"可"演变而来），如果根据语义关联、抽象化程度和历时先后顺序，副词"可"和连词"可"的语法化顺序应该是副词"可">连词"可"；如果按照主观化程度标准，顺序则完全相反。如果考虑到副词"可"的其他小类用法，情况会更加复杂。

抽象化和主观化都属于语义虚化。能不能强行把抽象化程度和主观化程度放在一起比较虚词包括兼类虚词的语法化程度？也许能。沈家煊（2004）认为，"主观态度相对于客观事态是比较虚灵的东西。如果词语

A 比词语 B 带有更多的主观性（包括说话人的视角、认识、情感等），我们说词语 A 比 B 虚灵。传统语义学用 semantic bleaching（语义淡化）指称实词虚化不够确切，虚化后词义的信息量可能增大，主观性也增强"。

汉语有不少副连兼类虚词如"可""可是"和"不过"等都属于这种情况：副词用法具有很强的主观性，连词用法则主要表示分句之间的逻辑关系意义。不论从语义关联还是从历时先后的角度看，它们的语法化顺序都是"副词用法 > 连词用法"，从抽象化的角度看也是如此。但如果从主观化的角度看，其语法化顺序则应该是"连词用法 > 副词用法"。

这种情况也许与副词属于语法范畴而连词主要属于逻辑范畴有关。逻辑范畴与语法范畴既相区别又相联系，奥托·叶斯柏森曾指出，"如果是逻辑学范畴，那么它们显然具有普遍性，即为各种语言所共有；如果是语言学范畴，那么这些范畴或者至少其中的某些范畴是为一种语言或几种语言所特有。一方面，逻辑范畴是人们对客观事物各个方面一般特性的反映在头脑中的积淀，语法范畴则是人们为了交际的需要而长期约定俗成的；另一方面，逻辑范畴是深藏于头脑里的认识成果，为了表达出来与人交流，从逻辑范畴中外化为不同的语法范畴。"

汉语连接小句的连词显然与逻辑范畴有关。从这一角度看，连词的意义具有较高的抽象性，相较于同形的副词用法来说，它又是比较客观的（不同的连词如"可是"与"不过"之间存在主观性的差异问题）。如果认为主观性比抽象性在判断语法化程度高低时更为重要，那么在描述兼类虚词的语法化程度顺序时就会主要基于主观化程度。但这样做的结论是某些兼类虚词连词用法的语法化程度低于副词用法，这和语法化的单向性原则是相悖的。除非认为这种现象是单向性的反例，我们倾向于这么看——正如吴福祥（2003b）所说，单向性反例是存在的，但也是可以解释的。像"可""可是"这样主观性很强的副词多是情态副词或评注性副词（张谊生，2000），具有高谓语性质，如果根据辖域大小判定语法化程度（吴福祥，2003a），其辖域并不小于相应的连词用法（辖域为所在小句）。另外（也许更有说服力）一个解释是，语法化程度也可以理解为一个语言成分的形式或意义更像是语法成分或语法范畴，而连接小句的连词表示的是逻辑事理意义，更像是逻辑范畴。

如果这一看法可行，那么就可以把语法化程度简单地理解为一个语言成分意义的抽象化和主观化程度，抽象意义的语法化程度高于具体意义，主观意义的语法化程度高于客观的抽象意义。各种意义之间的语法化顺序表现为：

具体意义 > 抽象意义 > 主观意义

基于上述思考，我们认为，对于兼类而且多义的虚词来说，多个不同意义之间的语法化程度大致可以分为三个等级描写，语法化顺序可以是一个等级顺序（低 > 中 > 高）。在判断不同意义之间语法化程度的时候，可以综合使用语义关联顺序（抽象化程度顺序）、历时发展顺序和主观化程度顺序三个标准。具体来说，我们在描写兼类虚词及其多个意义和用法之间的语法化顺序时的步骤和程序如下。

第一步：对兼类虚词的意义和用法进行分类，并尽可能地描写各个意义之间的语义关联。

第二步：根据历时语料，描写各个意义和用法的历时发展顺序。

第三步：综合语义关联和历时发展两个顺序，对那些没有主观性或主观性较弱的意义，主要根据语义抽象化程度和历时先后标准判断语法化程度；如果两个义项一个有主观性（或主观性较强），一个没有主观性（或主观性较弱），则主要根据主观性的有无或强弱，判断语法化程度的高低。

第四步：把所有的意义和用法放在一起比较，确定它们在语法化等级中的相对位置，同时比较兼类虚词两个或更多类别的语法化程度的差异。

总的来说，我们采取的是共时和历时相结合、客观性和主观性相结合的方法，即首先描述其在现代汉语共时层面的各个意义和用法，揭示其语义关联顺序，然后从历时的角度描述其历时发展顺序，最后把两者结合起来，并通过比较语义抽象化程度和主观化程度的高低，得出兼类虚词多个意义和用法语法化顺序。

2.2　习得顺序

2.2.1　习得顺序和习得标准

第二语言习得顺序的研究兴起于 20 世纪 70 年代。已有的语言习得研究表明，第二语言习得遵循一定的自然顺序即习得顺序。习得顺序包含两方面的内容，一是指习得不同语法项目时的先后顺序，学习者总是先习得某些规则后再习得另外一些规则，一般称之为"习得顺序"；二是指对某一特定语法项目的习得也遵循固定的顺序，有人称为"习得次序"，两者对应的英文术语分别是 order of acquisition 和 sequence of acquisition。

本书研究的习得顺序包括两方面的内容：兼类虚词不同词类之间的习得顺序是 order，某一词类内部不同用法之间的先后是 sequence，不过我们认为两者之间并没有本质的区别，因此统称为习得顺序。本书着重研究兼类虚词不同词类之间的习得顺序，即学习者先习得兼类虚词的哪一个词性的意义和用法，同时也对某一词类的意义和用法进行再分类，研究其小类用法或者说不同义项之间的习得顺序。

习得顺序早期的代表性研究是关于英语语法语素和德语语序的习得顺序。Dulay & Burt（1974）等人的研究都发现了不随学习者年龄、母语背景、学习环境等因素的不同而变化的英语语法语素习得顺序。Krashen（1985）据此提出了自然顺序假说（natural order hypothesis），认为二语习得存在着一个可以预测的共同顺序。关于德语语序的习得，Pienemann（1989）等人的研究表明，学习者都要经历几个共同的阶段（独词句 > 典型语序 > 副词前置 > 动词分离 > 倒置 > 动词殿后），不同阶段习得的结构之间存在着蕴含关系，掌握前一阶段的结构是完成后一阶段习得的先决条件。Pienemann 等人的结论是，语言结构某些方面的习得存在着不受外在因素（如年龄、母语背景、学习环境等）影响的共同顺序。

习得顺序的研究建立在对语料分析的基础上。语料包括自然样本和诱发样本两种。前者指学习者在自然状态下产生的语言材料，后者指根据研究目的设置相应的任务诱发学习者产生的语料。自然语料是学习者主动产生的，能够比较真实自然地反映学习者使用目的语的情况。（冯丽萍、孙红娟，2010）早期的习得研究分析的语料多是诱发语料，近年来，随着各种中介语语料库的建立，使用自然语料在习得顺序研究中逐渐成为主流。

习得顺序研究的一个重要问题是习得标准的确定。以往研究常用的标准有两个，一个是正确率标准（accuracy criterion），一个是初现率标准（emergence criterion）。前者比后者更为常用。

正确率标准实际上是以目的语作为参照标准来评价二语习得的阶段性结果。一般以百分比的形式出现，计算方法是"正确使用次数/所有使用次数"。Dulay & Burt（1974）认为正确率达到 90% 才算习得，Andersen（1978）的标准是 80%，而 Ellis（1988）的标准则是 75%（转引自冯丽萍、孙红娟，2010）。国内施家炜（1998）也以 80% 作为习得的标准。与正确率标准不同，初现率标准关注的是习得的起点。初现指某一形式在中介语中第一次系统地出现，并且具有能产性。初现率标准是以某一个语法现象在中介语中第一次"有系统"而非"公式化"的出现和使用作为参数来确定这个语法现象习得过程的开始（张燕吟，2003）。

　　正确率标准和初现率标准各有优点，也都有不足的地方。张文认为后者更可靠，更有意义。因为正确率的标准存在任意性："如果习得者没有达到 80% 的习得标准，但达到了 79%，那么他的习得情况又是如何呢？这 1% 之差能说明什么问题呢？"刘颂浩（2007）的评价则比较客观。他认为使用初现率标准会出现只有起点和部分过程没有终点的情况，这和准确率只有终点缺乏过程实际上是半斤八两；初现率的关键是"系统"和"能产"，但"能产"也需要有具体的指标，不管如何规定，都和准确率的具体指标一样存在一定的任意性。初现更关注习得的开始阶段，其规定就可能会偏松，从而导致高估学习者能力的情况。如果初现指的是开始习得而不是已经习得，那么仍然需要回答达到什么标准才算是习得这个问题。

　　我们认为，中介语虽然是一个独立的系统，但它发展的方向却是向目的语逐步靠拢。具体到某一个语言项目来说，判断是否习得的标准应该是它在多大程度上接近目的语。正确率的高低实际上反映的是中介语与目的语的接近程度。从这个意义上说，正确率标准有其合理之处。初现率只关注第一次系统地出现，却不关心学习者的输出是否正确（如果关注的话，仍得给出一个正确率标准），而中介语初期的正确率往往很低，在这种情况下，即使有了一定系统性和能产性，最多也只能说明学习者开始有了某一语法项目的规则意识，不代表已经习得。如果只是为了确定初现的时间，当然可以对学习者语言不规则、不成熟的地方不加考虑，但是确定了初现时间之后该做什么呢？学习者语言是怎么逐步变得规则和成熟的呢？要考察这一变化的过程，恐怕还得以目的语为参照，描写其正确率逐步增加的过程。

　　中介语的含义不仅在于它的独立性，还在于它和目的语之间存在差距。正确率的高低在一定程度上反映了中介语和目的语之间差距的大小。

差距是一个程度的问题，因此对习得情况的评价不能简单地根据是否达到一个百分比值来判断"已经习得"或者"尚未习得"。换句话说，对是否习得的评价标准或者评价描述应该是有弹性的、分等级的。也许这样的描述更加合适：如果某一语言项目的正确率达到90%，就可以认为习得情况良好或者已经习得；如果正确率达到80%，就可以认为习得情况较好或者基本习得；如果正确率低于80%，就说明习得情况较差或者尚未较好地习得。

　　中介语和目的语之间的差距不仅仅表现在正确率上。以目的语做参照标准，中介语的差距还表现在输出频率、输出比例和输出分布上。如果通过中介语语料库考察自然语言样本，学习者的输出情况也是习得情况的一种表现。跟本族人相比，学习者有些语言项目的输出可能严重不足，也可能明显过度。如"可是"兼属副词和连词，据我们的统计，其副词用法的输出严重不足，连词用法的输出则明显过度。这两种倾向都是差距的表现。此外，学习者某一用法的输出可能存在窄化或公式化的倾向，在这种情况下，即使输出频率不低而且输出比例接近本族人，也不能认为是已经习得。如副词"可"有表示感叹语气的用法，但如果中介语输出的都是"可 A 了"，就说明学习者还只是把它作为一个语块（chunk）记忆而尚未习得其中"可"的意义。在这方面，正确率标准在研究习得顺序时采用了频率分析和分布分析的方法，初现率标准则主张确定初现的时间时应该综合考虑出现频率（token frequency）和类型频率（type frequency）因素，前者反映使用次数，后者反映使用分布（Pallotti 2007，转引自冯丽萍、孙红娟，2010），两者都考虑到了频率和分布，但都没有考虑到特定语言项目的某一用法在全部用法中所占的比例问题。例如汉语的介词"在"可以表示条件，中介语料中这种用法也有一定的出现频率和类型频率，可是如果我们不以目的语作为参照，就很难确定中介语这一用法的使用次数是否足够。

　　有鉴于此，我们把中介语中某一语言项目的输出表现也作为评价其习得情况的标准之一。并把输出分为绝对输出和相对输出两种。所谓绝对输出，指的是一定规模语料中某一语言项目的所有输出次数；所谓相对输出，指的是某一语言项目所占的比例跟本族人相近语料中的使用比例之差。如果绝对输出极少，比如100万字的中介语语料中只有1例"可 X 了"，即使它的正确率达到了100%，但由于这一正确率缺乏统计学上的意义，也就不能认为它已经被习得，更不能认为它是副词"可"的几个用法中最容易或者最先习得的那一个。这种情况也许过于极端——如果绝对输出的次数在5—10次或者更多，那也许有了统计学的意义和价值，但对其习得情况的评价还需要引入相对输出这一概念作为参照。仍以"可"为例，如果相当规模的本族语料中副词用法和连词用法各占30%和70%，而中介语料中副词用法只占到10%，那么就可以认为中介语料中副词"可"的相对输出严重不足，这时即使副词用法的正确率和连词用法不相上下甚至高于连词用法，也不能认为其习得情况好于连词用法。

基于上述思考，我们认为，基于中介语语料库的习得顺序研究应该把正确率和输出情况结合起来对习得情况进行综合评价，这样得出的结论更全面、更符合实际。

2.2.2　习得顺序的确定

使用正确率标准判断是否习得的一个潜在的逻辑推论就是把正确率的高低和习得顺序联系起来。正确率高的项目被认为先习得，正确率低的项目被认为后习得。已有研究的排序方法主要有两种：一种是直接按照正确率或者偏误率排序。某一语言项目的正确率很高，就说明它容易习得或者较早习得；反之，则说明它较难习得或者较晚习得。第二种是采用蕴含量表通过复用系数或量表系数对排列的顺序进行检验。两种方法依据的都是正确使用情况，从统计学的角度来说，如果样本的数量足够，所得到的结果是一致的。（冯丽萍、孙红娟，2010）

把正确率顺序等同习得顺序的做法始于早期的英语语素习得顺序研究。对这一做法的批评意见主要是认为语素顺序研究得出的是正确率顺序或者难易顺序，语素顺序研究缺乏理论动机和依据，无法对所得顺序进行有意义的解释。我们认为，语素习得研究的几个语素之间几乎没有什么关系，上面的批评确实有一定的合理之处。但如果研究的是某一特定的语法项目内部具体用法之间的顺序，就可以进行有意义的解释——难易顺序在很大程度上就是习得顺序：难度小的容易习得，自然也就先习得，难度大的难习得，自然也就后习得。这符合人类认知的一般规律。

不过，正确率顺序必须有来自语料库和统计学的支持。也就是说，正确率必须建立在足够的输出样本的基础上。如果绝对输出极少，100%的正确率也不能表示已经习得；同样，如果想对输出严重不足，有统计学的高正确率也不能表示已经很好的习得。因此我们认为应该把正确率和输出情况结合起来进行判断。

我们研究的习得顺序既包括对某一兼类虚词的两个类别的习得顺序，也包括某一兼类虚词的多个意义和用法的习得顺序。在意义和用法较多的情况下，绝对的先后顺序很难排定，因此我们把习得情况分为良好、中等和较差三个等级，得到的实际上是一个等级顺序。具体来说就是，如果有足够适量的输出且正确率很高（90%以上），就说明习得情况良好；如果输出严重不足且正确率很低（80%以下），就说明习得情况很差；如果输出足够但正确率较低，或者正确率较高但输出不足，习得情况就只能说是一般；如果某一用法在较大规模语料库中根本没有输出，就说明基本没有习得。尽管其原因可能是学习者采取了回避策略，但回避本身也是尚未习得的一种表现。

但是，如果两个或更多的语言项目的习得情况都属于第一种情况（输出足够，正确率也很高），单靠正确率和输出标准就无法评判。这时候就需要借助于初现标准。我们认为，初现的意义就在于提醒研究者注意哪里是一个合适的"阶段性终点"，终点太晚，习得顺序研究就无法排定。因此利用中介语语料库中的等级划分，把阶段性终点前移不失为一个解决的办法。当然，运用初现标准同样适用于习得情况中等的语言项目。

根据 Pienemann（1995）的定义，初现指"第一次被系统地运用"。其中"第一次"涉及时间点的确定问题，"系统运用"则是避免公式化（formula）的使用（将语言项目作为固定结构习得）给评价是否习得带来误判。不过使用初现标准的学者在判断初现时间时的做法并不一致，有人选择某句法结构第一次出现为习得，有的选择在3、4、5种不同语境中出现为习得的时间点。（冯丽萍、孙红娟，2010）

出于上述考虑，本研究在评价习得情况、确定习得顺序时同时采取输出情况、正确率和初现三个标准。具体的操作程序是：先在中介语语料库中检索出某一兼类虚词的所有的输出用例，进行分类统计和描写说明，并将结果与相当规模的本族语料中相应的意义和用法进行比较，评价其绝对输出和相对输出情况，得出第一组习得情况等级顺序；然后结合上下文对所有输出用例进行人工分析，发现并简单分析与之有关的偏误类型，得出各个意义和用法的正确率，并根据正确率的高低得出第二组习得情况等级顺序；再对各个意义和用法在初级语料中的初现情况进行考察，得出第三组习得情况等级顺序即初现顺序；最后综合输出、正确率和初现三方面的情况，得出一个比较全面、符合实际的客观习得顺序。

需要说明的是，本书使用的中介语语料库由两个各为 60 万字的子语料库组成，其中初级、中级和高级三个部分各为 40 万字（其中南师大语料和复旦语料各 20 万字）。我们在描写输出和正确率情况时，对象为整个 120 万字中介语语料库中的全部输出用例。在考察初现情况时，只考察初级和中级部分的语料。为了增加说服力，我们在初现情况考察中将对两个子语料库分别进行统计，以某一意义和用法在 20 万字的中介语语料至少有 3 个输出用例为达到初现标准（如果只有 3 个用例，将注意该用法是否存在公式化倾向）。

2.2.3　习得顺序的解释和预测

在相信语言项目的习得存在一个固定的顺序以后，研究者们接下来做的就是试图对这一顺序进行解释。关于英语语素习得顺序，Larsen-Free-man（1976）的研究表明，输入频率可能是最重要的原因。这种解释很难解释一些反例，如英语的定冠词 the 的输入频率很高，但习得顺序并不靠前。这说明习得顺序的成因不是单一的。后来研究者们又想到了其他几个因素：感知突显性、语义复杂度、形态语音规律和句法范畴。所谓感知突显性，指的是某一结构是否容易听到或感觉到，语义复杂度指的是某一形式表达的意义的数量（如果一个形式只有一个功能/意义，就容易学；如果有若干个功能，就比较难学）。形态语音规律指的是语素受语音环境影响而产生的变化，句法范畴则首先区分词汇性和功能性，然后再区分自由和粘着。Goldschneider & Dekeyser（2001）认为，语素习得顺序是五种因素共同作用的结果，这五种因素可以统一概括为"突显性"，它们分别从语音、形态、语义、语法和数量方面体现了语素的突显性。

另一个基于认知显著度对习得顺序进行解释和预测的理论是 Eckman（1977）提出的标记差异假设（markedness differential hypothesis）。标记现象指的是语言范畴的不对称现象，比如英语名词的单数形式是无标记的，而复数则是有标记的；肯定形式是无标记的，否定形式则是有标记的。标记差异假设对学习难度的解释和预测是：困难程度与标记难度成正比，标记程度越高的项目越难学。标记差异理论更多地关心学习者母语（L1）对二语（L2）习得的影响，其假设包括：

　　L2 中那些不同于 L1 且标记程度更高的区域学习时会有困难。

　　L2 中那些不同于 L1 且标记程度更高的区域学习时其困难程度等于其标记程度。

　　L2 中那些不同于 L1 且标记程度低于 L1 的区域学习时不会有困难。

　　Pienemann（1989）在研究德语语序习得顺序时认为，影响这一顺序的是语言处理方面的因素，典型的语序最容易处理，而从句内的处理则最难。不同阶段习得的结构之间存在着蕴含关系：掌握前一阶段的结构是完成后一阶段习得的先决条件。他后来（Pienemann，1998）进一步提出了可加工理论（processability theory，PT）。这一理论的基础是大脑中存在一个语言处理器（linguistic processor），第二语言形式的产生和理解只有在语言处理器能够对其处理时才会发生。只有具备了必需的处理程序，才能说出某些结构，凡是不能处理的，就不能习得。Pienemann（1998）建立了一个与程序顺序相关的层级：

　　无程序 > 语类程序 > 名词短语程序 > 动词短语程序 > 句子程序 >
　　从句程序

　　这些程序之间存在蕴含关系，前一个程序是后一个程序的前提，如果习得了后边的程序，就意味着前边的程序全都已经习得。这就意味着理解了处理器的工作原理就能够对学习者遵循的发展顺序做出预测。

　　从理解和加工的角度看，习得顺序问题可以看作是认知处理的难度问题。认知和处理加工难度小的语言项目先习得，难度大的后习得。处理和加工难度在语义和句法两方面都有表现。一般来说，语义理解的难度顺序是具体的意义比抽象的意义容易理解，客观性意义比主观性意义容易理解。句法加工的难度顺序则是简单的结构比复杂的结构容易加工，结构越复杂，加工的难度就越大。前述 Pienemann（1998）提出的词→短语→句子→从句的加工程序顺序实际上就是句法结构的复杂度顺序。

　　在理解和加工过程中，学习者对语义的处理总是先于句法处理，这就意味着意义的习得先于形式的习得。一个很好的证明就是学习者输出往往会经历这样一个阶段：意义是正确的，但形式是错误的。VanPatten（2007）提出的二语加工的意义第一原则（the primacy of meaning principle）认为，学习者首先因为意义对输入进行加工，之后才是因为形式加工（转引自 Gass & Selinker, 2008），意义第一原则包括若干个次原则，如实词第一原则（学习者优先加工输入中的实词）、词汇优先原则（当词项和语法形式都携带语义信息时，学习者依赖词项而不是语法形式来获取意义）和非冗余形式优先原则（学习者首先加工非冗余的有意义的语法形式，之后才加工冗余的意义形式），我们对此的理解是，加工的优先顺序其实也反映的认知的一般规律：实词的意义比虚词具体，词汇意义比语法意义具体，句法意义比语用意义具体（冗余形式表达的是语用意义），其结果就表现为习得顺序：实词比虚词容易习得，词汇意义比语法意义先习得，句法意义比语用意义先习得。

　　总之，二语习得顺序研究经历了从单纯的描写习得顺序到尝试作出解释甚至预测的发展过程。认知显著度（主要是频率）、语义的明晰度（理解难度和复杂度）、句法结构的复杂度都可能会影响习得顺序。它们都可以对习得顺序作出一定程度的解释和预测。不过它们可能都不是唯一的因素。因此比较符合实际的看法是，每一种因素都有一定的解释力和适应范围，应该根据具体的语言项目来选择最合适的解释和预测的角度。从适用范围的大小来说，语义方面的因素显然更重要。

　　从描写到解释甚至预测的变化代表着二语习得顺序研究上升到了一个新的理论高度。有了理论导向，二语习得顺序研究就不再是盲目的。基于某种理论假设的习得顺序研究显然更具说服力，也更有效。

2.3　语法化顺序与汉语兼类虚词习得顺序研究

2.3.1　语法化过程和二语习得过程的认知共性

　　语言形式和意义的演变是有理据的。语法化过程在很大程度上是一个认知过程。人类认知的一般规律是从具体到抽象，从简单到复杂，从个别到一般。重新分析、类推、隐喻和转喻等人类基本的认知机制在语法化过程中起着重要作用。语法化的另一个动因是语用因素，包括语境吸收、语用推理等。不过语用因素的背后仍然是认知因素。语言形式的语义往往首先在特定的语境中获得，如果该语境有较高频率的使用，这一语义就会在语言使用者的大脑里抽象为广义的形式—意义关系。语用推理指语言使用中说话人和听话人可以利用会话原则传递和推导隐藏在字面背后的"隐涵义",主要是利用会话的"不过量原则"进行基于常识和事理的回溯推理(沈家煊,2004)。语用推理也是认知方式作用的结果,或者说,认知方式特别是转喻会在语用推理和话语理解中发挥作用(江晓红,2011)。因为人们的知识结构犹如一个由不同知识和概念构成的网络体系,任何一个节点的激活都可能影响到跟它邻近的关联密切的节点,从而激活相关的知识、概念和认知结构,推导出话语背后的意义。

第二语言习得是一个心理过程,不同时期的心理学理论对语言习得过程有不同的解释。行为主义认为第二语言习得是一个克服旧习惯(母语)、养成新习惯(目的语)的过程,以乔姆斯基为代表的心灵主义认为大脑里先天存在一个固有的语言习得机制(LAD,language acquisition device),其中的核心部分是普遍的原则和参数,第二语言习得就是激活二语参数、建立第二语言系统的过程。行为主义理论受到了乔姆斯基的批评,而乔姆斯基主张的先天语言习得机制也被认知主义否定。

认知主义认为,语言习得过程也是一个认知过程。从认知角度研究二语习得过程主要有三种代表性理论。其一是思维适应性控制模式(adaptive control of thought),这种理论模式把知识分为陈述性知识和过程式知识,二语习得过程就是陈述性知识向程序性知识转化的过程。其二是竞争模式(the competition model),认为语言习得过程在本质上也是信息处理过程,是语言形式和语言功能的匹配过程,在信息处理过程中,母语线索和目的语线索存在冲突和竞争。第三种也是当代认知观的主流理论——信息加工模式(lnformation processing model),这种理论认为二语习得过程是一个语言信息在学习者大脑中经过了一个输入、加工、输出的过程,信息处理是一个从有意识的处理向自动处理发展的过程。学习者从输入中提取信息,然后利用这些信息进行意义和形式方面的处理和加工形成语法,最后产出目的语形式。

Gass(2008)曾把从输入到输出的转化过程分为五个阶段,并据此建立了一个二语习得模型:

感知输入→理解输入→吸收→整合→输出

Gass 认为，感知输入（apperceived input）是二语习得的启动机制。感知是内在的认知行为，学习者通过感知确认一个语言形式，并把它与某些先前经验理解起来。不是所有的输入信息都能被学习者感知到，选择性注意、情感因素、频率和先前知识（包括本族语知识、其他语言知识、现有第二语言知识以及关于世界的知识等）等因素都会影响学习者对输入的感知。理解输入（comprehended input）是一个分析机制，包括理解意义和理解结构，是一个从语义一直到详尽的形式分析的连续统。是否能被理解与学习者的先前语言知识有关，先前知识是理解的基础。并不是所有理解了的输入都能被吸收。吸收和融合（integration）是一个处理和加工机制，包括语义加工和句法加工。吸收是一个假设的形成、验证、拒绝、修正和确认的过程，加工过并且被认为适合语言发展的语言信息有些被整合为学习者语言知识系统或语法的一部分，有些则被存储起来。输出则给学习者提供了产出语言并得到反馈的机会，经过整合的知识会带来规则的改变，由于输出时学习者不得不把词语按照某种顺序排列，所以输出会迫使学习者由语义加工转到句法加工。

总之，二语习得是一个从输入到输出的认知整合过程。输入必须是可理解的。可理解输入建立在学习者先前知识的基础之上，因为新知识的建立需要一个支点。这个支点就是先前知识，它决定学习者是否能理解以及理解的水平。只有在理解的基础上才能对信息进行处理和加工。

语法化和二语习得都是一个认知过程，语法化过程主要表现为语义演变过程，其方向是从具体到抽象、从客观到主观。在语法化过程中，隐喻、转喻和推理等认知机制发挥了重要的作用。成人二语习得的认知策略是优先理解和加工意义，在理解和加工意义时也会结合语境发挥推理等语用机制。也就是说，语法化过程和习得过程在认知上存在共性。意义的理解和加工顺序也是从具体的词汇意义到抽象的语法意义，因此语法化程度等级顺序实际上反映的是理解和加工的难度顺序，容易理解和加工的意义先习得，难以理解和加工的后习得，这就意味着语法化程度顺序和习得的先后顺序很可能是一致的。

2.3.2　语法化过程与语言习得过程的发展共性

语言习得研究主要是在语言学理论和心理学理论双重影响下进行的。20 世纪 70 年代以来，对语言习得研究影响最大的无疑是普遍语法理论和认知心理学。二语习得作为一门独立的学科直接得益于普遍语法理论。不过，尽管习得一种语言在很大程度上是在习得这种语言的语法，但推动习得过程的是语义和语用功能，而不是抽象的句法特性。普遍语法能够为习得过程的存在提供理论上的支持，但能对习得过程做出解释的却是人类认知的一般规律。更重要的是，普遍语法解释的是语言知识的表征系统而不是语言知识的习得过程，它认为抽象的原则和参数是先天固有的。这种观点不具有证伪性，也不符合各种语言的语法都经历了发展的过程、都是变化而来的这一语言事实。认知心理学的习得模式虽然重视对习得过程的解释，但它把语言习得等同于一般的知识和技能的习得，也不能单独解释二语习得现象。很显然，语言习得研究既需要语言（语法）理论，也需要认知科学。这样一来，语法化就是一个很好的理论框架。

20 世纪 90 年代语法化理论重新兴起之后，研究者们注意到语法化和语言习得都有一个发展过程这一共同点，开始对语法化过程和习得过程是否一致感兴趣并把语法化和语言习得结合起来进行研究。

Givón（1998）认为："语言演进、语言习得和历时变化，在这三个与人类语言相关的发展过程中，每一个似乎都遵循着完全相同的发展顺序。"（In each of the three developmental processes pertaining to human language evolution, acquisition, diachrony-the very same sequence seems to be involved. ）

语言习得可以分为一语习得和二语习得。关于一语习得（儿童母语习得）和语法化之间的关系，Slobin（1994，2002）的研究比较有代表性。他发现儿童习得中的英语现在完成时的语法化和现在完成时的历史语法化有密切的联系，儿童早期对现在完成时的使用更加"具体"，更易于表达一个概念。这表明一语习得中存在语法化过程，且儿童语言发展和历时语言演变之间存在相似性，两者的结果是并行（parallel）的，儿童的个体语言发展和不断重复的语言的历时变化之间有着惊人的相似之处。Ziegeler（1997）同 Slobin 的观点相似。他还列出了一些例子来证明，个体发展（ontogeny）和历时发展（diachrony）之间的对应关系是很明显的。其中一个例子就是"过去意义"的语法化，从完成式语法化到过去形式的历时性语法化过程和第一语言习得过程，两者是并行的。

不过，Slobin 认为儿童语言发展与历时语言演变的相似并非过程上的再现。因为一语习得的语法化过程是由认知因素引起的，由于认知上的限制，儿童更倾向于注意那些认知上最简单、最自然、最可得的概念。儿童的语法构成机制与成人语言的语法化原理差异很大。在成人语言中，新的语法形式源于语用基础，借鉴于已存在的意义。但学龄前儿童无法从这些已有的意义中提取东西，而只能拘泥于核心的句法概念和语用功能。随着语用、认知能力的加强，他们才有能力理解成熟说话人话语的语用意义，进而自己运用。儿童用显著透视域去发现现有语法形态的意义，并且一开始所发现的意义有限。而成人则从显著透视域中进行抽象并创造出广泛使用的语法标记。词汇语项逐渐发展成为语法词是在成熟说话人的会话含义推理中进行的，因此语言的演变一般都源于社会交际和语言互动中成熟的参与者，而不是年幼的语言学习者。儿童会"发现"（discover）语法形式的语用扩展性，却无法"创造"（innovate），这些语用扩展（extension）是由年纪更大的人们发明的，儿童只是在对话中习得它们而已。

　　Slobin 之所以强调一语习得中的语法化过程不同于语言演变中的语法化，是因为他认为语言演变中的语法化是指词语项目在演变过程中被重新分析，而一语习得中的语法化明显是一个整体过程。但如果承认习得语法化（acquisitional grammaticalization）并不创造新的形式和意义或者说并不是导致语言演变而是重述演变的阶段性结果，那么它和历时语法化（diachronic grammaticalization）的顺序是一致的。Erbaugh（1986）的研究表明中国儿童对名词词类划分系统的习得和公元前 1400 年至今的历史发展有着共同的顺序。杨成虎（2005）的研究也表明儿童母语的虚词习得实际上是语言发展过程的重演，其发展过程与语法化的发展过程具有共同性。戚国辉、杨成虎（2008）通过实验发现，语法化和儿童母语语法习得在总体上相平行。

　　关于二语习得和历时语法化的关系，Giacalone Ramat（1992）曾以提问的形式写道："在语言的历时发展中和语言习得中，它们的语法化渠道是否是一样的？这两者的演变途径有着惊人的相似，似乎告诉我们：语法化的概念，为被语法化了的语义关系的习得和语言的历史发展，都提供了恰当的基础。在语法化的量表上，个体学习者会从独立的词汇项目开始，再逐步向目的语的语法编码发展。与之相类似的是，历史上的语法化也正是一个将词汇和句法项逐步变成语法的过程。"其结论是："如果人们认为学习一门语言意味着学习构成该语言语法的一系列规则，以及辖制该语言使用的若干语用规则和社会文化习俗，那么这一语言习得的过程在很大程度上就是一个语法化的过程。"原文如下：

Are the channels of grammaticalization the same inboth instances, diachrony and language acquisition? There are striking similarities in the paths of change suggesting that the notion of grammaticalization provides a suitable basis for examining both acquisition of grammaticalized semantic relations and the historical development in the same area. Along a grammaticalization scale, the individual learner would start from autonomous lexical elements and step gradually into the grammatical encoding of the target language. Analogously, grammaticalization processes have, historically, moved items from the lexicon and syntax into grammar.

If it is assumed that learning a language means learning sets of rules constituting the grammar of that language, together with a number of pragmatic principles and of sociocultural norms that govern language use, then much of the language acquisition process will necessarily appear as instances of grammaticalization.

Giacalone Ramat 研究了以意大利语作为第二语言的习得，发现道义情态先于认知情态这一习得顺序跟语法化的顺序完全一致，可以根据语法化顺序对习得顺序的演变方向做出预测性的假设。当然，其文章也像 Slobin (1994) 那样关心习得语法化是否创造新的形式，结论是，经典意义上的语法化同成人二语习得中的语法化有不同，习得者并不创造新的语法形式，而是创造目的语的各个子系统的近似物。

Llorenç Comajoan & Manuel Pérez Saldanya (2005) 认为，二语习得中的语法化与 Slobin 关于儿童语言习得的看法并不一致。成人学习者没有儿童那样认知上的限制，因为成人可以借助他们的第一语言和普遍知识所给予他们的隐喻和转喻过程。因此，历时性发展与个体发展之间的重述关系 (diachrony recapitulates ontogeny) 也可以应用到第二语言习得上。历时语法化和习得语法化都是词汇单位在特定语境中获得语法地位的一种语言变化过程，所以在二语习得中，将语法化理论应用到二语习得数据中，是富有成效的。"可以假设，成人二语习得者的习得顺序就是重复该语言的历史发展过程。" (It can be hypothesized that the sequence followed by adult L2 learners toward a target language reproduces the diachronic development of a language.)

　　前面的相关研究介绍表明，已有不少学者发现并证明了语法化和成人二语习得在过程与结果方面的共性。尽管这些研究的侧重点在于成人二语习得过程中是否存在语法化以及习得语法化和历时语法化的过程与结果一致性，但也注意到了习得顺序和语法化顺序的一致关系。因此给了我们很大的理论启示。

2.3.3　语法化顺序与汉语虚词习得顺序的构拟

　　语法化既是历时现象，也是共时现象。语法化研究的重心从历时转向共时之后，就可能使用一种新的研究方法：构拟—验证。沈家煊（1998）指出，在历时线索还不明朗的情况下，可以先通过共时分析来"构拟"历时演变过程，然后用历史材料来验证和修正。吴福祥（2003b）也认为，可以利用单向性假设来共时地构拟某种演变的方向。我们觉得，这种方法在汉语虚词语法化研究方面特别有效。因为汉语的很多虚词（包括副词、介词和连词等）都是从实词（主要是动词）逐步语法化而来的。语法化是连续的、渐变的。在新的意义和形式出现后，旧的意义和形式不一定马上消失。这种共存现象在共时层面上可能表现为一词多义，也可能表现词的兼类。换句话说，现代汉语共时平面虚词包括兼类虚词的多个意义和用法一般是不同时期产生的，但都积淀在共时平面。由于汉字的原因，词的同一性和连续性在历时演变中得到了很大程度的保障，而且有丰富的文献语料，这就为虚词语法化研究提供了支撑。

　　受这种观点启发，本书在研究兼类虚词的语法化顺序时也采用共时构拟和历时验证的方法：先对虚词共时平面存在的多个意义和用法之间进行分类描写，分析意义和用法之间的语义关联，得出一个大致的关联顺序，然后通过历时语料考察加以验证。

　　不过，我们更感兴趣的是把"构拟—验证"这一方法应用于汉语虚词包括兼类虚词的二语习得顺序研究上。这一方法的思路和操作程序如下：

　　（ⅰ）假设虚词的语法化顺序和习得顺序基本一致，或者呈显著正相关；

　　（ⅱ）描写某一虚词不同意义和用法之间的语法化顺序；

　　（ⅲ）根据该虚词的语法化顺序构拟其不同意义和用法之间的习得顺序；

（iv）通过对该虚词在较大规模中介语语料库中的输出用例的分析考察，得出其客观习得顺序；

（v）把构拟的习得顺序和客观习得顺序进行对比，讨论二者的一致性或相关性，验证构拟顺序的准确性。

我们这样做的理由或者说动机主要有以下两点：首先，习得顺序研究是第二语言习得研究最重要的内容之一，它不仅可以揭示二语习得的规律，还可以促进第二语言教学。但汉语作为第二语言的习得顺序研究起步较晚，成果也较少，研究对象大多集中在一些有限的语法项目上，研究方法大多是个案调查、问卷调查和语料研究等，研究结果也局限于得出一个习得顺序，解释性不强（施家炜，2006）。况且对习得顺序的解释工作需要在描写出习得顺序之后才能进行，但缺乏理论指导的描写存在盲目性，因此目前特别需要具有理论导向的汉语习得顺序研究。其次，二语习得研究既需要语言学理论，也需要认知科学。语法化理论建立在认知机制的基础上，可以作为习得顺序研究的一个框架。汉语语法化研究特别是虚词的语法化研究近年来取得了丰硕的成果，汉语作为第二语言的教学和研究都应该吸收这些成果。由于作为理论语法的语法化理论旨在"明理"，而对外汉语语法教学需要的是旨在"致用"的教学语法（孙德金，2011），直接把语法化研究的成果运用于课堂教学还缺乏可行性和有效性。但把语法化理论和相关研究成果运用于二语习得顺序研究却是可行的，即便是持审慎态度的学者也承认，"就基本的原则来说，从实到虚，从具体到抽象，是符合语言学习由易到难、循序渐进的基本规律的"。（孙德金，2011）而语法化的方向正是由实到虚，由具体到抽象。

当然，这一研究方法是否可行的关键在于虚词不同意义和用法的"语法化顺序和习得顺序基本一致"这一假设能否成立。我们对此持乐观态度。一方面，前面的讨论已经表明，语法化是人类语言演变的共性，成人二语习得顺序也具有普遍性，两者在认知机制和发展过程等方面都存在共性；另一方面，这一假设有其合理的依据：语法化和二语习得都是一个认知过程。在语法化过程中，实在、具体的词汇意义减弱，比较抽象的语法意义、跟说话人主观态度有关的语用意义得到加强。也就是说，语法化主要表现为意义的抽象化和主观化，是一个从具体到抽象、从客观到主观的认知过程。而在习得过程中，首先要理解和加工的就是语义。理解加工的优先顺序其实也反映的是认知的一般规律：实词的意义比虚词具体，词汇意义比语法意义具体，句法意义比语用意义具体，其结果就表现为习得顺序：实词比虚词容易习得，词汇意义比语法意义先习得，句法意义比语用意义先习得。语法化程度较低的语言成分抽象程度较低，理解和加工的难度也较低，因此较容易习得或者说先习得；语法化程度较高的语言成分抽象程度较高，而且还带有相当的主观化成分，理解和加工的难度较高，因此较难或者说后习得。具体到汉语虚词来说，它们大都由实词语法化而来，且很多都不止一种意义，这些不同意义之间存在有机的关联，也经历了从实到虚、从虚到更虚的历时演变，它们之间存在一个语法化顺序。由于它们在形式方面没有什么本质的不同，学习者面对的主要是意义的理解和加工问题，因此影响其习得顺序的决定性因素可能就是其意义的语法化程度——是否抽象以及抽象化程度、有无主观性以及主观化程度。可以认为，虚词的习得顺序与其语法化顺序在很大程度上存在着一致性，可以根据语法化顺序对其习得顺序做出构拟和预测。

高顺全（2012）在这方面已经做过类似的探索性研究，他以现代汉语7个常用多义副词为对象，通过语料库分析等实证性研究证明其语法化顺序和习得顺序基本上是一致的。本书考察的兼类虚词比多义副词的情况要复杂一些，但汉语的兼类虚词完全同形，说它们属于不同的词类，主要是就其句法功能而言的，它们可以看作一个虚词的两个不同的大类用法。因此我们相信，虚词的不同意义和用法之间的语法化顺序和习得顺序基本一致这一假设同样适用于兼类虚词的习得顺序研究。

2.3.4 影响习得顺序的几个因素

二语习得本身是一个复杂的过程，本章2.2.3节的讨论表明，习得顺序可能是多种因素共同作用的结果，它主要与学习者的认知机制有关，但也会受到学习策略、教学环境等因素的影响。

语言项目的输入频率肯定会给课堂环境下的第二语言习得顺序带来影响，输入频率高的语言成分会先习得（至少在短时期内会这样）。课堂输入频率在很大程度上取决于该项目的母语使用频率（虽然不一定经过科学的计算，但教师和教材编写者一般都会依赖语感中的频率意识）。使用频率高的，课堂输入频率一般也较高；反之，输入频率就会较低。但虚词不同意义和用法的语法化程度与使用频率之间的关系比较复杂。语法化程度低的用法，在共时层面上的使用频率可能很高，如引介处所的介词

"在";也可能比较低,如"跟"引介动作对象的介词用法。因此,客观习得顺序可能会受到输入频率的影响影响而发生局部的改变,结果就是和语法化顺序不完全一致。

其次,语言项目的规则化程度和句法复杂程度也会影响到习得顺序。比如引介比较对象的介词"跟"经常以"(X)跟Y一样"的形式出现,很容易语块化,习得难度可能会因此降低。反映在习得顺序上,这种用法就可能会先于比它语法化程度低的用法习得。

最后也是最重要的因素,就是教学顺序对习得顺序可能的影响。关于习得顺序和课堂教学之间的关系,普遍的看法是习得顺序是客观存在的,课堂教学无法改变基本的自然习得顺序。Pienemann(1985)提出的可教性(可学得性)假设(the learnability hypothesis)认为,语言处理策略对语言的发展有阻碍和制约作用。如果语言教学超前于学习者所处的语言发展阶段,学习者可能会使用回避策略,从而对语言习得产生消极的影响。超越语言习得阶段的课堂教学往往会阻碍正常的语言习得过程,学习者依然无法习得所教的内容。只有当所教的语言结构接近学习者在该阶段在自然环境中有能力习得的语言结构时,语言教学才能促进语言习得。二语中的某个语言点能否被教会,取决于学习者是否在自然语言环境里不用人教也能习得该语言点。这跟中介语所处的发展阶段有关。如果中介语尚未发展到可以吸收某个语言点的阶段,提前教学并不能使学习者受益。换言之,教学不能从根本上改变习得顺序。

二语习得顺序的多维模式理论认为,有些项目之间的习得顺序是固定的,但有些项目之间的顺序则是可变的(因学习环境)。教学安排不能改变固定的那一部分顺序,却有可能改变可变的那些顺序。语法化顺序是一个连续统,其邻近的两个意义在语法化程度上的差异可能并不十分显著,属于"可变"的部分,对这些意义和用法来说,教学顺序可能会产生作用:先教的先习得。其结果也是根据语法化顺序构拟出的习得顺序与客观习得顺序不完全一致。

基于上述思考,本书在根据语法化顺序构拟习得顺序时一般不考虑上述因素,但在验证构拟顺序和客观习得顺序的一致程度,特别是讨论、解释两者之间不同之处时,会结合上述因素,特别是教学安排因素——主要依据是国家汉办主编的《高等学校国外留学生汉语教学大纲(长期进修)》(以下各章简称《教学大纲》),因为它是近十多年来国内各高校对外汉语教材编写的共同依据。

总之，本书主要基于虚词的语法化顺序和习得顺序基本一致这一假设，采取构拟—验证的方法研究汉语兼类虚词的习得顺序。但在专题研究之前，我们并未奢望构拟的顺序和客观习得顺序完全一致。因为除了上述因素之外，至少还有两个理由：其一，即便语法化顺序和习得顺序基本一致的假设成立，我们也不敢保证自己对兼类虚词语法化顺序的描述是绝对正确的；其二，同样，本书对客观习得顺序的描写分析建立在一个 120 万字的汉语中介语语料库基础之上，但语料库方法本身有其局限性，比如主要是书面语料而没有口语语料，语料的连续性不强等。但我们认为，相对于在黑暗中摸索来说，只要这一假设基本成立，或者说根据语法化顺序构拟的习得顺序和客观习得顺序基本一致或者呈比较显著的正相关性，这一方法在汉语习得顺序研究和汉语作为第二语言教学方面的理论意义和应用价值就是不言而喻的。

2.4　小结

本章在对语法化研究和二语习得顺序研究一些关键术语评介的基础上提出了一些为本书研究服务的概念、方法、操作程序和理论假设。主要包括以下几个方面：（1）语法化顺序以及（兼类）虚词语法化顺序的确定方法，即综合语义关联顺序、历时发展顺序、语义抽象化程度和主观化程度等多种因素确定兼类虚词不同意义和用法之间的语法化顺序。（2）习得标准和习得顺序的确定方法与程序。和以往使用单一标准（正确率或初现）不同，我们主张先分别从输出、正确率和初现三个方面的表现评价某一意义和用法的习得情况等级，然后对其习得情况等级顺序进行综合、全面的评价，得出一个客观习得顺序。（3）我们认为语法化过程和成人二语习得过程之间存在认知共性和发展共性，赞同虚词不同意义和用法之间的"语法化顺序和习得顺序基本一致"这一假设。并以这一假设为基础，首次提出"构拟—验证"这一具有一定创新性的以理论为导向的研究方法，同时给出了具体的研究程序。另外，我们也充分考虑到了影响构拟顺序和客观习得顺序一致性的一些因素。

本章为本研究提供了理论基础。我们认为，既然语法化过程和习得过程之间有着很多共同点，语法化顺序和习得顺序之间也就很可能存在着高度的一致性。从具体到抽象，从客观到主观既是语义演变的规律，也是语言习得的规律。对于汉语这样一种历时和共时之间有着一脉相承的语义联系的语言来说，语法化顺序是不难描述的。在目前汉语习得研究还十分薄弱的情况下，语法化理论就显得特别重要，因为虚词的语法化顺序比二语习得顺序更容易观察和描写。因此，把语法化理论作为框架，根据语法化顺序构拟、预测习得顺序在揭示二语习得顺序方面可以达到事半功倍的效果。我们相信，基于语法化理论的习得顺序研究不但能使汉语的习得顺序研究具有可靠的理论导向，还能为教材编写、课堂教学中的语法项目排序提供参考。

　　本章也为以下各章规范了研究方法和操作程序。本书分 11 章对 17 个兼类虚词进行专题研究，以下各章在方法和程序上都基本一致，不再做特别的说明。

3

"在"的语法化顺序和习得顺序

3.1 "在"的意义和用法

"在"在现代汉语里兼属动词、介词和副词三个类别。例如：

(1) a 那张照片还在。
　　b 老张不在家。
(2) a 他无精打采，满面倦容地在屋里踱来踱去。
　　b 我在青年时代就知道你们的国家，当时叫阿比西尼亚。
　　c 在这种情况下，历史有可能做出超越汉族正统论的选择。
(3) a 整个下午他都在看一本受到广泛吹捧的小说。
　　b 得了吧，根本没这么一个人，你在吹呢。

例（1）中的"在"都是动词，其中（1a）中的"在"表示"存在"，（1b）中的"在"表示存在的处所。例（2）各例中的"在"是介词，例（3）中的"在"一般看作时间副词，也有学者认为它是未完成体标记。这里采取一般的看法。

本章研究介词"在"和副词"在"的语法化顺序和习得顺序之间的关系。为了行文方便，我们把介词"在"记为"在$_1$"，把副词"在"记为"在$_2$"。

关于"在"的介词用法，一般的工具书都设了表示处所、表示时间和表示范围这三个小类。我们分别把它们记作"在$_{1a}$""在$_{1b}$"和"在$_{1c}$"。这三个用法的介词"在"与其宾语构成的介词结构都有动词（小句）前和动词后两个位置。例如：

（4）a 在黑板上写字。

　　b 病人昏倒在地上。

（5）a 在当时，问题还不严重。

　　b 时间定在后天上午。

（6）a 我们在工作中取得了很大的成绩。

　　b 室温保持在二十四到二十六度之间。

　　"在₁"和方位词"上""中""下"等都能组合成介词短语，它和"上""中"组合可以表示具体的空间，也可以表示抽象的空间（即范围）；和"下"组合后可以表示具体的空间，还可以表示一般所说的"条件"。我们把表示具体空间的"在 + 方位词"归入"在₁ₐ"，把表示范围的"在 + 方位词（上／中）"归入"在₁c"，把表示条件的"在……下"独立出来，记为"在₁d"。例如：

　　（7）a 在这种情况下，我只好放弃了。

　　　　b 在老师的帮助下，他的成绩提高得很快。

　　"在₁"还可以用在行为主体的前面，意思相当于"对 X 来说"。不过更常见的形式是和"看来"构成"在 X 看来"格式。这里把它记为"在₁e"。例如：

　　（8）a 这种生活在他已经十分习惯了。（《八百词》）

　　　　b 在我看来，白娘娘最大的伤心处正在这里。

　　关于"在"的副词用法，《八百词》认为它相当于"正在"，表示动作在进行或状态在持续中。不过《八百词》也对两者进行了区别："在"可表示反复进行或长期持续，"正在"不能；"正"着重指时间，"在"着重指状态，"正在"既指时间，又指状态。

　　考虑到很多工具书对"在"和"正在"的解释基本相同，而且副词"在"在来源上和"正"很可能有密切的关系，因此我们把表示动作行为进行或状态持续的"在"记为"在₂ₐ"，把意义基本相同的"正在"记为"在₂b"。例如：

（9）a 电视播音员正在报告海湾局势的最新发展。

b 马林生坐在远处的治疗床边，样子比正在遭受痛苦的儿子还可怜。

3.2 "在"的语法化顺序和习得顺序构拟

3.2.1 语义关联顺序

介词"在$_1$"在语义上源自于动词"在"，这应该是很清楚的：作为存在动词，"在"的基本功能就是构成"某人/物＋在＋某地"这一结构。当这一结构参与构成连动式时，"在"的动词性就会减弱，结果发生"降类"，变成介词。例如：

（10）a 他在图书馆。

b 他在图书馆看书。

从处所跟"在"的语义关系最密切这个角度看，"在$_{1a}$"应该直接源自于存在动词"在"。时间是空间隐喻的结果，因此"在$_{1b}$"应该是从"在$_{1a}$"发展而来的；"范围"可以看作一种抽象的空间，因此"在$_{1c}$"也可以看作是"在$_{1a}$"引申的结果。"在$_{1d}$"中的"在"本来表示空间，"表示条件"应该是"在…下"结构的引申义，它主要与"下"的引申义有关，所谓"人在矮檐下，不得不低头"，说的就是人必须适应空间环境的变化。"在$_{1e}$"也与空间意义有关，无论是"在 X 看来"还是"对 X 来说"，都可以理解为站在 X 的位置或角度看问题。

上面的讨论表明，"在$_1$"内部各个意义和用法之间存在着密切的联系，它们之间的语义关联顺序应该是：

$$
\begin{array}{c}
在_{1b} \\
\uparrow \\
在（动词）\rightarrow 在_{1a} \rightarrow 在_{1c} \rightarrow 在_{1d} \\
\downarrow \\
在_{1e}
\end{array}
$$

再看"在₂"。从来源上看,"在₂ₐ"跟"在₁"主要是"在₁ₐ"有关。关于这个问题,以往的研究并不多,不过《八百词》注意到了下面这种现象:

(11) a 人身上时时刻刻在那里消耗水。
　　　b 我在这里想明天的工作怎么安排。

《八百词》的解释是,"在那里""在这里"等的处所意义有时不明显,主要表示正在进行。高增霞(2005)指出,这种"这里""那里"都不必有先行词,都可以去掉;现代汉语表进行的"在"字句也常常可以加上轻读的"这儿"或"那儿"。如"他在(那儿)看书呢"。

高文进一步解释说,"在 + VP"中的"在"源于"在 L + VP"。当"在 L + VP"中的 L 是一个意义虚泛的中性指示代词时,"在 L"的处所意味也会消失,而处所 L 语义的虚化也使得 L 由于不必说出来而最终脱落,结果就形成了"在 V"表进行的格式。因此,"在 VP"表动作正在进行是从表某处发生某种行为、存在某种状态的"在 L + VP"格式演变而来的。其语法化的机制是,当方位词 L 是中性的指示代词,不表示具体的方位,只表达一种照应(与说话时刻相关)时,整个结构就表达正在进行的意义。经过这种虚化之后,语义空泛的中性指示代词很容易脱落,从而形成"在 V"。其语法化步骤是:

在 + 处所名词 + V→在 + 中性指示代词 + V→在 (　) + V

高文的上述说法是在共时平面语言现象的基础上做出的拟测。不过,这一解释难以解释"在"的时间意义是如何获得的。

如果认为"在 L + VP"首先是一个连动结构的说法能够成立,也可以认为"在₂ₐ"跟动词"在"之间存在着间接的语义关系,也就是说,副词"在"是从介词"在"发展出来的用法,而介词"在"则源自于动词"在",三者之间的关系是"处所动词 > 处所介词 > 时间副词(体标记)",这一演变规律在很多语言里都存在(高增霞,2005)。

例（11）表面上似乎是"在"处于"在$_{1a}$"和"在$_{2a}$"之间的过渡状态的最好的例子，但从另一个角度看，它更能证明"在"的介词功能强于副词功能——即使无法说出一个具体的处所，在句法上也得使用一个空泛的指代词。

事实上，处所词语 L 的脱落也许并不一定要经历一个由"这里""那里"等指代具体处所词语的过程，在具体的上下文中，"在 L + VP"中的处所词语也可能由于语境关系省略，这时"在"的介引功能就不复存在，转而表达进行或持续意义。因此我们认为，处所词语的脱落更直接的动因可能是经济原则。不过从共时平面的角度看，如果没有例（11）这种过渡状态，"在$_{1a}$"直接变为"在$_{2a}$"就会很不自然，更重要的是，处所词语突然失去，单音节的"在$_{1a}$"在句法上就会失去依存对象而悬空，结果就无法立足。

"在$_{2b}$"（"正在"中的"在"）则不存在"在$_{2a}$"的这种尴尬的情况。"正"本是一个独立的时间副词，意为"恰好"，它可以参与构成"正 + ［在 L + VP］"，表示"某一时间某人恰好在某地做某事"。在语境明确的上下文中，处所词语可以出于经济原则而省略，例如：

（12）他正在厨房里做饭→他正在做饭

基于生活常识，交际双方都知道做饭的处所就是厨房，因此"厨房"可以省略。处所词语 L 省略之后，"正 + ［在 L + VP］"就变成了"正 + 在 + VP"，"在"虽然失去了依存的对象，但由于前面的"正"为单音节，两者在韵律上有结合的可能，再加上"正"在语义上表示时间，"在"表示空间，两者认知的相通之处使得"在"可以暂时依附于"正"，这样整个结构就重新分析为"正在 + VP"。

在现代汉语中，"正"和"在"表示动作进行或状态持续的意思基本相同（《八百词》）。它们的主要区别是"正"着重指时间或者说进行，"在"着重指状态或者说持续。"正在"兼表进行和持续，"进行"和"持续"都属于时间意义，而"在"本来表示处所存在，其时间意义既与处所意义的虚化有关，也可能是沾染了"正"的时间意义以后进一步发展的结果。

有了上面的讨论，可以认为"在$_{2a}$"在语义上应该和"在$_{1a}$"存在关联，前者由后者发展而来，即"在₁ₐ→在₂ₐ"。如果把"在₂ᵦ"也考虑进去，可以认为三者之间存在着如下关系：

（A）　　　　　　　　（B）

这两种关系都只是我们根据共时平面语言现象所做的推测，实际情况如何，我们将结合历史语料考察得出进一步的看法。

3.2.2　历时发展顺序

"在"本是动词，意为"存在"或"处于"。例如：

（13）颜渊曰："子在，回何敢死?"（《吕氏春秋》）

（14）a 子大叔之庙在道南，其寝在道北。（《左传》）

　　　　b 小学在公宫南之左，大学在郊。（《礼记》）

例（14）中的"在"后面的处所词语可以视为动词"在"的宾语，除了处所之外，"在"还可以带时间、范围等词语作宾语。例如：

（15）a 孤之事君在今日，不得事君亦在今日。（《国语》）

　　　　b 韩、秦强弱在今年耳。（《韩非子》）

（16）a 凡有地牧民者，务在四时，守在仓廪。（《管子》）

　　　　b 而天下寒者，其悦在文绣。（同上）

动词性短语"在 + 宾语"可以和别的动词性短语组成连动结构，中间用并列连词"而"连接。例如：

（17）然臣之弟子禽滑厘等三百人，已持臣守围之器，在宋城上而待楚寇矣。（墨子）

　　由于"在"的动作性较弱,"在 + 宾语"很可能变成主要动词性成分的附属成分,失去平等身份之后就不能用"而"连接,"在"的功能也因此变为引介。这种用法早在先秦时已经出现,不过主要是"在$_{1a}$"和"在$_{1b}$"。例如:

　　　(18) a 鲁侯戾止,在泮饮酒,既饮旨酒,永锡难老。(《诗经》)

　　　　　 b 子在齐闻《韶》,三月不知肉味。(《论语》)

　　　　　 c 吴,周之胄裔也,而弃在海滨,不与姬通。(《左传》)

　　　(19) a 齐简公之在鲁也,阚止有宠焉。及即位,使为政。(《左传》)

　　　　　 b 在定王六年,秦人降妖。(同上)

　　例(19a)中的"在鲁"本来是"在鲁国"的意思,但从上下文来看,它应该理解为"在鲁国的时候";例(19b)则是"在 + 时间词"直接用在小句前面。这说明,"在$_{1b}$"可能是由"在$_{1a}$"发展而来的,也可能是"在 + 时间词宾语"整体降级为介词短语的结果。不过,即便如此,从"在"的本义来看,也可以认为时间词做"在"的宾语是处所词做宾语隐喻类推的结果。另外,先秦语料中"在$_{1a}$"的数量明显多于"在$_{1b}$",可以认为"在$_{1a}$"的产生略早于"在$_{1b}$"。

　　引介范围的"在$_{1c}$"产生的年代很晚,五四时期的语料中可以见到一些用例。如:

　　　(20) a 其尤可令人发噱者,则飞行区域仅限制在十里以内。(《新青年》第二卷六号)

　　　　　 b 世界虽极广大,人可总像近于一种宿命,限制在一定范围内。(《老伴》)

　　　　　 c 因为妇人与男子虽然属性不同,而在社会上也同男子一样有他们的地位,在生活上有他们的要求,在法律上有他们的权利(《新青年》第六卷二号)

　　　　　 d 在纯粹的农民生活中,贫富的差别很有限度。(《新青年》第七卷二号)

　　表示条件的"在$_{1d}$"产生更晚。由名词性成分（主要是"情况""情形"和"条件"等）参与构成的此类用法在现代语料中可以见到一些用例，"在……的 V 下"则要更晚一些。例如：

(21) a 在这种情况下，本刊怎能每期都有精心结构的文章发表？（《编辑余谈》，《民俗汇刊》）

　　b 在这种情形下尽可以不做，但他觉得不得不做。（《我的道德谈》）

　　c 在陈竹隐的支持下，他得以于教学之余，安心从事自己的研究。（《朱自清传》）

　　d 在我的帮助下，她以后至少能掌握两门外语——英语和瑞典语。（《京华闻见录》）

　　相当于"对 X 来说"的"在"古代就有，例如：

(22) 越在我，心腹之疾也，壤地同，而有欲于我。（《左传》）

　　这是一个两解的句子，可以是"越国在我心中/眼里"的意思（"在"更像是动词）；也可以是"越国对我来说"（"在"是介词）。现代汉语中的此类用法也还属于这种情况。

　　"在 X 看来"直到清代语料中才可以见到一些用例，而且都是"在我看来"。例如：

(23) a 此事必有人来拿你，在我看来三十六计走为上计，快快逃命去罢！（《五美缘》）

　　b 在我看来，你不如分开罢，费也费的是他的。（《聊斋俚曲集》）

　　现在来看"在$_2$"。关于时间副词"在"的来源，仇志群（1991）、张亚军（2002）等曾有所论及。太田辰夫（1958）认为它是"正在"省略的结果："正在"省略了就成为单个的"在"，这样的用法直到清代还没有。他举的是《儒林外史》中的例子：

（24）若是还在应考，贤契留意看看。（太田辰夫例）

太田氏同时指出，这个例子还应该理解为"还在应考之中"，即使不看作这样的省略，也必须注意有"还"这个字，这个"还"好像是替换"正"的。

高增霞（2005）认为，表示进行的"在"是清代才出现的用法，但她并没有举例。我们在晚清语料里找到了明确可以表示进行的"在"。例如：

（25）a 幸亏不吃酒了，若在吃酒，你又要罚酒矣。（《青楼梦》）
　　　b 引香正在拿着看，嫣娘也在看，不觉一阵心酸。（《风月鉴》）

另外，我们在《全元曲》中发现 2 例"在 + 动词（睡）"，如下：

（26）俺相公说来，身子困倦，他在睡哩，你且回去。（《苏子瞻醉写赤壁赋》）

不过这个句子后面有语气词"哩"，因此很难断定它是否属于"在"单独表示进行的用法。无论如何，"在"表示进行的用法在晚清之前还不常见。

前文说过，高增霞（2005）曾从共时平面推测"在"表进行是由"在 + 中性指示代词 + 动词"发展而来的用法。我们的历时考察表明，这种结构的产生不晚于唐五代。例如：

（27）a 药山在一处坐。师问："你在这里作什摩？"（《祖堂集》）
　　　b 宗和尚问："谁在这里念经？"（同上）

例（27a）的上文已指明处所，下文用代词指示处所是自然的，如果基于经济原则，处所词语省略也是可以的，但语言事实并非如此。如果"在"表进行确实是从"在 + 中性指示代词 + 动词"独立发展而来，那么从唐五代至晚清,中间经历了将近一千年的时间,这一过程实在太过漫长。更重要的是,正如前文所说,这种说法无法解释"在"是如何获得时间意义的。因此我们觉得,也许太田氏的"正在"省略说有一定的道理:"在"的时间副词用法可能是受到别的时间副词如"正"的语义沾染的结果。

"正"本来是一个形容词,意为"端正",后来引申为副词,意为"恰好""正好",用在动词之前,意为"正好此时",是时间副词(表示时点)。这一用法六朝时就已出现。这种"正"可以用在动词"在"的前面。例如:

（28）a 丞相尝夏月至石头看庾公,庾公正料事。(《世说新语》,太田辰夫例)

b 于时支公正讲小品。(《世说新语》)

c 许允为晋景王所诛,门生走入告其妇。妇正在机中,神色不变。(同上)

例(28a)和(28b)中"正"所在的句子没有处所词语。如果处所词语参与其中的话,其常见的结构就是"正+在+处所+VP",其中处所词语也可以是指示代词。我们的语料考察发现,它的出现当始于南宋或元代。例如:

（29）a 当时合哥移步来窗子面,正在那里拣山亭儿。(《万秀娘仇报山亭儿》)

b 正在那里分豁不开,只见王老员外和女儿一步一颠走回家来。(《错斩崔宁》)

c 小妖道:"正在那里着恼哩。你去与他唱个道情词儿解解闷也好。"(《西游记》)

这种结构的句法层次应该是"正+｛[在+处所]+VP｝"。当处所词语省略或脱落后,该结构就变成了"正+在+VP"。这样的例子元曲里已有少数用例,明代小说中则大量存在。例如:

（30）a 小生正在攻书，忽听母亲呼唤，不知有甚事。（《王粲登
楼》，太田辰夫例）

b 我方才正在寻思一计，要害孙二。（《杀狗记》）

（31）a 黄门官奉了圣旨，径到常中郎家宣马周。马周吃了早酒，
正在鼾睡，呼唤不醒。（《喻世明言》）

b 这里兄弟二人正在卿卿吵吱，船艄上赵三望见了，正不
知他商议甚事，一跳跳上岸来。（《警世通言》）

（32）a 正在攀谈，贵梅拿茶出来与婆婆，见有人便待缩脚。
（《型世言》）

b 这夜，明山正在熟寝，听得四下炮响。（同上）

例（31a）中的处所词语已先行出现，后面就没必要说出；例（31b）
也可以看成是"兄弟二人正在这里卿卿吵吱"的变体；例（32）中
"在"后的处所在语境中都是明确或不言而喻的。无论是哪一种情况，结
果都是"正 + ｛［在 + 处所］＋VP｝"变成了"正 + 在 + VP"。对"在"
来说，一方面，由于处所词语脱落，它介引处所的语义功能发生弱化；另
一方面，也正是由于处所词语脱落，导致它在句法上失去依托，因此倾向
于跟前面的单音节副词"正"组合成一个韵律词。

雷冬平、胡丽珍（2010）把类似例（29）中的"在那里"看作进行
体标记，认为时间副词"正在"的形成是"正 + 在这里/那里 + VP"结
构强化更新的结果。具体过程是：首先在"在 + 这里/那里 + VP"结构
中，当"V"是表心理等动作性不强的动词时，"在这里/那里"在宋代
语法化为进行体标记；接着是表示"正在"义的时间副词"正"与进行
体标记"在这里/那里"的强化连用；然后由于韵律的作用，"正 + 在这
里/那里"重新分析成"正在 + 这里/那里"，在表示心理等的动词前，
"这里/那里"由于语义上的虚化和形式上的羡余而脱落，于是时间副词
"正在"在元代产生。我们同意"正在"的重新分析与韵律和处所词语的
羡余有关的看法，但不认为"在那里"是进行体标记。因为"正在"之
后的处所词语不限于"那里"，它不出现很大程度是因为语境的关系（上
文已经出现）。况且不仅是"正"，表示"不变"意义的时间副词"尚"
和"还"也会参与引发"在"后处所词语的脱落。例如：

（33）a 那小跌倒在地，尚在挣命，口中吐血，眼见得不能够活
　　　 了。（《水浒传》）
　　　b 两个差人去时，他正把爱姐藏在书房里，笑那简胜无辜
　　　 受苦，连你爹还在哭。（《型世言》）
　　　c 于是爷们等先回。这里赵姨娘还在混说，一时救不过来。
　　　 （《红楼梦》）
　　　d 自己复到书房，见衾儿还在大哭，妇女劝他不住。（《情
　　　 梦柝》）

在例（33）中，由于处所词语"地""书房里""这里"和"书房"
已经先行出现，而且"在"前有单音节时间副词"尚"和"还"，因此
"在"后处所词语可以脱落。结果就是"尚在＋VP"和"还在＋VP"可
以理解为动作在"进行"。值得注意的是，上例中的"尚"和"还"几
乎是必需的。这表明，在明清时代，"在"还不能独立表示时间意义，而
且在韵律结构上依附于前面的单音节时间副词。这与"在"原本的介词
性有关，即使在现代汉语中，这一限制仍然存在——《八百词》就注意
到表进行的"在"后面不能像"正/正在"那样用介词。例如：

（34）a 红日正从地平线升起。
　　　b 红日正在从地平线升起。
　　　c＊红日在从地平线升起。

有了以上的讨论，我们有理由推测，"在"后处所词语的脱落是因语
境明确而无须出现和"在"前有单音节时间副词双重因素驱动的结果。
处所词语脱落后，"正/还/尚＋在＋VP"结构有可能重新分析为"［正/
还/尚在］＋VP"。在这种情况下，"在"沾染了"正/还/尚"的时间意
义，再加上它本身的存在意义，用在动词性短语前面的时候就具有了表示
动作进行或状态持续不变这一新的意义。只不过和"尚在""还在"不同
的是，由于"正在"使用频率较高（明代小说中"正在＋VP"的数量远
远多于"还/尚在＋VP"），且"正"在表示时间方面具有同时性和即时
性，因此"正在"最终词汇化为一个复合副词。而"尚在"和"还在"
的使用频率较低，且它们表示的时间意义为"不变"，词汇化也就没有

发生。

早期的"正在"有不少用于从句，所在小句是背景事件句（杨永龙，2001），表示后一小句（事件）的参照时间，由于小句中没有处所词，"正在V"的结构应该是"正+在V"，"在V"则相当于"在V之时"。不过"之时"很少见到，实际语料中大多是"在V"或"在V（之）处/际/间"。例如：

> （35）a 操因新败，正在踌躇，忽报田氏人到。（《三国演义》）
>
> 　　　b 行者正在嗟怪处，又见金头揭谛……押着一尊土地，跪在面前。（《西游记》）
>
> 　　　c 正在欢饮之间，猴王忽停杯问曰："我这'弼马温'是个甚么官衔？"（同上）
>
> 　　　d 行有五六里，正在凄怆之际，只闻得北坡外有人言语。（同上）

例（35a）"踌躇"后可加上（处/际/间），例（35b）（35c）和（35d）中的"之间""处"和"之际"可以去掉。而"间""际"尤其是"处"本来是表示处所的，这显然与"在"的功能本来是引介处所有关。

当这种"正在V"用作从句时，"正在"表示同时，相当于"正"；当它用作主句（前景事件句）时，可以独立表达事件而不是别的事件的参照时间，"正在+VP"就由表示同时变为兼表同时和进行。前者中的"正在"的词汇化程度不高，后者则完全可以看作一个副词。例如：

> （36）不说薛蟠得新弃旧，只怨香、玉二人不在薛蟠前提携帮补他，因此贾瑞、金荣等一干人，也正在醋妒他两个。（《红楼梦》）

即使在现代汉语中，"正在+VP"仍然存在表示参照时间和表达事件之别。例如：

(37) a 我们正在看电视，他突然闯了进来。

b 他闯进来的时候，我们正在看电视。

例（37a）中的"正在看电视"相当于"正在看电视的时候"，例（37b）则不然。

"正在"的词汇化过程明代已经完成（张亚军，2002）。问题是，既然"正在"已经词汇化，"在"后来为什么又能独立成为一个副词呢？我们觉得有两方面的因素在起作用。一是"正在"存在着词汇化程度不高的情况。"正在 V"表示参照时间时，其结构层次应是"正 + 在 V"，其中"在"具有一定的独立性，本身就能表示时间，同时由于句法上和紧邻于"正"，沾染到了"正"表示时点（同时）的语义特点，因此可以表示动作进行。二是"在"在跟"还""尚"的接触中沾染到了表示持续（若干个时点连成的时段）的意义（"在"的"存在"意义和"持续"意义也是相通、相容的），这是"正"所不具备的。出于汉语时体系统表达分工的需要，原有的"V 着"只能表示动作的情貌而不能表达事件的情貌（高增霞，2005），当需要表达事件的情貌、用来说明一个场景（高增霞，2005）时，"在 V"应运而生了。

至此，我们可以认为，太田辰夫（1958）关于"在"是"正在"省略的结果这一说法不完全正确。较为接近真实的情况可能是，"在 L + VP"中的 L 在语境明确且"在"前面有"正/还/尚"等单音节时间副词的情况下脱落，之后，动词前的"在"因为受"正"的影响而获得表示时点（进行）的意义，由于受"还/尚"的影响而获得表示时段（持续）的意义，最终独立为一个时间副词。不过由于和"正"共现的机会更多，因此意义和"正在"更接近。

最后需要指出的是，现代汉语时间副词"在"参与构成的"在 + VP"的主要功能是充当谓语，"在 V"近年来又发展出一种新用法，即用于名词前面充当定语，如"在建工程""在读博士"等，有学者（董秀芳，2004；王伟，2009）认为这是"在"的进一步语法化——演变为词内成分。

3.2.3 "在"的语法化顺序和习得顺序构拟

在前面两个小节中，我们对"在"的语义关联顺序和历时发展顺序做了一个大致的梳理。大致说来，"在"经历了一个从动词到介词再到副词的发展演变过程，其意义也经历了一个由实到虚、由虚到更虚的演变过程。介词"在"先于副词"在"产生，且其主要用法（表示处所、时间）还具有一定的动词性，意义还比较实在；可以副词"在"在语义上跟介词"在"的介引功能弱化有关，虚化程度更高（有人甚至把它看作体标记）。因此从总体上看，两者之间的语法化程度顺序是：

$$在_1 > 在_2$$

根据我们语法化顺序和习得顺序基本一致的假设，这一顺序也应该是两者之间的习得顺序："在$_1$"的语法化程度较低，因此容易习得或者说先习得；"在$_2$"的语法化程度较高，应该比"在$_1$"后习得。

不过，介词"在"的各个具体意义和用法的语法化程度并不相同。从语义关联的角度看，"在$_{1a}$"表示物理空间，直接来自动词"在"，"在$_{1b}$"由"在$_{1a}$"隐喻而来，表示时间，其语法化程度略高于"在$_{1a}$"。"在$_{1c}$""在$_{1d}$"以及"在$_{1e}$"都跟"在$_{1a}$"有关。这五个小类的历时发展顺序是：

$$在_{1a}/在_{1b} > 在_{1e} > 在_{1c} > 在_{1d}$$

"在$_{1a}$"和"在$_{1b}$"产生年代最早，处所和时间也都属于比较具体的意义，它们的语法化程度应该是最低的。范围是一种抽象的空间，再加上产生年代较晚，因此"在$_{1c}$"的语法化程度应该高于"在$_{1a}$"和"在$_{1b}$"；"在$_{1e}$"介引的处所由人称代词充当，虽然人称代词用作处所古代就有，但它构成的"在X看来"直到清代才产生，而且该结构具有一定的主观性，有话语标记的性质，因此其语法化程度应该较高；"在$_{1d}$"产生的年代最晚，且跟方位词"下"的虚化有很大的关系。它不仅表达条件这种抽象化程度很高的逻辑空间，还具有很强的主观性：在使用"在X的V下"结构的同时，说话人表达的还有对X力量的扬升之意，即说话人认为主体的变化取决于X的V。因此，综合语义关联、意义的抽象性和主观性以及历时发展诸多因素，可以认为"在$_1$"各个意义和用法之间的语法化程度顺序应该是：

$$在_{1a}/在_{1b} > 在_{1c} > 在_{1d}/在_{1e}$$

如果把"在$_{2a}$"放在一起考虑，它意义的抽象化程度高于"在$_1$"所有的用法。但它产生的年代早于"在$_{1d}$"和"在$_{1e}$"，更没有"在$_{1d}$"和"在$_{1e}$"的主观性，因此其语法化程度应低于"在$_{1d}$"和"在$_{1e}$"，可以视为和"在$_{1c}$"属于一个等级。另外，根据我们前面的考察，"在$_{2a}$"来源于"在$_{2b}$"，其语法化程度较"在$_{2b}$"为高。这样，"在"的各个意义和用法之间的语法化程度顺序大致是：

$$在_{1a}/在_{1b} > 在_{2b} > 在_{1c}/在_{2a} > 在_{1d}/在_{1e}$$

根据我们关于语法化程度顺序和习得顺序基本一致的假设，上面这一顺序很可能就是"在"各个意义和用法之间的习得顺序。也就是说，"在$_{1a}$"和"在$_{1b}$"的语法化程度最低，应该最容易习得或者说先习得；"在$_{1d}$"和"在$_{1e}$"的语法化程度最高，习得难度最大或者说最后习得。"在$_{2b}$"的语法化程度低于"在$_{2a}$"，应该比较容易习得或者说先于"在$_{2a}$"习得。如果考虑到"在$_{1c}$"跟方位词有关，而方位词是汉语中比较特殊的一个小类；那么它的习得难度也许会比"在$_{2a}$"更大一些。因此，上面的习得顺序可以调整为：

$$在_{1a}/在_{1b} > 在_{2b} > 在_{2a} > 在_{1c} > 在_{1d}/在_{1e}$$

3.3 "在"的习得情况考察

先看输出情况。我们以"在"为关键词对 120 万字的汉语中介语语料进行了穷尽性的检索，经人工干预去掉动词"在"以及"存在""在于"等词条之后，共得到属于我们研究对象的"在"7917 例。分类统计后发现，"在"的各个意义和用法均有输出，其中"在$_1$"的输出用例多达 7612 个，而"在$_2$"只有 305 个输出用例，二者相差悬殊。下面分小类进行说明。

引介动作发生处所的"在$_{1a}$"输出最多，共有 6105 个用例。占全部用例的 77% 、"在$_1$"用例的 80.2% 。例如：

（38）a 我来南京以前，在山东威海学了汉语。

b 他常常在图书馆看书，每星期日我去他家。

c 离家已经有一个多月了，很想念远在韩国的父母。

d 衣服已经收好了，放在行李箱了。

e 在上海我结交了不少朋友，我觉得这样对将来很有好处。

引介动作发生时间的"在$_{1b}$"共有 729 个输出用例，尽管和"在$_{1a}$"相去甚远，但却是其他几个小类中输出最多的。例如：

（39）a 这叫"米团节"，我们在每年 5 月庆祝这个节日。

b 在桂林的第二天，我们去了漓江。

c 在我不知道怎么办时，有一辆车开过来，我用手拦了那辆车。

d 早在几千年前，俄罗斯人就开始喝红甜菜汤。

e 在我的脑海里，我还不能忘记的这一件事发生在差不多八年以前。

表示抽象处所和范围的"在$_{1c}$"共有 669 个输出用例，数量上和"在$_{1b}$"相当接近。例如：

（40）a 我可以说，在减肥方面我是个了不起的人。

b 我在学习上感到的困难是讨论的时候不知道该怎么说。

c 因为在学生心目中，她是个"谜"一样的人物。

d 在人生旅程中，我们遇到很多事情，有的让我很感动有的不。

e 只要把自己的幸福完完全全地寄托在享受上，就免不了很让人难过的失望。

（41）a 全世界震级在里氏六级以上的地震中，20% 以上就发生在日本。

b 要知道，在所有的不幸中，最不幸的是曾经幸福过。

c 在中国菜里面，我最喜欢吃的是青椒肉丝。

d 在那七天内，我们做了很多事。

e 在 1 月 1 日至 7 日的新年期间，在日本全国举行各种各样的活动。

表示条件的"在$_{1d}$"共有 86 例输出，其中 36 例属于"在……情况下"，50 例属于"在……的 VP 下"。例如：

（42）a 在这个情况下，我怎么不要学中文呢？

b 在这样的情况下，我需要精神支柱，就是父母的提醒。

c 这些人觉得不管在什么情况下，他什么都不怕。

d 我们要为自己创造一个"与狼共舞"的机会，在那样的环境下充分发挥自己的潜能。

（43）a 我刚刚来中国的时候，我在她的帮助下学习汉语。

b 在她的影响下，我不但对英语有了兴趣，而且对别的外语也有了兴趣。

c 小学生们在教练的指导下每个星期打羽毛球两三次。

d 在我们的训练之下，它又讲卫生、对客人又友好，成了一只完美的狗。

表示主体看法的"在$_{1e}$"共有输出用例 23 个，全部为"在……看来"，例如：

（44）a 在我看来，广告是人们生活当中不可缺少的东西。

b 至于内部政策，在我看来最有待解决的问题有两个。

c 在中国人看来，吃饭很重要。

d 在很多人看来，留学是件很辛苦的事。

表示动作进行或状态持续的"在$_{2a}$"共有输出用例 229 个。例如：

（45）a 我在学习汉语，学习已经差不多三年了。

　　b 既然很冷，又在下雨，我们还出去，导游带我们去一个
　　　老街逛逛。

　　c 我觉得我很幸福，有这么好的妈妈一直在支持我。

　　d 我感到她还没有离开，在忙着什么，但我没力气睁开
　　　眼睛。

　　跟"正"连用、表示动作进行的"在$_{2b}$"共有 76 个输出用例。如：

（46）a 我想他，所以我正在写呢。

　　　b 认识她时她正在读博士，生活较辛苦。

　　　c 她有一天跟着表哥去那个公司，因为那个公司正在选着
　　　　新人。

　　　d 所以这个男人未来的命运在他正在追求的女人的手上。

　　从绝对输出的角度看，"在$_1$"的习得情况明显好于"在$_2$"。具体到小类来说，"在"的各个意义和用法的输出数量由多到少依次是：在$_{1a}$ > 在$_{1b}$ > 在$_{1c}$ > 在$_{2a}$ > 在$_{1d}$ > 在$_{2b}$ > 在$_{1e}$，如果分别以输出数量达到和超过百位数分级的话，"在"的各个意义和用法的绝对输出可以分为三个等级，即：

$$在_{1a} > 在_{1b} / 在_{1c} / 在_{2a} > 在_{1d} / 在_{1e} / 在_{2b}$$

　　绝对输出数量的多少只是判断某一语言项目输出情况好坏的依据之一，要全面地进行评判，还必须结合本族语相应用法的使用情况即相对输出。因此，我们按照同样的程序对 100 万字的本族语语料中的"在"进行了穷尽性的检索分类，并把统计结果与中介语料中的输出情况进行了对比，结果得到表 3—1：

表3-1		"在"的输出/使用情况比较			
意义和用法		中介语输出数量（例）及比例（%）		本族语输出数量（例）及比例（%）	比例差
在$_1$	在$_{1a}$	6105	80.2	3753	59.8	+20.4
	在$_{1b}$	729	9.6	938	15	-5.4
	在$_{1c}$	669	8.8	1303	20.8	-12
	在$_{1d}$	86	1.1	241	3.8	-2.7
	在$_{1e}$	23	0.3	38	0.6	-0.3
	小计	7612	96.1	6273	83.9	+12.2
在$_2$	在$_{2a}$	229	75.1	1076	89.2	-14.1
	在$_{2b}$	76	24.9	130	10.8	+14.1
	小计	305	3.9	1206	16.1	-12.2
合计/频次		7917/6.6‰		7479/7.5‰	

说明：各小类用法的百分比计算方法为"小类数量/大类总数×100%"。

从表3-1中可以看出，在120万字的中介语语料中，本章讨论的"在"共有7917个输出用例，字频为6.6‰，这一频次略低于本族语料的7.5‰，说明中介语中"在"的输出总体上稍显不足。就大类用法来说，中介语料中"在$_1$"的输出总量远远超过"在$_2$"，后者只占到了全部输出的3.9%；本族语料中虽然也是"在$_1$"远多于"在$_2$"，但后者在总体中所占的比例为中介语中"在$_2$"的4倍。这表明，从输出的角度看，"在$_1$"的习得情况良好，而"在$_2$"的习得情况只能说较差。具体到各个小类用法来说，中介语料中相对输出好于本族语料的只有"在$_{1a}$"和"在$_{2b}$"，两者都表现出比较明显的输出过度的倾向；相对输出明显不足的用法是"在$_{1c}$"和"在$_{2a}$"，两者的相对输出比例差都在10%以上；"在$_{1d}$"和"在$_{1e}$"的比例差虽小，但在大类用法中的比例分别只有本族语的三分之一和二分之一。"在$_{1b}$"的相对输出稍显不足，但5%左右的比例差尚在正常范围之内。

无论是绝对输出还是相对输出，"在$_1$"都明显好于"在$_2$"，因此从输出的角度看，两者之间的习得顺序应该是"在$_1$＞在$_2$"。具体到小类来说，"在$_{1a}$"的绝对输出和相对输出都名列前茅，其习得情况应该是最好的。"在$_{1b}$"的绝对输出位居第三，相对输出也只是略显不足，其习得情况可视为中等。"在$_{1c}$"的绝对输出略高于"在$_{1b}$"，但相对输出明显不足；"在$_{1d}$"和"在$_{1e}$"的绝对输出都不多，相对输出也不够。因此，可以认为"在$_1$"内部各个小类的习得情况等级顺序是：

在$_{1a}$ ＞ 在$_{1b}$ ＞ 在$_{1c}$／在$_{1d}$／在$_{1e}$

至于"在$_2$"内部，"在$_{2a}$"的绝对输出明显多于"在$_{2b}$"，但相对输出明显不足；"在$_{2b}$"的情况则恰好相反。综合评判的话，可以认为两者的习得情况在伯仲之间。如果要把它们和"在$_1$"的小类用法放在一起比较的话，可以认为它们和"在$_{1c}$"等三个用法在一个等级之上。这样，我们从输出的角度就可以得到以下两个习得情况等级顺序：

顺序 1A：在$_1$ ＞ 在$_2$
顺序 1B：在$_{1a}$ ＞ 在$_{1b}$／在$_{2b}$ ＞ 在$_{1c}$／在$_{1d}$／在$_{1e}$／在$_{2a}$

再看正确率情况。我们结合上下文对中介语全部 7917 条输出用例进行了人工分析，共发现 395 个用例存在与"在"相关的偏误，其总正确率为 95%（7522/7917）。其中"在$_1$"的 7612 个用例中有 362 例存在偏误，正确率为 95.2%（7250/7612）；"在$_2$"的 305 个用例中有 32 例存在偏误，正确率为 89.5%（273/305）。

具体到小类来说，"在$_{1a}$"的 6105 个输出用例中有 248 例存在偏误，正确率 95.9%（5857/6105）。其偏误突出表现在语序方面，即把"在＋处所"放在动词的后面。例如：

（47）a 我愿意学习汉语在中国。
　　　b 三年以前我来到中国，因为我爸爸要工作在南京。
　　　c 我跟我的朋友一起预习在宿舍里。

　　　　d 可以把饼自己做，也可以买在超市。

　　　　e 我们住了在哈尔滨三个天，然后回来了北京。

　　　　f 他跟家人一起住过在俄罗斯 7 年。

　　汉语中的"在＋处所"在大多数情况下要放在动词前面，初级阶段的学习者受母语的影响，会输出较多的类似（47）的偏误。当然，汉语的少数动词如"躺""住"等的处所可以出现在动词后，但当有"着"的时候，"在＋处所"需要前移，学习者不清楚这一点，往往会输出下面这种偏误句。例如：

　　（48）a 我躺着在床上看电视，读书什么的。

　　　　　b 他的旁边只有一个病人卧着在床上。

　　　　　c 宿舍有二十楼，但是只八楼住在韩国人。

　　"在$_{1a}$"偏误的另一个明显的表现是"不当用而用"，即误加。例如：

　　（49）a 火山位于岛中央地区，是在韩国最高的山峰之一。

　　　　　b 不过学生最喜爱的书在书架上连一本也没有。

　　　　　c 人家常说二儿子是在家里最可怜的。

　　　　　d 十天以后需要回去机场，但是我住在的地方离机场远着呢。

　　　　　e 第一个和尚看到第二个和尚喝水在盆里的。

　　汉语的某些处所词语在充当话题（主语）和领有者（定语）的时候不用"在"来引介，学习者不清楚什么时候"不用"，因此一般会倾向使用，这也是"在$_{1a}$"过度输出的一个原因之一。

　　另外，我们在分析语料时发现，中介语料中存在不少"在$_{1a}$"和介词"从"误代使用的偏误，有时甚至是同时使用"在"和"从"。例如：

　　（50）a 在这儿到家乡 4 个小时。

　　　　　b 你们很奇怪，酒在哪儿出来的？

　　　　　c 从在仁川坐船到了青岛，然后坐汽车去北京。

d 我回答:"我吃过了葡萄,偷了从在妈妈的篮子。"

还有一些偏误属于"在"和方位词的配合使用问题。汉语的某些处所不能由"在"直接引介,需要用"在 + 处所 + 方位词"形式,但中介语料中存在少量忘记使用方位词的用例,这也与学习者没有很好地了解"在$_{1a}$"引介处所的限制有关,我们也认为它们属于与"在$_{1a}$"有关的偏误。例如:

(51) a 只是坐在旅行车,导游叫我们下车就下,叫我们上车就上。

b 在火车跟中国人聊天,开玩笑,太有意思了。

c 学生在桥站着。

"在$_{1b}$"的 729 个输出用例中有 35 个用例存在与之有关的偏误,正确率为 95.2%(694/729)。其偏误主要表现为误加,即"不当用而用"。例如:

(52) a 在中午我不睡觉,常常我和朋友们一起去玩儿。

b 美国人在早上喜欢吃面包,中国人在早上喜欢吃粥。

c 在夏天绿油油的叶子,在秋天开始变化颜色。

d 我最烦在冬天去外边,连一天也不敢出去。

e 假如在将来有机会去英国,我要先到披头士四个人的故乡玩儿。

f 在第二天下午,我们去石林。

汉语的很多时间词不需要介词"在"引介,但学习者不清楚何时需要,何时不需要。因此(52)各例中的"在"都属于误加使用。

也有一些偏误属于语序错误,因为现代汉语的时间词应该在动词之前。例如:

(53) a 我们常常吃这道菜在冬天的时候。

b 他来南京在二月十六号。

c 这春游一般搞在四月份，因为那时候的天气特别好。

d 如果你想要听首选说一个演进，你就来到 wee waa 在二月的时候。

还有少量偏误属于"在"和书面语介词"于"的重复使用。例如：

（54）a 本人在于六月十五日下午五时左右遗失了一个女士钱包。

b 中秋节过在于用月历 8 月的中间。

"在1c"的 669 个输出用例中有 66 例存在与之有关的偏误，正确率为 90.1%（603/669）。其偏误有少量和"在"字直接相关。例如：

（55）a 有什么困难在生活，他也了解给我。

b 一般忌日只举行在一天内，但南方人和比较富有的家庭常常举行在三天内。

c 中国的发展我觉得也带了好多问题在表面上。

d 这一切结合起来共响造成一场交响乐音响着在我心中。

（56）a 婚姻是在人的生活中最重要的活动之一。

b 万里长城是在中国人类文明历史上最伟大的建筑工程。

例（55）属于"在"字短语的语序错误，例（56）属于"在"的误加使用。

"在1c"更多的偏误则表现为"在"和方位词的配合使用上。例如：

（57）a 我们在日常生活能发现幸福，可是大部分的人不知道。

b 所谓弁当是在日语方便的意思。

c 在课的安排，有几个班的课表不太合适。

d 这两座教堂都在国家的历史起很重的作用。

e 我们异口同声说在我们的生活，父母是最重要的人。

（58）a 可我再也不能跟童年一样玩了，我已经成人了，只能在回忆上玩味着。

b 年轻人在口头中说得厉害、很啰唆，我们不要冲动。

（59）a 在恋爱方面上她是我的前辈，而是我的好指导。

b 很多大学生大学毕业了以后，在工作方面上用不上自己的专业。

c 在生活中的方面，我有很多要达到的。

d 在法律方面上，每个国家也有规矩。

e 但是在那四年间中，那样的麻烦的感觉我一次也没有。

f 在今年的甲子园大会期间中，我母亲和妹妹去甲子园球场声援了我母校棒球队。

"在"引介抽象的空间或者表示范围时，往往需要和方位词"上""中"或者"方面""期间"等配合使用，两者共同介词框架"在……上／中／方面"等。学习者或者对此规则掌握不好，造成方位词的遗漏，如例（57）；或者知道应该使用方位词，但不知道该使用哪一个，结果造成方位词的误代使用，如例（58）；甚至经常会矫枉过正，同时使用两个，造成方位词的冗余，如例（59）。这类偏误虽然主要是由于没有很好地掌握方位词的使用规则造成的，但考虑到"在$_{1c}$"一个重要特点就是和方位词构成介词框架，所以我们把它看作跟"在$_{1c}$"间接相关的偏误。

在表示条件的"在$_{1d}$"的 86 个输出用例中，有 9 例存在与之有关的偏误，其正确率为 89.5%（77/86）。其偏误主要表现在方位词的使用上。例如：

（60）a 如果在这种条件，你要治病的话——发生治病不成反而害人的事故！

b 在对中国没什么了解的状态，我没有把握坚持下去我的学业。

c 我在朋友的劝说，就买了两只小鸡。

d 故事是非常有意思的，能看到人怎么能反应在这样的情况。

e 在那个情况上，弟弟觉得不好意思就走了。

（60a～c）都遗漏了方位词"下"，（60d）不仅遗漏了方位词，语序也存在错误。（60e）则是方位词"上"和"下"的误代使用。

表示主体的"在$_{1e}$"的 23 个输出用例中有 4 例存在偏误，正确率为 82.6%（19/23）。偏误句如下：

(61) a 在我看，虽然学中文可能很难，但是非常有意思。

b 如果你想学习外语，你只要背下来它的字或者跟本地人聊天；在我的看来，这几个办法就够了。

c 拿马德里来说，在历史上看来是欧洲最重要的首都之一。

d 但是，在我一个人的角度来看，巨大的问题是找到信息。

在表示动作进行或状态持续的"在$_{2a}$"的 229 个输出用例中，有 26 例存在偏误，正确率为 88.6%（203/229）。其偏误类型较多。一种情况是在句子表达某种惯常行为或状态时误加"在"，例如：

(62) a 他常常去操场在打篮球。

b 我为了健康和压力，每到有事件的时候在学校附近五台山体育馆在做瑜伽。

c 我已经习惯了一个人在静默着。

d 可是我平时没有看见她在看书，所以觉得有一点奇怪。

另一种情况是动词后面有表示终结的"了"或"下"，此时不能用"在$_{2a}$"，因为两者语义上不相容。但学习者对这一规则并没有充分掌握。例如：

(63) a 孩子一直在看了埋的葡萄。

b 我看到刘老师在掉下眼泪，很奇怪。

还有一些语序等其他偏误。例如：

(64) a 下火车时在青岛下雨。

b 我觉得大概在晚上 8 点一个人敲在家门。

c 可她一直都在笑脸。

(65) a 他在工作中，他女朋友打给他电话。

　　　b 人人想问题的话，找不到他，因为他一直在试新的衣
　　　　服中。

　　例（64a）和（64b）属于语序偏误，（64c）中的"笑脸"不是动
词。例（65）很有特点，尽管现代汉语近年来发展出用"VP 中"表示进
行的用法，但一般并不和"在"配合使用，因此我们把它看作偏误。不
过这也在一定程度上表明二语习得过程中的语法化和一语的语法化之间有
一定的联系，两者甚至可能出现不谋而合的现象。

　　"正在"的 76 个输出用例中有 6 例存在偏误，正确率为 92.1%（70/
76）。偏误句如下：

(66) a 正在我一边怀念周庄，一边写信。

　　　b 我一边想我妈妈，一边写文章，正在妈妈给我打了电话，
　　　　她说："我想你，祝你生日快乐。"

　　　c 最糟糕，一辆车正在经过他，在一个水坑里开了。

　　　d 我妹妹正在回国放假，我也在不久要回国了相看我家的
　　　　亲人。

　　　e 住在上海这些月，正在想一想那多的人，一般的有工作，
　　　　有住的地方。

　　　f 因为他的表情是急忙的样子，而且我奶奶正在病患中，
　　　　所以我就相信他了。

　　（66a）和（66b）都属于语序偏误，（66c）"车"经过他的时间非常
短暂，本族人不会选择用"正在"表达，（66d）的"正在放假"语义上
存在问题，（66e）则是由于"想一想"这种短时/尝试体和"正在"不相
容。（66f）的问题和（65）属于一类。

　　前面我们对"在"各个意义和用法的输出用例的正确率情况进行了
考察，并大致分析了每种用法的偏误表现。结果发现，"在$_1$"的平均正
确率为 95.2%，"在$_2$"的平均正确率为 89.5%。具体到小类来说，从
"在$_{1a}$"到"在$_{1e}$"这 5 个小类用法的正确率分别为 95.9%、95.2%、
90.1%、89.5% 和 82.6%，"在$_{2a}$"和"在$_{2b}$"的正确率分别为 88.6% 和

92.1%。如果我们把达到 95% 看作良好，达到 90% 看作中等，90% 以下看作一般，那么从正确率的角度看，"在"的各个意义和用法的习得情况可以划分为三个等级，顺序如下：

顺序 2A：在$_1$ > 在$_2$

顺序 2B：在$_{1a}$/在$_{1b}$ > 在$_{2b}$/在$_{1c}$ > 在$_{1d}$/在$_{2a}$/在$_{1e}$

最后来看初现情况。我们对本研究使用的两个汉语中介语语料库进行了分级检索分类，下表是 40 万字的初级语料（南师大语料库和复旦语料库各 20 万字）和 40 万字的中级语料（南师大语料和复旦语料各 20 万字）中"在"的各个意义和用法的输出情况（以下各章在讨论初现情况时，所使用语料均与此处相同，一般不另行说明）：

表 3 - 2　　　　　　　"在"的初现情况　　　　　（单位：例）

意义和用法		初级部分		中级部分	
		南师大	复旦	南师大	复旦
在$_1$	在$_{1a}$	1171	1154	955	960
	在$_{1b}$	96	88	143	150
	在$_{1c}$	47	50	137	128
	在$_{1d}$	2	3	10	9
	可$_{1e}$	4	2	3	6
在$_{2a}$		37	34	59	54
在$_{2b}$		6	7	20	22

从表 3 - 2 中可以看出，在两个子语料库的初级部分中，"在$_1$"的输出数量占绝对优势，但"在$_2$"的输出也达到了初现标准。具体到小类来说，除了"在$_{1d}$"和"在$_{1e}$"只能勉强算是达到初现标准外，其他的 5 个小类用法都完全达到了初现标准。如此一来，我们不但没办法判断"在$_1$"和"在$_2$"孰先孰后，也很难判断其他几个小类（除"在$_{1d}$""在$_{1e}$"外）的初现先后。原因主要有两点：其一，"在"的大部分用法都是在初级阶段习得的，时间上的差异并不明显；其二，我们的语料库分级不够细致，初级、中级和高级是按年划分的，没有细化到以两个月或者

半年为单位，不能清楚地反映各个用法的初现时间。

　　不过，我们可以从数量的多寡方面看出一些端倪。从总体上看，初级语料中"在$_1$"的输出远多于"在$_2$"，尤其是"在$_{1a}$"，该用法在初级阶段占绝对优势，到中级阶段是输出数量唯一下降的一个，说明它的习得时间应该是最早的。"在$_{1d}$"和"在$_{1e}$"在初级阶段的输出偏少，到中级阶段后输出明显增加。说明它们的习得时间应该是最晚的两个。这样的话，我们可以得出一个大致的初现顺序：

　　　　顺序 3A：在$_1$ > 在$_2$
　　　　顺序 3B：在$_{1a}$／在$_{1b}$／在$_{1c}$／在$_{2a}$／在$_{2b}$ > 在$_{1d}$／在$_{1e}$

3.4　讨论

　　本章 3.3 节分别从输出、正确率和初现三个方面对 120 万字的汉语中介语语料库中兼类虚词"在"的习得情况进行了考察，得出了三组不尽相同的习得情况等级顺序。现在把它们综合起来，对"在"的各个意义和用法的习得情况等级顺序做一个全面的评判。

　　先看大类用法。3.3 节得出的三个习得情况等级顺序如下：

　　　　顺序 1A：在$_1$ > 在$_2$
　　　　顺序 2A：在$_1$ > 在$_2$
　　　　顺序 3A：在$_1$ > 在$_2$

　　这三个顺序完全一致。也就是说，无论输出、正确率还是初现，"在$_1$"的习得情况都好于"在$_2$"。因此，两者之间的客观习得顺序无疑就是"在$_1$ > 在$_2$"。这一顺序跟我们在 3.2.3 小节中根据语法化顺序构拟出来的习得顺序是一致的。

　　再看小类用法。3.3 节得出的三个习得等级顺序分别是：

　　　　顺序 1B：在$_{1a}$ > 在$_{1b}$／在$_{2b}$ > 在$_{1c}$／在$_{1d}$／在$_{1e}$／在$_{2a}$
　　　　顺序 2B：在$_{1a}$／在$_{1b}$ > 在$_{2b}$／在$_{1c}$ > 在$_{1d}$／在$_{2a}$／在$_{1e}$
　　　　顺序 3B：在$_{1a}$／在$_{1b}$／在$_{1c}$／在$_{2a}$／在$_{2b}$ > 在$_{1d}$／在$_{1e}$

比较以后可以发现，"在$_{1a}$"在三个顺序中都处于序列的前端，其习得情况应该是最好的；"在$_{1b}$"的正确率和"在$_{1a}$"接近，初现时间也相同，只是在输出方面不及"在$_{1a}$"，其总体习得情况应该视为良好；"在$_{1c}$"的正确率居于中等水平，输出则明显不足，其习得情况应该比"在$_{1b}$"低一个等级；"在$_{1d}$"和"在$_{1e}$"在三个序列中都居于末端，它们的习得情况都只能视为较差。"在$_{2a}$"的输出不足，正确率偏低，仅初现时间比"在$_{1d}$"和"在$_{1e}$"要早一些，其习得情况可视为中等偏下；"在$_{2b}$"在输出和正确率两方面的表现都好于"在$_{2a}$"，其习得情况应视为好于后者。因此，综合三方面的表现来看，兼类虚词"在"的各个意义和用法之间的客观习得顺序应该是：

$$在_{1a}/在_{1b}（在_{1a} > 在_{1b}）> 在_{1c}/在_{2b} > 在_{2a} > 在_{1d}/在_{1e}$$

我们在3.2.3小节中根据语法化顺序构拟出来的习得顺序是：

$$在_{1a}/在_{1b} > 在_{2b} > 在_{2a} > 在_{1c} > 在_{1d}/在_{1e}$$

比较一下不难发现，这两个顺序基本上是一致的。区别在于"在$_{1c}$"的位置。根据历时发展顺序，其语法化程度本来应该低于"在$_{2a}$"，但我们考虑到汉语方位词的特殊性，认为它的习得难度会比较大，因此在构拟习得顺序时专门把它调整到"在$_{2a}$"之后，但在客观习得顺序中，它在输出和正确率两个方面的表现都好于"在$_{2a}$"。换句话说，客观习得顺序反映的正是语法化顺序的原貌。

当然，由于"在"是一个高频常用词，其主要介词用法和它的时间副词用法在初等阶段都已经习得，由于我们的中介语语料库分级不够细，所以"在"的各个意义（除"在$_{1d}$"和"在$_{1e}$"外）在初现时间上的先后顺序并没有很清楚地表现出来。但从总体上看，"在$_{1a}$"先于"在$_2$"习得是很清楚的，特别是引介处所的"在$_{1a}$"在输出和正确率两方面的表现要远远好于由它发展出来的"在$_{2a}$"。因此，本章的研究通过兼类虚词"在"这一个案证明了语法化顺序和习得顺序之间的一致性或称作正相关性。此外，"在$_{2b}$"的习得情况好于"在$_{2a}$"（特别是相对输出和正确率方面）这一事实说明词汇形式会先于具有一定形态性质的成分习得，反过来推理，这种习得顺序上的差异很可能就是"正在"和"在"之间的语法化程度上的差异。

4

"和"类虚词的语法化顺序和习得顺序

在现代汉语中，"和"兼属伴随介词和并列连词两个词类，跟它意义和用法相近的还有"跟""同"和"与"等。于江（1996）、高育花（1998）和吴福祥（2003a）等学者把它们统称为"和"类虚词（吴福祥所说的"和"类虚词有 7 个，我们只讨论前面说的 4 个），江蓝生（2012）称之为连—介词。这里采用于江等学者的说法，也称之为"和"类虚词。

从历时发展的角度看，"和"类虚词的源词都是动词（在现代汉语共时平面，只有"跟"的动词用法还在使用），介词和连词用法都是语法化的结果。根据语法化的一般规律，介词和连词之间存在语法化的程度之别。此外，"和"类虚词的介词和连词用法还可以进一步分为几个小类，其内部也存在语法化的程度差异。下文将首先对它们的介词、连词用法进行分类，然后考察具体意义和用法之间的语法化程度顺序并在此基础上构拟出一个二语习得顺序，接着通过汉语中介语语料考察分析发现"和"类虚词的客观习得顺序，最后比较讨论二者之间的联系和区别。

4.1 意义和用法分类

关于虚词"和""跟""与"和"同"，一般的辞书都分为介词和连词两类。不过在下位分类方面，各家的分类有粗有细。以"跟"的介词用法为例，《八百词》设了 4 个小类用法，《现代汉语常用虚词词典》和《现代汉语虚词例释》都设了 3 个小类，《现代汉语虚词词典》只设了两个小类。考虑到《八百词》的编写初衷就是为了汉语作为第二语言的教学，而且其细分的做法确实有合理之处，因此我们对"和"类虚词介词用法的下位分类基本采取该书的做法；连词用法则根据我们的理解进行分类。下面具体说明。

4.1.1 "和"

《八百词》首先把"和"分为介词和连词两个大类，然后进一步把介词用法分为四个小类，连词用法分为两个小类。为了行文方便，我们把介词"和"记为"和$_1$"，把连词"和"记为"和$_2$"。

先看"和$_1$"。介词"和"的四个小类用法分别是：

A 类表示共同、协同。例如：

（1）a 有事要和群众商量。
    b 他和老王见过一面。

我们把这类用法记为"和$_{1a}$"。经常出现在"和$_{1a}$"参与构成"NP$_1$ + 介词 + NP$_2$ + VP"的结构中的动词大多是交互类动词或"对称性动词"（朱德熙，1982），如"见面""握手""商量""聊天""结婚"等，动作都由两方面参与者参加完成。

B 类表示动作的对象。相当于"向、对"等。例如：

（2）a 我很愿意和大家讲一讲。
    b 我和你谈谈，好不好？

我们把这类用法记为"和$_{1b}$"。经常出现在"和$_{1b}$"参与构成"NP$_1$ + 介词 + NP$_2$ + VP"的结构中的动词大多是"解释""道歉""打招呼""发脾气""开玩笑""借""要"等，朱德熙（1982）称之为"非对称性动词"。

C 类用来引进比较的对象，相当于"跟"。例如：

（3）a 他和我弟弟的年龄相同。
    b 这种肥料和豆饼差不多。

我们把这类用法记为"和$_{1c}$"。出现在"和$_{1c}$"参与构成"NP$_1$ + 介词 +

NP$_2$ + VP"的结构中的动词一般是表示比较（相同、相似、不同或相反）的非动作动词，如"一样""差不多""比""相比""相似"等。朱德熙（1982）认为这类动词其实也是对称性的，因为"如果甲跟乙相同，乙自然也跟甲相同"。

D 类表示与某事物有无联系。例如：

（4）a 我和这事没关系。

b 他去不去和你有什么相干？

我们把这类用法记为"和$_{1d}$"。出现在"和$_{1d}$"参与构成"NP$_1$ + 介词 + NP$_2$ + VP"的结构中的动词一般是表示联系的动词，如"有关""无关"等。

再看"和$_2$"。《八百词》等辞书把连词"和"分为两个小类：（a）表示平等的联合关系；（b）表示选择，相当于"或"，常用于"无论""不论""不管"后。我们认为，（b）类中的"和"也可以看作是平等的联合关系（即使不是，现在也已经有明显的用"或"不用"和"的倾向），且"跟""同"和"与"都基本没有这种用法，因此不单独立类。

不过，可以根据"和$_2$"连接的成分的不同性质，把它的用法进一步分成两个小类。一类用来连接名词性成分。例如：

（5）a 老师和同学都赞成这么做。

b 把纸和笔给我。

（6）a 北京、上海、天津和重庆都是直辖市。

b 爸爸、妈妈和哥哥、姐姐都不在家。

我们把这类用法记为"和$_{2a}$"。如果深究的话，例（5）和例（6）还是有区别的：前者中的"和"只连接两项成分，后者中的"和"连接多项成分。而且正如很多工具书都提到的，连接多项时，如果多项属于同类，"和"用在最后两项之间，如例（6a）；如果不属于同类，则用在两类成分之间，如例（6b）。有鉴于此，我们把类似例（5）的用法记为"和$_{2a1}$"，把类似例（6）中的用法记为"和$_{2a2}$"。

另一类用来连接动词和形容词性成分。例如：

（7）a 我还要补充和说明几句。

　　　b 事情还要进一步调查和了解。

（8）a 泰山的景色十分雄伟和壮丽。

我们把这类用法记为"和$_{2b}$"。"和$_{2b}$"在连接做谓语的动词、形容词时要受到一些限制，如动词、形容词限于双音节，谓语前或后必有共同的附加成分或连带成分等。这一点一般的工具书中都做了说明，此处不赘。

4.1.2　"跟"

介词"跟"的句法语义功能跟介词"和"基本相同。这里基本采用《八百词》的做法，把介词"跟"分为 4 个小类，分别记为"跟$_{1a}$""跟$_{1b}$""跟$_{1c}$"和"跟$_{1d}$"。

跟$_{1a}$：引介动作的参与者，表示"共同、协同"，动作由 X、Y 双方共同或协作完成。例如：

（9）a 你去跟老王研究一下。

　　　b 我跟你们一块儿上山打猎吧！

"跟$_{1a}$"构成的句式"NP$_1$＋跟＋NP$_2$＋VP"中的动词跟"和$_{1a}$"的特点相同。"跟＋NP$_2$"后面大多可以出现"一起""一块儿"等标记词。

跟$_{1b}$：引介与动作有关的对象，包括"对/向"和"从"两种意思。例如：

（10）a 把你的想法跟大家谈谈。

　　　　b 这本书你跟谁借的？

"跟$_{1b}$"构成的句式中的动词与"和$_{1b}$"的特点也基本相同。

跟$_{1c}$：引进用来比较的对象。例如：

（11）a 跟昨天比，气温下降了五度。

　　　　b 三角形 A 跟三角形 B 相似。

跟$_{1d}$：引介关联的对象。例如：

（12）a 这件事情跟他有关。
　　　b 他跟这事儿没有关系。

另需说明的是，在当代北方话中，"跟$_1$"还发展出一种"和""同""与"所没有的用法：引介处所，相当于"在"。例如：

（13）你昨晚跟哪儿看书呢？

这类用法在语义上和"跟$_{1b}$"有一定的关联。以（10b）为例，尽管问题是"跟谁借的"，但回答其实可以是人，也可以是"图书馆""银行"等处所词语，如"跟小王/图书馆借的"。这一用法具有很强的方言和口语色彩，一般虚词工具书中鲜有涉及，对外汉语教学中更没有引入，因此我们不把它作为研究的对象。

连词"跟"（跟$_2$）的意义和用法比较简单，它参与构成的"NP$_1$跟NP$_2$"是一个并列短语，NP$_1$和NP$_2$一般是名词性成分，两者之间是平等并列的关系，"NP$_1$跟NP$_2$"作为一个整体在句中充当句法成分。虽然它可以出现在多个主语、宾语和定语等多个句法位置，但其中"跟"的意义并无不同，因此我们不做进一步的分类。例如：

（14）a 小王跟小李都是上海人。
　　　b 我永远不会忘记小王跟小李。

4.1.3　"与"和"同"

在现代汉语中，无论是介词用法还是连词用法，"与"和"同"都主要用于书面语，使用频率较低。因此这里把它们合并在一起讨论。

从理论上说，"与"和"同"的介词用法也可以分成"和$_1$""跟$_1$"那样的四个小类。《八百词》对"同"的介词用法就是如此分类的。例如：

(15) a 我去年同小王住在一起。

　　　b 他上午已经同我告别了。

　　　c 学汉语同学任何语言一样，要多听，多说。

　　　d 我同这件事情无关。

例（15a~d）各例中"同"的功能也像"和""跟"一样分别表示共同、协同，引进动作的对象，引进用来比较的对象，表示与某事有无联系。这里也分别记为"同$_{1a}$""同$_{1b}$""同$_{1c}$"和"同$_{1d}$"。

《八百词》在介词"与"词条下面未做分类，只是简单地释为"跟用于书面"。而《现代汉语常用虚词词典》则像处理"和"一样列了四类用法。例如：

(16) a 人们与周挺杉、油娃握手。

　　　b 我应该感谢母亲，她教给我与困难做斗争的经验。

　　　c 这种东西与石头一样坚硬。

　　　d 大陆岛，顾名思义，它与原来的陆地有密切的联系。

例（16a~d）代表的正是"和"类虚词介词用法的四个类型，尽管实际用例可能不多，但我们仍然把它们分别记为"与$_{1a}$""与$_{1b}$""与$_{1c}$"和"与$_{1d}$"。

《八百词》把"同"和"与"的连词用法都解释为"同连词'和'"，但在"同"条下注明连接名词、代词，在"与"条下举了连接形容词的例子：

(17) 人群是何等兴奋与激动。

现代汉语的事实是，"同"做连词用很少见，因此我们不对其连词用法进行下位分类，只记为"同$_2$"。但"与"用作连词的时候较多，且有连接名词性成分和动词性成分之别，本章分别记为"与$_{2a}$"和"与$_{2b}$"。其中"与$_{2a}$"也可以参照"和$_{2a}$"的用法，进一步区分为"与$_{2a1}$"和"与$_{2a2}$"两个次类。

4.2   "和"类虚词的语法化顺序及其习得顺序构拟

出于研究目的的需要，我们对"和"类虚词语法化程度的考察包括两方面的内容。其一，介词用法和连词用法的语法化程度。尽管按照语法化的一般规律，连词的语法化程度高于介词，但我们讨论的并列连词"和""跟""同""与"跟其他连词不同，它们都只能连接短语，不能连接分句或句子，因此它们是否都符合这一规律还有待考察。其二，它们介词用法和连词用法内部的小类用法之间是否存在语法化程度的差异，如果存在，其具体的语法化程度顺序如何。

考虑到学术界对这四个兼类虚词的历时发展演变研究得比较深入、充分，且判断语法化程度的重要依据是看它们历时产生的先后，这里也先对它们的历时发展顺序进行一个梳理。

4.2.1   历时发展顺序

4.2.1.1   "和"

关于"和"的虚化问题的相关论著有很多。早期的研究对虚词"和"先有介词用法还是先有连词用法意见不一，对介词和连词产生的年代也有不同的看法（见高育花，1998）。刘坚（1989）认为其介词用法和连词用法都产生于唐代，于江（1996）支持这一看法并补充了一些例证。高育花（1998）、吴福祥（2003）、江蓝生（2012）也都持同样的看法。这里在这些学者研究的基础上对其各个意义和用法的历时发展过程做一个整理补充。

"和"的本义是"应和"（《说文》：咊，相应也），作动词用，后来又引申为"拌和""调和"等义。进一步虚化为"和同"义而成为介词和连词。例如：

> （18）a 金灶新和药，银台旧聚神。（《仙山》）
>
> b 家人矜其小，以肉汁和饭饲之，恬不肯食。（《南史·孝义列传》）

例（18）中的"和"意为"拌和"，还应视为动词。但在下面的句子中，"和"的动词性明显减弱，可以看作表示"连同""连带"意义：

（19）a 时挑野菜和根煮，旋斫生柴带叶烧。（杜荀鹤诗）

　　　b 紫芽嫩茗和枝采，朱橘香苞数瓣分。（元稹诗）

很多学者如王力（1990）、孙锡信（1992）、于江（1996）等都把上例中的"和"看作介词。如此，则"和"的介词用法最早可以上溯到唐代。不过这种用法在现代汉语中已经消失（高育花，1998）。

本章讨论的伴随介词"和$_{1a}$"，即引介动作行为的另一参与者、表示"共同、协同"的用法在唐代已经见到一些用例，宋元以后更多。例如：

（20）a 烟和魂共远，春与人同老。（韩偓诗）

　　　b 若到江东赶上春，千万和春住。（《全宋词》，高育花例）

　　　c 朱外郎，不是奴家设此一计，今日怎得和君家相会？

　　　　（《小孙屠》，于江例）

　　　d 小姐，你曾和他共鸳衾，同象床。（《全元曲》）

例（20a）中的"和"作为伴随介词其实并不典型（吴福祥，2003），分析为连词也许更恰当。唐代语料中的"和"几乎没有典型的伴随介词用法。如此，则"和$_{1a}$"的产生年代当在宋代。

引介动作行为或服务对象、相当于"对""向"的"和$_{1b}$"产生于宋元时期。例如：

（21）a 平生事，想只和天语，不遣人知。（《全宋词》，于江例）

　　　b 谨自伯伯和我嚷，你又走来添些言。（《快嘴李翠莲记》）

　　　c 婆婆，我不为别的，要和婆婆讨个江西针儿绣花。（《桃花女》，高育花例）

引介比较对象的"和$_{1c}$"产生的年代稍晚，元明时代已可以见到大量用例。如：

（22）a 张待诏见是个女儿，却和那没眼婆婆一般相似。（《清平山堂话本》，于江例）

　　b 也道我和他相似，也不放我笑一笑。（《琵琶记》，于江例）

　　c 我和俺父亲的性儿一般，就白拿白要。（《陈州粜米》，高育花例）

　　d 出外时，也和恁一般。（《老乞大》）

　　据我们所见，表示与某事物联系"和_{1d}"出现最晚，清代语料里有写作"合"的例子，晚清语料里则出现了用"和"的。如：

　　(23) a 今日出了你家门，明日就合你不相干了，你来寻不的他了！（《醒世姻缘传》）

　　　　b 爷在京里另娶了奶奶，另立了家业，合奶奶不相干了。（同上）

　　　　c 太医院英盖史是和这事有关的。（《说唐》）

　　　　d 我非别人，我是和他最熟的。（《品花宝鉴》）

　　再看连词用法。刘坚（1989）和于江（1996）都认为并列连词"和"最早出现于唐代，下面是两位学者举的例子：

　　(24) a 引水忽惊冰满涧，向田空见石和云。（卢纶诗，刘坚例）

　　　　b 溪光何以报，只有醉和吟。（郑谷诗，刘坚例）

　　　　c 感君澄醴酒，不遣渭和泾。（元稹诗，于江例）

　　　　d 愚徒死恋色和财，所以神仙不肯召。（吕岩诗，于江例）

　　唐宋时期的连词"和"连接的都是两项名词性成分，属于我们所说的"和_{2a1}"。于江（1996）发现，明代以后，"和"可连接三项以上成分，在多项连接中，带有分类作用和表示多项列举完毕的作用。这就是我们说的"和_{2a2}"。例如：

　　(25) a 讨头的、拾钱的和那把门的，都被他打倒在里面。（《水浒传》，于江例）

　　　　b 虞公、单老和那邻里之人都看见的，一齐下拜。（《醒世

恒言》）

c 李瓶儿在屋里守着不出来，看见李桂姐、吴银儿和孟玉
楼、潘金莲进来，连忙让坐的。（《金瓶梅》，于江例）

d 又使小厮请傅伙计、甘伙计、韩道国、贲第传、崔本和
陈敬济复坐。（《金瓶梅》）

于文还指出，连词"和"主要用于连接名词和代词，连接动词和形
容词时，往往是语义相反或相近的形式。例如：

（26）a 师父道："与和不与，不由你那！"（《新校元刊杂剧三十
种》，于江例）

b 做生活是你本分的事，问有和不有做甚么？（《琵琶记》，
于江例）

我们认为，这种用法的"和"所连接的虽然看起来是动词性成分，
实际上都处于主语或宾语位置上，其功能相当于一个名词性成分。换句话
说，并列连词"和"从它出现到清末、民国初期，一直只连接名词性
短语。

我们讨论的"和$_{2b}$"即连接动词和形容词充当谓词的用法清代以前几
乎见不到用例，它的产生应该是近现代才有的事情。王力（1980）就曾
指出，"五四"以后，汉语受到了西洋语法的影响，才逐渐用"和"来连
接行为、性质。例如：

（27）a 他这个发端使我安慰和感激。（《隔膜》，王力例）

b 会馆里的被遗忘在偏僻例的破屋是这样地寂静和空虚。
（鲁迅《伤逝》，王力例）

c 还没有组织起来和武装起来。（《毛泽东选集》，王力例）

d 必需在生产发展的基础上，逐步地和不断地改善人民的
生活状况。（《邓小平文选》）

上面的讨论表明，从总体上看，"和"的介词用法和连词用法都产生
于唐代。不过唐代"和"的介词用法都是表示"连带"义，该用法后来

逐步消亡。因此，就我们讨论的几个用法来说，可以认为"和"的连词用法先于介词用法产生。介词"和$_1$"的几个小类用法产生的历时顺序大致是：

$$和_{1a}（宋）>和_{1b}（宋元）>和_{1c}（元明）>和_{1d}（清）$$

并列连词"和$_2$"的两个小类用法产生的历时顺序是：

$$和_{2a1}（唐）>和_{2a2}（明）>和_{2b}（现代）$$

4.2.1.2　"跟"

关于"跟"的语法化，学术界已有不少论述。近年来也有不少论文涉及甚至是专文讨论，于江（1996）、高育花（1998）、吴福祥（2003a）、范志飞（2008）、池爱平（2011）和江蓝生（2012）等。这里在时贤研究成果的基础上，对"跟"的各个用法的历时发展做一个梳理。

"跟"本来是名词，指"脚后跟"（《说文解字》：跟，足踵也）。后来引申为动词，意为"跟随""跟从"。这一用法唐代已偶见用例，宋代语料中用例有很多。如：

> （28）a 当时不听妻儿语，跟我蓬莱走一遭。（《沅湘耆旧集》）
> 　　　b 王保跟张员外到家，要了他五百贯钱去了。（《语录》）
> 　　　c 你肯跟我做个压寨夫人么？（同上）
> 　　　d 诸军且跟着明皇入蜀。（《大宋宣和遗事》）

"俗谓随行曰'跟'"（《正字通》），"跟"的动词意义决定了它是一个位移动词，经常跟别的"位移"类动词构成连动结构。例（28a～d）都属于这类情况。

"跟"是"和"类虚词虚化最晚的一个。太田辰夫（1958）所举用例取自《红楼梦》，于江（1996）则认为"跟"的介词用法出现于明代，是动词"跟"虚化的结果。高育花（1998）、吴福祥（2003）对此都持赞成看法。下面是于文的例子：

（29）a 我比先曾跟一个闲汉去投奔他，因此我认得。（《水浒
　　　 传》）

　　　 b 他曾劝我跟他修行，我不曾去罢了。（《西游记》）

　　　 c（罗刹女）跟我为仇，不肯借扇，与我争斗。（同上）

　　　 d 我跟你爹在他家吃酒，他还小哩。（《金瓶梅》）

　　于江（1996）认为（29a～d）中的"跟"都是介词，我们觉得，例
（29a）"跟 + NP"后有位移动词"去"，例（b）中的"修行"虽非位移
动词，但后一小句的动词是"去"，因此这两例中"跟"仍有"跟从"
的意思。不过（29c）和（29d）中的"跟"确实应该看作表示"共同、
协同"的介词，即我们说的"跟$_{1a}$"。下例中的"跟"也是如此：

（30）a 那呆子…在那一千二三百猴子当中挤着，也跟那些猴子
　　　 磕头。（《西游记》）

　　　 b 难道我……也'随乡入乡'，跟你们不讲礼起来不成？
　　　 （《儿女英雄传》）

　　　 c 你老要起夜，有我的马桶呢，你跟我一堆儿撒不好喂！
　　　 （同上）

　　到了清代，"跟"的介词用法增多，除了"跟$_{1a}$"外，还出现了表示
引介动作对象的用法，即我们所说的"跟$_{1b}$"，表示引介比较对象的
"跟$_{1c}$"。例如：

（31）a 你诸事都跟你老师学，使得，独这条儿可别跟他学。
　　　 （《儿女英雄传》）

　　　 b 姨太太道："要差使，你为什么不来跟我说？"（《官场现
　　　 形记》）

　　　 c 但是一件，前头跟翩仞借的几百银子，看看又要用完。
　　　 （《同上》）

　　　 d 你没在家，出门七八天，我跟谁说话呢？（《歧路灯》，
　　　 于江例）

（32）a 就差几个去，到得城里，也跟傻子一样，没有用处的。

（《老残游记》）

b 大舅子跟谭贤弟一样。（《歧路灯》）

例（31a～d）中的"跟"都是"跟$_{1b}$"，例（32a～b）中的"跟"都是"跟$_{1c}$"，后者全部见于晚清语料，说明"跟$_{1b}$"的产生年代应该比"跟$_{1c}$"早一些。

据我们所见，表示跟某事物有无联系的"跟$_{1d}$"在清代语料里还几乎没有。现代文学作品中可以见到一些用例。如：

（33）a 世界跟他没关系，只要有一口臭肉可吃，世界就是美好的。（《四世同堂》）

b 哼，但愿跟我没关系！（《茶馆》）

"跟"的并列连词用法也出现于晚清。下面是于江（1996）举的例子：

（34）a 现在尚秋已到，只等石农跟纯客两个一到就可以行礼了。（《孽海花》）

b 我想，昭君娘娘跟那西施娘娘难道都是这种乏样子吗？（《老残游记》）

c 俺们的胭脂花粉，跟身上穿的小衣裳，都是自己钱买。（同上）

上面的讨论表明，总体上看，"跟"的伴随介词用法先于并列连词用法出现，其介词的几个小类用法的产生顺序大致是：

跟$_{1a}$（明）＞跟$_{1b}$（清中期）＞跟$_{1c}$（晚清）＞跟$_{1d}$（现代）

4.2.1.3 "与"和"同"

先看"与"。关于"与"的本义，吴福祥（2003）据《说文》"与"字认为是"党与"，引申为"参与"；江蓝生（2012）则据《说文》"舁"字认为是"共举"，跟"共"的词义相近（"共"在汉语史上也经历了从动词到伴随介词和并列连词的演变）。不过他们都认为"与"由动词义引申为"偕同""与…在一起"，进而发展出介词和连词用法。

"与"的大部分介词用法在秦汉时期都已经出现。其中表示"共同、协同"义的"与$_{1a}$"用例很多。例如：

> （35）a 子听吾言，与子分国。（《国语》）
>
> b 此无他，与民同乐也。（《孟子》）
>
> c 朝，与上大夫言，侃侃如也。（《论语》）
>
> d 执子之手，与子偕老。（《诗经》）

表示引介动作涉及对象的"与$_{1b}$"也有用例，但不多。例如：

> （36）a 吾与子言人事，子应我以天时。（《国语》）
>
> b 卫鞅复见孝公，公与语，不自知膝之前于席也。（《史记》）

表示引进比较对象的"与$_{1c}$"后面先秦时期的谓词是"异/同"或"一"，唐宋时期多用"一般"，后来多用"一样"。例如：

> （37）a 巫马子谓子墨子曰："我与子异。"（《墨子》）
>
> b 诈而袭之与先惊而后击之，一也。（《荀子》）
>
> c 夫地大而不垦者，与无地同。（《商君书》）
>
> d 行香仪式与本国一般。（《入唐求法》）
>
> e 南朝臣僚到北朝，便与北朝臣僚一般。（《乙卯入国奏请》）
>
> f 这大圣也使神通，变得与二郎身躯一样，嘴脸一般。（《西游记》）

表示与某事物联系的"与$_{1d}$"出现当不晚于宋代。明清语料里可以大量见到。例如：

> （38）a 盖恭皇之号，常系于定陶，则自是于诸侯国称皇尔，与

汉不相干也。(《欧阳修集》)

b 此等功名尘世事，与我初无关约。(《全宋词》)

c 如此，则与天地造化不相干。(《朱子语类》)

d 问学只是空空去问学，更与德性无关涉。(《传习录》)

e 那汉子，我与你没甚相干，怎么把我儿子拿去？(《西游记》)

f 就是好了，也不过是风云月露，与一生的正事，毫无关涉。(《红楼梦》)

"与"的并列连词用法在先秦时期已经非常成熟。不仅有连接名词性成分的用法，也有连接动词性成分的用法。

(39) a 是以立天之道，曰阴与阳；立地之道，曰柔与刚。(《易经》，江蓝生例)

b 唯我与尔有是夫。(《论语》，江蓝生例)

c 今我战，又胜荆与郑。(《国语》，吴福祥例)

d 夫以楚之强与大王之贤，天下莫能当也。(《战国策》)

(40) a 知可以战与不可以战者，胜。(《孙子兵法》)

b 古者国君诸侯之闻见善与不善者，皆驱驰以告天下。(《墨子》)

c 产与落或使之，非自然也。(《吕氏春秋》)

d 臣不知其思与不思，诚思则将吴吟。(《战国策》)

例 (40a～d) 各句中的"与"连接的是都是动词性成分，不过由于整个短语处在主语或宾语位置上，可以理解为仍具有名词性成分的特征。

上面的讨论表明，"与"的绝大部分用法在先秦时都已经出现，除了表示联系的"与$_{1d}$"产生明显较晚外，我们几乎没有办法得出一个具体的历时发展顺序。

再看"同"。它原来也是动词，本义为"聚合"，后表示"相同""共同"，如"谷则异室，死则同穴"(《诗经》)，也可以表示"偕同"，如"同我妇子，馌彼南亩，田畯至喜"(《诗经》)。

关于"同"的虚化过程，前辈时贤论述颇多（参见高育花，1998）。一般都认为"同"的介词用法由其动词义虚化而来,但对"同"的介词用法产生的年代,早期研究曾有不同的看法,近年来比较一致的看法是在唐代。马贝加(1993)、于江(1996)、高育花(1998)、吴福祥(2003a)等都持此看法。例如:

(41) a 人同黄鹤远,乡共白云连。(卢照邻诗,马贝加例)

b 每候山樱发,时同海燕归。(王维诗,马贝加例)

c 吾当挂朝服,同尔缉荷衣。(钱起诗,于江例)

d 武(德中)为詹事府主簿……又同令狐德、袁朗等修《艺文类聚》。(《大唐新语》,于江例)

上例中的"同"都应该视为介词,表示引进动作的协同对象(另一参与者),具体来说就是我们讨论的"同$_{1a}$"。

到了宋代,引介动作涉及的对象、相当于"向""跟"的用法即我们所说的"同$_{1b}$"也产生了,不过用例不多。如:

(42) a 寻条绳儿只一吊,这条性命同他要!(《快嘴李翠莲记》)

b 也罢,待我同他讨茶吃,且看怎的。(同上)

引进比较对象的介词用法(即我们所说的"同$_{1c}$")在唐五代语料中已可见到一些用例。但奇怪的是宋元明时期并不多见,清代则有很多。例如:

(43) a 长史沈吟,又食顷,乃曰:"秋草细同毛。"(《宣室志》,高育花例)

b 只在三千世界,还同池沼一般。(《敦煌变文》,高育花例)

c 若拨无因果,便同谤於般若,出佛身血一般。(《祖堂集》)

(44) a 太太、老爷、姨太太的只多着一个如意。你的同宝姑娘的一样。(《红楼梦》)

b 我承老爷的相待,我们又从幼就在一处,同亲弟兄一样。

（《儿女英雄传》）

c 这公婆自然就同父母一样，你见谁提起爸爸、奶奶来也害羞来着？（同上）

d 起个"王"旁的名字发发兆，将来好同他一样的意思。（《儒林外史》）

表示同某事物有无联系的"同$_{1d}$"出现得很晚，"五四"前后的语料中有不多的用例。如：

（45）a 既然亲身来赎取这件东西，则这东西的主人必是同他有关系的了。（《毒蛇圈》，《新小说》第二年四号）

b 不过同妇人不相干的事情，他要无端干涉那是为丈夫的自有教训他的权利。（《毒蛇圈》，《新小说》第二年五号）

关于"同"的连词用法产生的年代，较早的研究没有明确提及，太田辰夫（1958）所举用例取自《红楼梦》，于江（1996）认为始于宋代，元明之后不断增多。下面是于文所举的例子：

（46）a 蚕共茧、花同蒂，甚人生要见，底多离别。（《全宋词》）

b 待看椿同桂，洗馥迈燕山。（《全宋词》）

c 令赐酒肉与张飞同十八骑军卒，令人担酒出寨。（《三国志平话》）

d 知县叫取长枷，且把武松同这婆子枷了，收在监内。（《水浒传》）

于文的这些"同"作为连词的例证得到了学者们（高育花，1998；吴福祥，2003）的肯定，我们也持赞成观点。另外，于江（1996）对明清时期部分语料的统计表明，"同"正趋于主要做介词使用（于文的统计结果显示，《红楼梦》中"同"的连词用法和介词用法之比为39：2），当代的情况也是如此，前述"同$_{1d}$"在当代正式文体中就有不少用例。

上面的讨论表明，"同"的各个意义和用法演变的历时顺序大致是：

同$_1$（唐）＞同$_2$（宋）
同$_{1a}$（唐）＞同$_{1b}$（宋）／同$_{1c}$（五代、清）＞同$_{1d}$（近现代）

4.2.2　"和"类虚词语法化的路径

上一小节的讨论表明，"和""跟""与""同"四个兼类虚词用法都是由动词虚化而来的，它们动词的动词义分别是"拌和""跟从""参与/共举"和"相同"，都可以看作伴随动词。

用作伴随动词时，它们都可以和别的动词构成连动式，即：

NP$_1$ ＋ 和/跟/与/同 ＋ NP$_2$ ＋ VP

这种连动式前后两个动作行为的语义分量往往有轻重之别，语义重心一般落在后面的 VP 上，语义重心不平衡容易引发结构的重新分析（江蓝生，2012），重新分析的结果就是伴随动词的语法化。

根据语法化的一般规律，"和"类虚词的语法化路径应该是"动词→介词→连词"。也就是说，连词是介词进一步语法化的结果，即存在两次重新分析：

第一次：NP$_1$ ＋ 和/跟/同/与 ＋ NP$_2$ ＋ VP→NP$_1$ ＋［和/跟/同/与＋NP$_2$ ＋ VP］
第二次：NP$_1$ ＋［和/跟/同/与 ＋ NP$_2$ ＋ VP］ → ［NP$_1$ ＋ 和/跟/同/与 ＋NP$_2$］ ＋ VP

第一次重新分析的结果是伴随动词语法化为伴随介词，第二次重新分析的结果则是伴随介词语法化为并列连词。其动因和机制学界已有很充分的研究，如吴福祥（2003），此处不赘。

Liu & Peyraube（1994）通过对"与、及、共、和、跟、同"等虚词语法化过程的分析，认为它们之间存在一个共有的语法化模式，即存在一个"动词＞介词＞连词"的语法化链。吴福祥（2003a）通过对"和"类虚词的历时考察和共时分析，发现汉语中存在着"伴随动词＞伴随介词＞

并列连词"这样的一个语法化链。

江蓝生（2012）则认为，上述模式跟汉语某些伴随动词的情况是相符的，但却不能涵盖所有伴随动词语法化的实际情况。江文根据伴随动词的源词义把它们大致地分为两类，转述如下：

（甲）本义为"偕同，与……在一起"，动作行为无主从分别（如"与、及、和"等）。

（乙）本义为"带领、跟从"等，动作行为有主从之别（如"将、跟"等）。

甲类伴随动词可以在同时期平行地派生为并列连词和伴随介词，乙类伴随动词的语法化路径则表现为线性的语法化链：

伴随动词（甲）→并列连词
　　　　　　　→伴随介词
伴随动词（乙）→伴随介词→并列连词。

这就是说，实词的源头义往往决定着它们语法化的起点和方向，伴随义动词家族中的成员因源词词义的不同而存在着不同的语法化模式，并非都是同一个模式。甲类伴随动词不含主从语义关系，因而可以不经由介词阶段而直接演化为并列连词；与此相对，乙类伴随义动词都蕴含着"一方主动，一方被动"的深层语义关系，这就成为伴随介词产生的语义基础，因此会先行虚化为伴随介词，然后才虚化为并列连词。

江文通过古代文献实例分析发现，甲类伴随动词"与、及"无须经过伴随介词环节就可以直接语法化为并列连词；"和"跟"与、及"一样，其并列连词和伴随介词功能是由伴随动词同时派生出来的。它们"伴随介词与并列连词出现的时代完全重合，看不出二者有线性发展的关系"。而乙类伴随动词如"将"在南北朝时已发展出典型的伴随介词用法，到唐诗和敦煌俗文学作品中才大量用作并列连词，显示出比介词用法晚出的倾向。乙类伴随动词"将"语法化的过程表明，源头义含有主从义素的伴随动词是沿着"伴随动词→伴随介词→并列连词"的轨迹语法化的。

江文的主要出发点是，源词语义上是否有主从关系对判断虚化了的伴随动词的词性几乎有决定性的作用。我们讨论的"和""与"，江文归为不含主从关系一类，"跟"则归为含有主从关系一类。但江文未提及"同"；席嘉（2010）也伴随动词存在两种语法化模式，且把"同"和"将"归为经由伴随介词阶段后再演化为并列连词一类。

现在我们有两个选择，一是赞成 Liu & Peyraube（1994）和吴福祥（2003a）的看法，认为"和"类虚词存在一种共同的演变路径，即"伴随动词 > 伴随介词 > 并列连词"；二是赞成江蓝生（2012）的观点，认为"和"类虚词因源词意义不同而存在两种演变模式，"跟""同"的演变途径是"伴随动词→伴随介词→伴随连词"，"和""与"的演变途径则是"伴随动词→伴随连词/伴随介词"。

我们倾向于选择后者。因为从共时平面的角度看，"NP_1 + 和/跟 + NP_2 + VP"中"和""跟"的词性理解跟后面的动词有关。例如：

（47）a 小张和老李去北京。

　　　 b 小张跟老李去北京。

（48）a 小张和老李是北京人。

　　　 b 小张跟老李是北京人。

在同样没有形式标记的情况下，（47a）中"和"会倾向于理解为连词，（47b）中的"跟"则会倾向于理解为介词；（48）中的"和"与"跟"则都倾向于理解为连词。

后面动词的意义为什么会影响到前面"和/跟"的词性呢？最自然的解释就是 NP_1 和 NP_2 之间的语义关系：如果是平等并列的关系，NP_2 不会因为句法上邻近后面的动词而优先与后面的动词发生联系；如果是主从关系，即 NP_2 是主导者，NP_1 是从属者，则 NP_2 会因为句法位置相邻而优先和后面的动词发生语义上的联系。

从历时的角度看，"NP1 + 和/跟 + NP2 + VP"中 NP_1、NP_2 之间是并列还是主从关系确实跟"和""跟"的实词意义相关。上一节的讨论表明，在语法化之初，"和"连接的 NP_1、NP_2 大都是非指人名词，基本上无所谓主从；而"跟"连接的 NP_1、NP_2 则都是指人名词，其中 NP_2 在前行走，NP_1 在后跟从，两者的主从关系是非常明确的。

只承认一种模式其实意味着认为连词的语法化程度一定高于介词，承认两种模式就意味着承认介词和连词之间的语法化程度不是绝对的，或者说介词和连词没有语法化层次上的差别。倾向于从人类语言语法化共性出发的学者倾向于只承认一种模式，如果发现例外，就会试图做出解释。吴福祥（2003）也注意到"和"的连词用法先于介词用法产生，因为唐代语料中"和"用作并列连词的例子远多于用作伴随介词（且大都是非典型的伴随介词），但他一方面归因于文献语料的局限性，另一方面坚持认为并从多个角度证明连词的语法化程度高于介词，其中一个重要的标准就是辖域（scope）大小：如果两个语法范畴的辖域有大小之别，那么辖域大的范畴语法化程度高于辖域小的范畴。小句连词的语法化程度高于介词，因为前者控制的对象是小句，后者只是个名词性成分。伴随介词的辖域显然小于并列连词，因为前者只能引导单个名词性成分，后者除了连接两个名词性成分外，还可以连接谓词性成分和小句。据此，并列连词的语法化程度要高于伴随介词。（吴福祥 2003）我们觉得，汉语的并列连词有些确实能连接谓词性成分与小句，但"和"类虚词也许不在此列：它们基本上只能连接名词性成分，连接谓词性成分时大多处于主语和宾语位置上，能进入谓语位置的基本上只有"和"，而且要受到很多限制（见本章1.1节），但即便是"和"也不能连接小句。因此，"和"类虚词的介词用法和连词用法之间在辖域上也许没有明显的大小之别。

4.2.3 "和"类虚词的语法化顺序及其习得顺序构拟

历时产生的先后是判断语法化程度的一个重要标准。因为根据语法化的单向性原则，"语法化本质上体现为由词汇成分到语法形式或由语法化程度较低的形式到语法化程度较高的形式的历时性演变，而且这种演变通常是不可逆的"（吴福祥，2003b）。

我们4.2.1节的历时语料考察表明，"和"类虚词在先有介词用法还是先有连词用法方面的表现是不同的。"跟"的介词用法产生于明代，连词用法直到晚清才发展出来；"同"的介词用法产生于唐代，连词用法则是宋代才产生的。而"和"的连词用法产生于唐代，介词用法则明显晚一些（唐代产生的介词用法现代已消失）。如此，这三个"和"类虚词的介词用法和连词用法存在两种不同的语法化程度顺序，即：

和：和$_2$/（＞）和$_1$
跟、同：跟$_1$/同$_1$＞跟$_2$/同$_2$。

　　也就是说，"和"的连词用法的语法化程度与介词用法相当，"跟""同"的介词用法的语法化程度低于连词用法。根据我们语法化程度顺序和习得顺序基本一致的假设，"和"的连词用法和介词用法的语法化程度相当，习得难度也难分高下，很可能是同时习得的。如果考虑到"和"在唐代产生的介词用法在现代汉语里已经消失，则可以认为它的连词用法可能先于介词用法习得。"跟""同"的介词用法的语法化程度较低，应该先习得；连词用法的语法化程度较高，应该较难习得或者说后习得。

　　"与"因为语法化发生的年代最早，其介词用法和连词用法在先秦时期都已经相当成熟，已无从判断孰先孰后。我们注意到，江蓝生（2012）把它跟"和"归为一类，如果按照江文的观点，那么它的连词用法应该先于介词用法产生，至少是同时产生。也就是说，"与"的连词用法的语法化程度低于介词，至少不会高于介词。表现在习得顺序上，应该是连词用法先于介词用法习得，至少不晚于介词用法习得。即："与$_2$ > 与$_1$"。如果根据吴福祥（2003a）等学者的观点，"与"的介词用法语法化程度肯定低于连词，按照我们的假设，其相应的习得顺序就应该是"与$_1$ > 与$_2$"——我们倾向于江文的观点，并据此认为"与"的连词用法先于介词用法习得。

　　再看"和"类虚词的介词用法和连词用法内部各小类用法之间的语法化程度顺序。

　　我们把"和"类虚词的介词用法分了四个相同、平行的小类。其依据与其说是"和"类伴随介词的功能，不如说是所在结构/小句中动词的差别。例如：

（49）a 你和老张一起商量一下。（和$_{1a}$）
　　　 b 他和我打了个招呼就走了。（和$_{1b}$）
　　　 c 今天的温度和昨天差不多。（和$_{1c}$）
　　　 d 这事儿和我没关系。（和$_{1d}$）

　　"和$_{1a}$""和$_{1b}$"参与构成的结构中的动词大都是动作动词或者说比较典型的动词，"和$_{1c}$""和$_{1d}$"参与构成的结构中的动词大都是非动作动词或者说非典型动词。功能词一般总是先和典型动词组合，然后才类推到非典型动词。从这个意义上看，"和"类虚词的介词应该是先有引介共同的参与者和动作对象这两个用法，然后才有引进比较的对象（"比较"的动作性要强于关联）的用法。以"和$_1$"为例，从与其搭配的动词的典型性和抽象的强弱程度来看，其小类用法的语法化程度顺序应该是：

$$和_{1a}/和_{1b} > 和_{1c} > 和_{1d}$$

本章 4.2.1 节的历时考察表明，"和"类虚词介词用法各个小类用法产生的历时顺序是：

和$_1$：和$_{1a}$（宋）＞和$_{1b}$（宋元）＞和$_{1c}$（元明）＞和$_{1d}$（清）

跟$_1$：跟$_{1a}$（明）＞跟$_{1b}$（清中期）＞跟$_{1c}$（晚清）＞跟$_{1d}$（现代）

与$_1$：与$_{1a}$/与$_{1b}$/与$_{1c}$（先秦）＞与$_{1d}$（宋）

同$_1$：同$_{1a}$（唐）＞同$_{1b}$（宋）/同$_{1c}$（五代、清）＞同$_{1d}$（近现代）

"和$_1$"与"跟$_1$"的四个小类用法之间的历时顺序非常清楚，而且完全一致。"同$_1$"的情况略有不同，其表示比较的用法（"同$_{1c}$"）五代时期已有少数用例出现，但宋元明数百年的语料里未见用例，颇为奇怪。我们怀疑五代时的少数用例（例 43）是受到"与"的同类用法的影响而短暂出现的。"与$_1$"的主要用法包括"与$_{1c}$"先秦时代都已出现，鉴于它跟"和"的用法非常接近，我们可以通过逆推认定，它的几个小类用法的发展顺序也是"与$_{1a}$ > 与$_{1b}$ > 与$_{1c}$"。

可见，"和"类介词各个小类用法的历时发展顺序与其所搭配动词的抽象化程度之间存在着高度的一致性。根据历时发展情况，我们有理由认为，它们的语法化程度顺序应该就是：

和$_1$：和$_{1a}$ > 和$_{1b}$ > 和$_{1c}$ > 和$_{1d}$

跟$_1$：跟$_{1a}$ > 跟$_{1b}$ > 跟$_{1c}$ > 跟$_{1d}$

同$_1$：同$_{1a}$ > 同$_{1b}$ > 同$_{1c}$ > 同$_{1d}$

与$_1$：与$_{1a}$ > 与$_{1b}$ > 与$_{1c}$ > 与$_{1d}$

根据我们语法化程度顺序和习得顺序基本一致的理论假设，上述顺序应该就是"和"类介词各个小类用法之间的习得顺序。也就是说，引介动作的共同参与者这一用法最先习得，引介动作的对象这一用法次之；引介比较和关联对象的用法后习得。

再看连词用法内部。我们只对"和"跟"与"的连词用法做了进一步的分类。从历时的角度看，"和$_{2a1}$"产生于唐代，"和$_{2a2}$"产生于明代，真正的"和$_{2b}$"直到现代才产生。从"和$_{2a1}$"到"和$_{2a2}$"主要表现为连接项数量的增多，从"和$_{2a}$"到"和$_{2b}$"则是连接项类别的改变或者说连接功能的扩大使用。它们之间的语法化程度顺序应该是很清楚的，即：

$$和_{2a1} > 和_{2a2} > 和_{2b}$$

"与$_2$"产生于先秦，但历时语料中的用例多是"与$_{2a1}$"和不太典型的"与$_{2b}$"，现代汉语中"与$_{2a2}$"仍很少见到，不过"与$_{2b}$"不乏用例。因此我们参照"和$_2$"，认为它内部用法的语法化顺序也是"与$_{2a1}$ > 与$_{2a2}$ > 与$_{2b}$"。

根据我们语法化顺序和习得顺序基本一致的假设，这一顺序应该就是"和$_2$""与$_2$"内部各次类用法的习得顺序。也就是说，连接名词性成分的用法先习得（连接两项的用法比连接多项的用法先习得），连接动词性用法的用法后习得。

现在来看"和"类虚词所有小类用法之间的语法化顺序。前面我们把四个"和"类虚词按照虚化路径的不同分为两类："和""与"的虚化路径是从连词到介词，"跟""同"的虚化路径是从介词到连词。

从历时的角度看，"和"的各个意义和用法产生的先后顺序是：

$$和_{2a}（唐）> 和_{1a}（宋）> 和_{1b}（宋元）> 和_{1c}（元明）> 和_{1d}$$
$$（清）> 和_{2b}（现代）$$

如果根据历时发展顺序确定语法化顺序，那么这一顺序就是"和"的语法化程度顺序，按照我们语法化顺序和习得顺序基本一致的假设，"和"的各个意义和用法之间的习得顺序应该是：

$$和_{2a} > 和_{1a} > 和_{1b} > 和_{1c} > 和_{1d} > 和_{2b}$$

"与"的大多数用法都出现于先秦，不过我们认为它的虚化路径跟"和"

一样，因此我们认为，"与"的各个意义和用法之间的习得顺序也应该是：

$$与_{2a} > 与_{1a} > 与_{1b} > 与_{1c} > 与_{1d} > 与_{2b}$$

本章 4.2.1 节的讨论表明，"跟""同"的各个意义和用法的历时发展顺序是：

跟：跟$_{1a}$（明）> 跟$_{1b}$（清中期）> 跟$_{1c}$/跟$_2$（晚清）> 跟$_{1d}$（现代）

同：同$_{1a}$（唐）> 同$_{1b}$（宋）/同$_{1c}$（五代、清）/同$_2$（宋）> 同$_{1d}$（近现代）

"跟"的各个意义和用法的历时发展顺序相当清楚，其中"跟$_2$"的产生年代和"跟$_{1c}$"相近，其语法化程度也应差不多。实际上，"跟$_{1c}$"引介的比较对象在语义上跟后面的动词的关系并不特别密切，甚至不是独自跟动词发生联系。例如：

（50）这几个人我是知道的，果然待咱这一家子，死了跟活着总是一样子。（《歧路灯》）

考虑到这一点，再结合历时发展顺序，我们认为"跟"的各个意义和用法的语法化顺序应该是：

$$跟_{1a} > 跟_{1b} > 跟_{1c}/跟_2 > 跟_{1d}$$

根据我们语法化顺序和习得顺序基本一致的假设，这一顺序很可能就是"跟"的各个意义和用法之间的习得顺序。

"同"的情况稍有不同。"同$_{1b}$"和"同$_2$"都产生于宋代，"同$_{1c}$"五代时已经产生，但自宋至明的历时语料中几乎见不到用例。这样就很难判断它们之间的历时先后，也就很难判定其语法化程度。一个折中的办法是认为三者的语法化程度相差不大，另一个办法则是根据"同"和"跟"的虚化路径相同，认为它各个意义和用法之间的语法化程度和"跟"类似，这样，其习得顺序也应该和"跟"类似，即：

$$同_{1a} > 同_{1b}/同_{1c}/同_2 > 同_{1d} 或者同_{1a} > 同_{1b} > 同_{1c}/同_2 > 同_{1d}$$

4.3 "和"类虚词的习得情况考察

本节将在对 120 万字汉语中介语语料库中"和"类虚词的输出（结合 100 万字的本族语同类用法的使用情况）、正确率和初现三方面情况考察的基础上来分别讨论"和""跟""与"和"同"这四个介连兼类虚词各个意义和用法的习得情况。

需要说明的是，"和""跟""与"和"同"四个虚词兼属介词和连词两类，其介词用法和连词用法都可以出现在"NP$_1$ + X + NP$_2$ + VP"结构中"X"的位置。但由于完全同形，就存在如何区分的问题。朱德熙（1982）曾提出过两个标准：一是看能否互换位置，前后两项可以互换位置后意思基本不变的是连词，否则是介词；二是看前边能否插入修饰成分（其实还应该包括助动词等，笔者），可以插入的是介词，不能插入的是连词。后一个标准是形式标准，比较容易操作，但正如江蓝生（2012）指出的那样，能找到那些形式标记的句子并不存在区分连词介词的疑惑，真正的难题在于没有任何句法标记而两解皆通的句子。例如：

> （51）a 小王和小张都想去北京。
>
> 　　　b 小王和小张去北京。

例（51a）中"和"前有副词"都"和助动词"想"，因此"和"明显是介词。但（51b）中没有形式标志，"和"既可能是介词，也可能是连词。

这样一来，意义标准就显得更加重要。Tao（1991）认为，在伴随介词出现的句子里，主语 NP$_1$ 的话题性和被强调的程度高于伴随介词的宾语 NP$_2$，而在并列连词出现的并列结构"NP$_1$ + NP$_2$"里，NP$_1$ 和 NP$_2$ 之间没有这样的差别（转引自吴福祥，2003），江蓝生（2012）也认为，伴随介词和并列连词产生的句法语义环境完全相同，其区别仅在于 NP$_1$ 和 NP$_2$ 有无主从、先后、轻重等语义分别。我们也赞成这种看法。因此在对语料中的"和"类虚词是介词还是连词首先依据形式标准，在没有形式标准的情况下结合语境根据 NP$_1$ 的话题性强弱以及它和 NP$_2$ 之间有无语义上的主从、先后和轻重等区别来判断"和"类虚词的词性。下面分别讨论。

4.3.1　"和"

先看输出。我们对 120 万字的汉语中介语语料库进行了穷尽性检索，共发现 3683 个含有"和"的输出用例，分类统计后发现，"和"的各个意义和用法均有输出。其中介词用法即"和$_1$"共有 840 例，连词用法即"和$_2$"有 2843 例。下面分小类具体说明。

引介共同、协同对象的"和$_{1a}$"共有 546 个输出用例，占"和$_1$"总量的 65%。例如：

> （52）a 我想和中国人一起聊天儿。
> 　　　b 我学习汉语，所以很想和中国人交朋友。
> 　　　c 我见他在天安门，他和我一起去买东西。
> 　　　d 她说："我有一个条件，如果你能答应，我就愿意和你结婚。"

引介动作对象的"和$_{1b}$"只有 8 例输出，约占"和$_1$"总量的 1%。例如：

> （53）a 和我打了一下招招呼后，他就直接在门厅里坐下来了。
> 　　　b 小兰给我打电话，和我她说今晚在广西民族大学有晚会，想跟我一起去。
> 　　　c 爸爸看上去是那么刚毅威严，令人生畏，亲戚家的小孩很少有敢和他撒娇的。
> 　　　d 秀珍，来，和姐姐说怎么回事。

引介比较对象的"和$_{1c}$"共有 206 个输出用例，占"和$_1$"总量的 24.5%。例如：

> （54）a 海的风景和香格里拉的完全不一样。
> 　　　b 但是山东的天气和我前几天想的真的不一样。
> 　　　c 她和我差不多大，但她好象我的姐姐。

d 和日本比起来，台湾的寺庙很宽大。
e 这就是酿好的奶酒，酿出来酒和蒸熟的酸奶相比，酒量
　很少。

表示与某事有关联的"和$_{1d}$"有 80 个输出用例，占"和$_1$"总量的 9.5%。例如：

(55) a 我觉得这是和她的语言有关。
　　 b 所以，车辆的增加和空气污染之间有密切的关系。
　　 c 刚开始的时候，我的工作和汉语没有什么关系。
　　 d 在棒球比赛中有各种各样的策略，大都是和心理面很有
　　　 关系的。

需要说明的是，我们在考察时发现，"和$_{1d}$"主要以"X 和 Y 的关系"形式存在（80 条中有 42 条属于此类）。其中的"和"看作连词也许更合适。例如：

(56) a 因为，我们成长了大人以后进去社会的时候，人和人的
　　　 关系很重要。
　　 b 我和她的关系越过越好。
　　 c 中国和日本的好关系很重要，为了亚洲的和平
　　 d 我和父母的关系更疏远了。

连接名词性成分的"和$_{2a}$"共有 2398 个输出用例，占"和$_2$"总量的 84.4%。其中连接三项以上名词性成分的（和$_{2a2}$）用例有 362 个。例如：

(57) a 他和我很喜欢音乐。
　　 b 开始的时候，声调和拼音很难。
　　 c 它给我力量和勇气，让我能坚持下去，把事情做完，取
　　　 得最后的成功。
　　 d 我学习以前关于中国和中国人差不多什么也不知道。
(58) a 我家里有爸爸、妈妈和我，一共三口人。

b 我、大卫和 Sube 都是法国人，在南师大学习汉语。

c 第一，对低血压、高血压和贫血患者都有好处。

d 原来是他们给我带来了吃的，喝的和玩儿的，真是让我
　十分感动。

连接形容词和动词性短语甚至小句的"和$_{2b}$"共有 445 个输出用例，占"和$_2$"总量的 15.6%。如：

(59) a 一个月的寒假对我来说简直像一个梦，十分愉快和
　　幸福。

b 我少年时代并不快乐，生活中充满了恐惧和惊吓。

c 这三个月的生活我是在紧张和兴奋中度过的。

d 我们到了最高和最美丽的地方的时候，我很高兴。

(60) a 我喜欢学习和玩儿。

b 但是写汉语和说汉语很难。

c 读历史书的时候，忘了睡觉和吃饭。

d 没有课的时候，我在图书馆看书、借书和用电脑学习。

(61) a 我的大学很有名，因为我们的学费很贵，和我们的老师
　　都是好的专家的。

b 我们不能穿拖鞋和男生不能戴耳饰。

c 她是西班牙人和是二十五岁。

d 这个玩偶有一双红眼睛，一头焦黄的头发，和它的脸非
　　常难看。

上面的统计分析表明，中介语语料库中"和$_2$"的绝对输出总量是"和$_1$"的三倍以上，具体到小类来说，"和$_{2a}$"一枝独秀，其次是"和$_{1a}$"与"和$_{2b}$"，"和$_{1c}$"的绝对输出也比较可观，"和$_{1d}$"的输出，"和$_{1b}$"的输出最少。

相对输出的情况又是如何呢？我们对 100 万字的本族语料中的"和"进行了穷尽性检索，并把分类统计后的情况与中介语语料进行了对比，结果得到表 4—1：

表 4 – 1　　　　　　　　　　"和"的输出/使用情况比较

意义和用法		中介语输出数量（例）及比例（%）		本族语输出数量（例）及比例（%）		比例差（%）
和$_1$	和$_{1a}$	546	65	424	70.3	+4.7
	和$_{1b}$	8	1	40	6.6	
	和$_{1c}$	206	24.5	90	14.9	
	和$_{1d}$	80	9.5	49	8.2	
	小计	840	22.8	603	18.1	
和$_2$	和$_{2a}$	2398	84.4	2092	76.8	-4.7
	和$_{2b}$	445	15.6	632	23.2	
	小计	2843	77.2	2724	81.9	
合计/频次		3683/3.07‰		3327/3.3‰		

说明：各小类用法的百分比计算方法为"小类数量/大类总数×100%"。

从表 4 – 1 中可以看出，在 120 万字的中介语语料中，兼类虚词"和"共有 3683 个输出用例，频次为 3.07‰，这一数字和 100 万字本族语料的 3.3‰ 比较接近，说明"和"的总体相对输出情况尚可。从大类看，中介语料和本族语料中都是"和$_2$"占绝对优势，不过"和$_1$"的相对输出略显不足，但在 5% 之内，仍属正常范围。具体到小类来说，"和$_{1c}$""和$_{2a}$"这两个用法输出足够甚至有过度使用的倾向；"和$_{1d}$"的相对输出在正常范围之内，而"和$_{1a}$""和$_{1b}$""和$_{2a}$"这三个小类的相对输出则有些不足。

综合来看，"和$_{2a}$"的绝对输出和相对输出情况都很好，"和$_{1c}$"的绝对输出虽然不多，但相对输出足够，这两个小类用法的输出情况都可以视为良好；"和$_{1a}$""和$_{2b}$"两个小类的绝对输出都远多于除"和$_{2a}$"之外的其他几个小类，但相对输出不足，其输出情况只能视为中等；"和$_{1d}$"的绝对输出偏少，但相对输出足够，因此其输出情况也可以看作中等；至于"和$_{1b}$"，无论是绝对输出和相对输出，它的表现都是最差的一个。这样，可以把"和"的各个意义和用法的输出情况大致分为三个等级，顺序如下：

顺序 1A：和$_2$ > 和$_1$

顺序 1B：$和_{2a}/和_{1c} > 和_{1a}/和_{1d}/和_{2b} > 和_{1b}$

再看正确率。我们结合上下文对中介语语料中"和"的 3683 输出用例进行了人工考察分析，共发现 143 个用例存在跟"和"有关的偏误。其中"$和_1$"有 16 个偏误用例，正确率为 98.1% （824/840），"$和_2$"有 127 个偏误用例，正确率为 95.5% （2716/2843）。下面分小类说明。

除"$和_{1b}$"外，"$和_1$"的其他三个小类均存在偏误。其中"$和_{1a}$"的 546 个输出用例中有 8 例存在偏误，正确率为 98.5% （538/546），偏误句如下：

（62）a 想对话和 13 亿人口，所以我上学中文系。

　　　b 我的水平够了和本地人交流，基本的话都听得懂。

　　　c 我想学中国文化和中国人。

　　　d 现在我的男朋友住在南京，他想住在南京。我来了南京，因为我和他想结婚。

（63）a 因为从来我和妈妈没有离开过，所以我对妈妈好特别。

　　　b 有谁想和我去吗？

　　　c 我和几个美国朋友和一个英国朋友一起吃。

　　　d 教室里的气氛更融洽，因为整天和同学们和老师在一起过得快活。

（62）各例都是"$和_{1a}$ + 宾语"的语序存在问题。（63）的情况不太一致。其中（63a）中的动词应为"分开"，（63b）中遗漏协同标记"一起/一块儿"，（63c）和（63d）严格来说没有问题，但本族人在一般情况下会避免连续使用两个"和"，尽管它们一个用作介词，一个用作连词。外国学习者早期没有这个意识，这种语感上的差距也应该算作偏误。

"$和_{1c}$"的 206 个用例中，有 6 例存在偏误，正确率为 97% （200/206）。偏误用例如下：

（64）a 母亲让他练钢琴，不和同学们一样让他出去玩。

　　　b 在俄国不是和中国一样，选孩子的名字，什么重要的意思也没有。

　　　　c 秀珍，你想和我一样人吗？

（65）a 这种和某种的中国甜食差不多。

　　　　b 三个星期和一串超声波一样过了。

　　　　c 男人和女人的名字不一样。

　　（64）各例都存在句法问题。（65）各例的问题则出在语义方面。

　　"和$_{1d}$" 80 个输出用例中有 2 例存在偏误，正确率为 97.5%（78/80）。偏误句如下：

（66）a 因为社会越来越世界化，国际化，所以工作和外语当了
　　　　　分不开的关系。

　　　　b 我和我的家人和我的家乡有密切的关系。

　　例（66b）的偏误性质和（63c）、（63d）属于同类。

　　在"和$_{2a}$"的 2398 例输出用例中，只有 8 例存在与"和$_{2a}$"有关的偏误，正确率高达 99.7%（2390/2398）。偏误用例如下：

（67）a 她不去上课星期一、星期三和星期五。

　　　　b 我利用这次复假，学习汉语紧张，还有南京的文化和看
　　　　　的旅游。

　　　　c 妈妈、姐姐和我，妈妈的朋友一共四个人。

（68）a 菜变成了软后，加酱油和甜料酒和日本酒。

　　　　b 我教汉语和听力和阅读，都很好。

　　　　c 我在德国学东亚学，学中国的社会，中国的政治和中国
　　　　　的文化和历史。

　　　　d 听力和汉语和口语，都很难。

　　　　e 我跟我的中国朋友一起去湖南路和新街口和 hujinhou。

　　（67a）属于"和"字短语整体的语序偏误，（67b）中"和"连接的后项有问题，（67c）属于"和"的分类功能使用错误，（68）各例都是"和"连接两项以上名词性成分时的重复使用偏误。

　　在"和$_{2b}$"的 445 个输出用例中，存在偏误的用例多达 119 个，正确

率仅为 73.3%（326/445）。其偏误在连接形容词和动词性短语两个方面
都有表现。例如：

> (69) a 我每天很忙和有意思。
>
> b 第三个和尚是一个胖和懒的人，他不爱工作，他喜欢
> 睡觉。
>
> c 由于人比一大部分的动物小和弱，所以一个人不会显得
> 很危险。
>
> d 所以我别的假期不一样地很高兴和很激动。
>
> e 我也认为上海的交通污染大气，这是上海一个最大和严
> 肃的问题。
>
> (70) a 周末的时候我打扫我的房间和洗我的衣服。
>
> b 吃以后，我拉肚子和发烧。
>
> c 有空的时候，我喜欢去茶馆会会朋友和休息休息。
>
> d 如果外国在路上问一个问题的话，有的人可能不说话和
> 不回答或者完全逃走。
>
> e 一个外地或者外国人来到中国的大城市里，一看和一闻
> 就立刻感到空气的污染。

更突出的表现则是错误地用"和"连接小句。例如：

> (71) a 谁也不知道，和我也不知道。
>
> b 我的大学很有名，因为我们的学费很贵，和我们的老师
> 都是好的专家的。
>
> c 我们不能穿拖鞋和男生不能戴耳饰。
>
> d 下个月她要回来她的国家和我已经觉得我很想念她。
>
> e 小兰给我打电话，和她说今晚在广西民族大学有晚会，
> 想跟我一起去。

上面的讨论表明，从大类的角度看，"和₁"与"和₂"的正确率都在
95%以上，具体到小类来说，除"和₂ᵦ"外，其他几个意义和用法的正确
率也都在95%以上。因此，从正确率的角度出发，我们只能得出一个大

致的习得情况等级顺序，即：

　　　　顺序 2A：和$_1$／和$_2$
　　　　顺序 2B：和$_{1a}$／和$_{1b}$／和$_{1c}$／和$_{1d}$／和$_{2a}$ > 和$_{2b}$

　　最后看初现情况。我们对本书所用的两个子语料库进行了分级检索，分类统计结果见表 4 - 2：

表 4 - 2　　　　　　　　　　"和"的初现情况　　　　　　　　　单位：例

意义和用法		初级部分		中级部分	
		南师大	复旦	南师大	复旦
和$_1$	和$_{1a}$	119	105	50	72
	和$_{1b}$	2	1	1	2
	和$_{1c}$	26	22	71	60
	和$_{1d}$	4	3	10	18
和$_2$	和$_{2a}$	387	401	411	430
	和$_{2b}$	81	62	65	58

　　从表 4 - 2 中可以看出，在初级语料中，"和"的各个意义和用法都有输出用例。从大类的角度看，"和$_2$"与"和$_1$"都有大量的用例，都完全达到了初现标准。具体到小类用法来说，"和$_{1b}$"一共只有 3 例输出，可以认为没有达到初现标准；"和$_{1d}$"在两个子语料库的初级部分都只能说基本达到初现标准。至于其他几个用法，尽管有数量上的差异，但均应视为达标。这一方面说明这几个小类在初级阶段已经习得，先后时间相差不远；另一方面也跟我们的中介语语料库分级不够细有关。因此，从初现的角度看，我们也只能得出一个大致的等级顺序：

　　　　顺序 3A：和$_2$／和$_1$
　　　　顺序 3B：和$_{1a}$／和$_{1c}$／和$_{2a}$／和$_{2b}$ > 和$_{1d}$ > 和$_{1b}$

4.3.2　"跟"

同样先看输出。我们对 120 万字中介语语料进行了穷尽性检索，经分类统计后发现,"跟"的介词用法和连词用法均有输出,不过数量上的差异极大:"跟$_1$"共有输出用例 2321 个,"跟$_2$"只有 108 个。下面分别说明:

在"跟$_1$"的 2321 个输出用例中,"跟$_{1a}$"输出最多,共有 1496 例,占"跟$_1$"全部用例的 64.5%。例如:

(72) a 住在中国,跟中国人聊天,了解中国的文化很有意思。
   b 来南京以后,我常跟很多外国朋友打交道。
   c 我常用汉语跟朋友一起谈话。
   d 所以有好的印象也有不好的,好好学中文以后跟中国人吵架。
   e 他跟妻子离婚后,没有钱租房子,同时他也失业了。

"跟$_{1b}$"共有 225 个输出用例,占"跟$_1$"全部用例的 9.7%。例如:

(73) a 可是老师没有考虑,直接跟她说:"我不能同意。"
   b 但是下车的时候,我们忘了跟她道谢。
   c 他跟我问路,我说我不知道,我不是中国人。
   d 开始的时候,人们都想跟胖子学,变成胖子那样的"男子汉"。
   e 这件事使得我非常高兴,所以在晚饭时,我很喜欢跟外公夸耀。

"跟$_{1c}$"共有 511 个输出用例,占"跟$_1$"全部用例的 22%。例如:

(74) a 在中国最重要的节日是春节,跟我们那儿的圣诞节一样。
   b 这是我对于上海的第一个感觉,它跟南京大不一样。
   c 玩玩的时候有一个孩子跟我年龄差不多。
   d 其实我自己最清楚,跟我丈夫比起来,我算是容易多了。
   e 可是,现实的结果跟我们预测的完全相反。

"跟$_{1d}$"只有 89 个用例，仅占"跟$_1$"全部用例的 3.8%。例如：

(75) a 当然，有时候我自己觉得很了不起，都跟我的儿子有关系。
　　　b 我自己觉得那原因是跟我家庭情况有关的。
　　　d 无论他们怎么样，跟他有什么关系吗？
　　　d 但是为了毕业我要写一本跟中国相关的论文，应该来中国做寻求。

"跟$_2$"共有 108 个输出用例，占全部用例的 4.4%，其中 106 例用来连接名词性成分。例如：

(76) a 我想学习汉语，因为中国人跟俄罗斯人是很好的朋友们。
　　　b 我跟我同屋不能让保安知道我们带猫进楼。
　　　c 当时韩国报纸上，书上混用韩字跟汉字。
　　　d 里面有三百元跟我的身份证。
　　　e 我们学生都准备好了，带着很多食物跟很多玩具。

有 2 例误用为连接动词性短语或小句。用例如下：

(77) a 我们有时候见面跟一起去公园玩儿。
　　　b 中国有很长的历史和很有意思的文化所以学汉语很有趣的。但是中文有一个大的问题跟西方的人很难学。

从绝对输出的角度看，"跟$_1$"的数量为"跟$_2$"的十数倍。具体到"跟$_1$"内部，"跟$_{1a}$"占压倒性优势，其次是"跟$_{1c}$"和"跟$_{1b}$"，"跟$_{1d}$"的输出最少。不过绝对输出只是输出情况的一个方面，为了考察"跟"的相对输出情况，我们对 100 万字的本族语料中的"跟"进行了穷尽性检索和分类统计，并把它和中介语料中的输出情况进行了对比，结果如下表：

表 4 – 3   "跟" 的输出/使用情况

意义和用法		中介语输出数量（例）及比例（%）		本族语输出数量（例）及比例（%）		比例差
跟$_1$	跟$_{1a}$	1496	64.5	181	44.6	−2.4
	跟$_{1b}$	225	9.7	162	39.9	
	跟$_{1c}$	511	22	54	13.3	
	跟$_{1d}$	89	3.8	9	2.2	
	小计	2321	95.6	406	98	
跟$_2$	跟$_{2a}$	106	98.1	8		+2.4
	跟$_{2b}$	2	1.9	0		
	小计	108	4.4	2		
合计/频次		2429/2.02‰		414/0.41‰		

从表 4 – 3 中可以看出，在 120 万字的中介语语料库中，"跟" 的输出用例多达 2429 个，频次为 2.02‰，远远超出本族语料中的 0.41‰，这表明 "跟" 存在着严重的过度使用倾向，其总体输出情况完全可以视作良好。就大类来说，"跟$_1$" 的用例在中介语料和本族语料都占绝对优势，所占比例分别为 95.6% 和 98%，这 2.4% 的比例差说明中介语中 "跟$_1$" 的相对输出略显不足，但尚在正常范围之内。具体到小类来说，"跟$_{1a}$" 的绝对输出高居榜首，相对输出也明显过度，其输出情况可以视为良好；"跟$_{1b}$" 的绝对输出位居中游，但相对输出严重不足，其输出情况应视为较差；"跟$_{1c}$" 的绝对输出位居第二，相对输出也高出本族语很多，其输出情况也可以视为良好；"跟$_{1d}$" 的绝对输出虽然很少，但相对输出足够，其输出情况属于中等；"跟$_{2a}$" 的情况也属于此类。

综合绝对输出和相对输出两方面的情况来看，可以认为 "跟" 的各个意义和用法的习得情况等级大致是：

顺序 1A：跟$_1$ > 跟$_2$

顺序 1B：跟$_{1a}$/跟$_{1c}$ > 跟$_{1d}$/跟$_2$ > 跟$_{1b}$

再看正确率。我们结合上下文对 "跟" 的全部 2429 个用例进行了分析考察，共发现存在和"跟"有关的偏误用例143个，其正确率为94.1%。其中"跟$_1$"有137例偏误，正确率为94%（2164/2301）；"跟$_2$"仅6例偏误，正确率为94.4%（102/108）。下面分小类说明。

在"跟$_{1a}$"的1496个输出用例中，有60个用例存在和"跟$_{1a}$"有关的偏误，其正确率为96%（1436/1496）。其偏误主要表现在句法方面。例如：

（78）a 在中国能会话跟中国人。

　　　b 我有时候用汉语谈话跟她。

　　　c 大姐是已经结婚的，她不住跟我们一起。

　　　d 有一个最好办法搞好关系跟他们，就是一起喝酒。

　　　e 我商量跟她后，她说"可以"以后，我们的关系越来越进步。

（78）诸例都是"跟＋宾语"与动词之间的语序错误，据我们考察，这种偏误是"跟$_{1a}$"最主要的偏误，在初级语料中表现得尤为突出。

"跟$_{1a}$＋宾语"的语序偏误还表现在和协同标记"一起"的位置方面。例如：

（79）a 我想一起去跟你美丽的风景看看。

　　　b 上个月，我跟一起我们班的同学们去了上海。

另有一些句法偏误属于遗漏动词。例如：

（80）a 在园子里我认识几个中国人，跟他们汉语。

　　　b 我跟他一起笑话。

　　　c 大家都一起唱歌，你为什么不跟我们呢？

　　　d 所以没有跟您什么交流，没有告诉您我的情况。

与"跟$_{1a}$"有关的语义偏误不多，主要表现在引进的协同对象和动词方面。例如：

（81）a 住在城里的人常常跟城郊交流，可是到了晚上 20：00 钟城门关了。

　　　b 从中我明白了跟别的文化怎么交流。

　　　c 我第一次离开跟父母。

　　　d 我上高中的时候跟父母离开了。

　　"跟$_{1b}$" 的 225 个输出用例中，有 26 个用例存在与 "跟$_{1b}$" 有关的偏误，其正确率为 88.4%（199/225）。值得注意的是，"跟$_{1b}$" 虽然也有些句法方面的语序偏误，但更多的偏误属于语义问题。例如：

（82）我说跟朋友，今天晚上我要休息在你家可以吗？朋友说跟我没问题。

（83）a 可是跟小周来说不能说这样。

　　　b 我们有很多的话题，他们都不会说英文，所以跟我有一点儿难。

　　　c 我很着急地回去。不料，我进去家才知道他开玩笑。我跟他很生气。

　　　d 我闹的时候她跟我很严厉，我记得她打了我两次。

　　　e 然后到爸爸，妈妈或者爷爷，奶奶那儿去跟他们拜年。

　　（82）属于 "跟$_{1b}$ + 宾语" 结构和动词之间的语序偏误。（83a ~ d）4 个用例都是 "跟$_{1b}$" 和介词 "对" 的误代问题，（83e）是 "跟$_{1b}$" 和介词 "给/向" 的误代。

　　"跟$_{1c}$" 的 511 个输出用例中，有 48 个用例存在与 "跟$_{1c}$" 有关的偏误，正确率为 90.6%（463/511）。其偏误在句法语义方面都有表现。例如：

（84）a 我以为那天跟每一个星期一样。

　　　b 我跟经常一样，向他说。

　　　c 她跟美丽的外表不同，口气是很像男性的。

　　　d 要去博物馆我们很容易见日本客人，而且博物馆外面的风景跟他们很相似，所以他们在春天来这儿，没有异国的感觉。

（85）a 我一定要好好学习，做个成功的财政人，跟这三个人。

　　　b 汉语跟别的语言，比较复杂。因为汉字有很多笔画。

　　　c 尽管人们的科学技术发展得厉害，可是还是跟大自然比不上。

　　　e 现在五岁孩子的想法跟十八岁年轻人同样这事真不可思议。

　　　d 秋天是我要离开家乡来中国的季节，我现在对秋天的感情跟从前已经变化了。

（86）a 我说："从来还没看过人跟你这么好！"

　　　b 我的国家没有中国人口，也没有跟中国大的面积。

　　　c 世界上事情决不是跟自己想象的那么简单，那么容易。

　　　d 我的外祖母是我最爱的人之一，我希望我的生活跟她的那么幸福！

　　（84）属于"跟"引介的比较项存在问题；（85）或者是无比较结果，或者是比较动词有问题；（86）则主要是"跟"与"像"的误代使用问题。

　　在"跟$_{1d}$"的 89 个用例中，只有 2 个用例存在和"跟$_{1d}$"有关的偏误，正确率为 97.7%（87/89）。偏误用例如下：

　　（87）a 每次她给我留着很多好吃的东西，我们还很喜欢讨论些问题跟历史，文学，地理有关系。

　　　b 我想这个方法对一个国家的改革开放很重要，还有关系。中国有很多关系跟别的国家。

　　在"跟$_2$"的 108 个用例中，有 6 个用例存在偏误，正确率为 94.4%（102/108）。其中有两个用例误用"跟$_2$"连接动词性短语或小句，即（77a）和（77b）。另 4 个偏误用例如下：

　　（88）a 他们的农村后边有一个山前边有一条河跟田。

b 看市中心的周围，我们看得到很多漂亮的山跟海。

c 下了大雨就红土跟雨水一下子流到大海里。

d 我曾经认识一个幸福的人。跟他，我很亲密。从小时候
到现在一直在交流。

前面的讨论表明，"跟$_1$"和"跟$_2$"的正确率非常接近。具体说来，"跟$_{1a}$"和"跟$_{1d}$"的正确率都在95%以上，"跟$_{1c}$"和"跟$_2$"的正确率都在90%以上，"跟$_{1b}$"的正确率最低。因此，从正确率的角度看，可以认为"跟"的各个意义和用法之间大致存在这样的等级顺序：

顺序 2A：跟$_1$／跟$_2$

顺序 2B：跟$_{1a}$／跟$_{1d}$ > 跟$_{1c}$／跟$_2$ > 跟$_{1b}$

最后来看初现情况。我们对本书使用的两个汉语中介语语料库进行了分级检索分类，表4-4是我们在40万字的初级语料中发现的"跟"的各个意义和用法的输出情况：

表4-4   "跟"的初现情况   单位：例

意义和用法		初级部分		中级部分	
		南师大	复旦	南师大	复旦
跟$_1$	跟$_{1a}$	345	324	185	174
	跟$_{1b}$	49	38	32	35
	跟$_{1c}$	102	94	80	71
	跟$_{1d}$	7	13	14	16
跟$_2$		16	18	24	20

从表4-4中可以看出，"跟"的各个意义和用法在初级阶段都已经达到了初现标准，这说明"跟"在初级阶段已经习得。由于我们的中介语语料分级不够细，很难判断"跟"各个意义和用法的初现顺序，所以我们只能从输出数量和从初级到中级的输出变化上来发现一些端倪："跟$_{1a}$""跟$_{1b}$"和"跟$_{1c}$"这三个用法在初级语料中输出用例都比较多，而且到中级阶段用例不增反减，说明它的习得高峰出现较早；"跟$_{1d}$"和

"跟₂"这两个用法在初级语料中用例明显较少，且到中级阶段用例呈增加趋势，说明它习得的高峰时间出现较晚。考虑到"跟₁"初级语料中的用例数量占绝对优势，我们可以对"跟"的各个意义和用法的初现时间作出大致的推测，即：

顺序 3A：跟₁ > 跟₂

顺序 3B：跟₁ₐ/跟₁ᵦ/跟₁ᵧ > 跟₁ᵈ/跟₂

4.3.3　"与"和"同"

先看输出。我们对 120 万字的汉语中介语语料库进行了穷尽性检索和分类统计，共发现用作介词或连词的"与"253 例，"同"6 例。

在"与"的 253 个用例中，"与₁"共有 102 个，其中引介共同、协同对象的"与₁ₐ"有 63 例，引介比较对象的"与₁ᵧ"有 31 例，引介关系对象的"与₁ᵈ"有 8 例，未见引介动作对象的"与₁ᵦ"。例如：

（89）a 有时在休息室发呆着收看电视节目，有时与同事侃大山。（与₁ₐ，下同）

b 我觉得与你在一起，他们有好处。

c 她与我聊，我能看出她说话直率。

d 可是为了我的前途，她还是忍受着与我分离的痛苦。

e 请捡者与本人联系，电话号码 6549027，一定当面酬谢。

（90）a 我所看到的北京与祖父所说的相比果然毫不逊色。（与₁ᵧ，下同）

b 他的皮肤颜色与中国人一样，只看他的外貌，大多数人看不出来他是泰国人。

c 与其他人相比，我家可以算是很大。

d 由于英国是一个岛国，所以英国人的思想方式与我们日本人相似。

e 总而言之，外貌与性格不完全一致而常会有矛盾。

（91）a 我开始写诗，写日记，内容都与自己每天的经历有关。（与₁ᵈ，下同）

b 这个人物是后来人们以各种的故事传说出来的，与圣诞节的圣经历史全无关系。

c 其实在发生这件事情以前我经常听说了与北韩江有关的许许多多的传说。

d 是你现在自己觉得丢了面子想找一个事情发泄，这与我是不是中国人没有关系。

e 人家常常问我为什么不选与经济有关的专业。

连词用法的"与₂"共有 151 个输出用例，其中连接名词性成分的"与₂ₐ"有 129 例，包括连接三项名词性成分的用法。例如：

（92）a 吃蒌叶与槟榔也是越南人的悠久风俗。

b 随着港口和码头的发展，卡拉奇变成了重要的工业与商业中心。

c 大部分指标都比预定的计划与几年前的收入还差。

d 顾客们听到他对他们提有用的建议就送给他大鸡（公鸡，母鸡），小鸡与鸡蛋。

e 虽然希望将来进欧盟，还有无数经济，社会与生活问题有待解决。

连接形容词和动词性成分的"与₂ᵦ"有 22 个输出用例。如：

（93）a 一座农村并不是以前大家算那么穷的地方，而是一个安静与充满十分魅力的风情的处所。

b 这些朋友使我的生活非常充实与快乐。

c 他性格天真，还有纯真与调皮。

d 我们的性格相似，兴趣也相同，所以总是一起谈天、运动与旅游。

"同"的 6 个输出用例全部为介词用法即"同₁"，其中 5 例为引介共同、协同对象的"同₁ₐ"，1 例为引介比较对象的"同₁ᵧ"。例如：

（94）a 在今天老挝社会交往场所也流行握手礼，尤其是同外国客人交往多行握手礼。

b 第二种书籍可以帮助读者忘记他不满意的环境和情况，同故事里面的一个主人公打成一片。

c 每次妈妈给她寄甜饼干，文具什么的，她都同我们共用，一点都不贪心。

d 我什么都不要，只愿意同四个孩子在一起。

（95）跟别的事情相比，怎去防备我在上面写的和同它们类似的种种灾祸才是一件实在值得人们留心的事情

上面的统计分析表明，从绝对输出的角度看，"与"的连词用法在数量上多于介词用法。具体到小类来说，"与$_{2a}$"遥遥领先，其次是"与$_{1a}$"和"与$_{1c}$"，再次是"与$_{2b}$"和"与$_{1d}$"，最差的是"与$_{1b}$"。内部则是"与$_{2a}$"的输出远远多于"与$_{2b}$"；"同"的连词用法根本没有输出，介词用法也只有"同$_{1a}$"和"同$_{1c}$"，且后者只有 1 个用例。

为了考察"与"和"同"的相对输出情况，我们对 100 万字的本族语料中的"与"和"同"进行了穷尽性检索和分类统计，并把它们和中介语语料中的情况进行了对比，得到表 4-5：

表 4-5 "与"和"同"的输出/使用情况比较

意义和用法		中介语输出数量（例）及比例（%）		本族语输出数量（例）及比例（%）		比例差	
与$_1$	与$_{1a}$	63	61.8	341	60.6	+1.2	
	与$_{1b}$	0	0	27	4.8	-4.8	
	与$_{1c}$	31	30.4	118	20.9	+9.5	-26.7
	与$_{1d}$	8	7.8	77	13.7	-5.9	
	小计	102	40.3	563	67		
与$_2$	与$_{2a}$	129	85.4	197	71.1	+14.3	
	与$_{2b}$	22	14.6	80	28.9	-14.3	
	小计	151	59.7	277	33		+26.7
合计/频次		253/0.2‰		840/0.84‰			

续表

意义和用法		中介语输出数量（例）及比例（%）		本族语输出数量（例）及比例（%）		比例差
同₁	同₁ₐ	5	83.3	180	76.6	
	同₁ᵦ	0		6	2.6	
	同₁ᵧ	1	16.7	29	12.3	
	同₁ᵨ	0		20	8.5	
	小计	6	100	235	94	
同₂	同₂ₐ	0	0	15	6	
	同₂ᵦ	0		0		
合计/频次		6/0.005‰		250/0.25‰		

说明：各小类用法的百分比计算方法为"小类数量/大类总数×100%"。

从表4-5中可以看出，在120万字的中介语语料中，"与"共有输出用例253个，这一数字远低于100万字本族语语料中的840，说明"与"的总体相对输出明显不足。就大类用法来说，中介语语料中"与₁"的输出少于"与₂"，而本族语料中的情况却正好相反。也就是说，"与₂"的相对输出情况明显好于"与₁"。具体到小类来说，"与₁ₐ"是介词用法中输出最多的（这一点和本族语语料中的情况一致），其所占比例略高于本族语料中的相应用法，其相对输出情况可视为良好；"与₁ᵦ"在中介语语料中未见输出；"与₁ᵧ"在中介语语料中输出比例超过了30%，明显高于本族语料中的相应用法，其相对输出足够甚至表现出过度使用的倾向；"与₁ᵨ"在中介语语料中只有8例输出，所占比例也明显低于本族语料中的相应用法，其相对输出情况可以视为较差。"与₂ₐ"在中介语语料中占到连词用法的85%以上，远高于本族语料中的相应用法，"与₂ᵦ"则正好相反。也就是说，"与₂ₐ"表现出明显的过度使用倾向，而"与₂ᵦ"的相对输出则明显不足。因此，从输出的角度看，可以认为"与"的各个意义和用法的习得情况等级顺序是：

顺序1A：与₂ > 与₁

顺序1B：与₂ₐ/与₁ₐ/与₁ᵧ > 与₁ᵨ/与₂ᵦ（ > 与₁ᵦ）

再看正确率情况。我们结合上下文对 253 个含有"与"的用例和 6 个含有"同"的用例进行了分析考察，发现"与"的 253 个用例有 7 例存在和"与"有关的偏误，其总体正确率为 97.2%（246/253）。"同"的 6 个用例均不存在和"同"相关的偏误，正确率为 100%。

具体来说，"与$_1$"的 102 个用例中有 2 例偏误，正确率为 98%（100/102）。这 2 例偏误都属于"与$_{1a}$"，如果按小类分别计算的话，"与$_{1a}$"的正确率为 96.8%（60/63），"与$_{1c}$"和"与$_{1d}$"没有偏误，正确率为 100%。"与$_{1a}$"的 2 个偏误用例如下：

（96）a 从小我希望能跟一个人与相爱，然后结婚，生四个孩子，看他们长大。

　　　b 拾得到请与留学生楼 103 室，联系电话：1021348。

（96a）中的"与"属于误加（前面已经有引介标记"跟"）偏误，（96b）出自于一则"寻物启事"，这类作文多为仿写，学习者很可能是忘了写动词"联系"。

"与$_2$"的 141 个用例中，有 5 例存在偏误，正确率为 96.5%（136/141）。其中 129 例连接名词性成分的"与$_{2a}$"只有 1 例偏误，正确率高达 99.3%（128/129）。偏误用例如下：

（97）我打工的饭馆持有三个部分，就是做菜的，做面包的与服务员。

在连接形容词和动词性短语的"与$_{2b}$"的 22 个输出用例中，有 4 例存在偏误。正确率仅为 81.8%（18/22）。偏误句如下：

（98）a 从前我遇到了一件事情让我很感动与难过，永远我还记得没有忘的记忆。

　　　b 我常常喜欢看芭蕾舞表演与听音乐会。

　　　c 以前她去过英国与也在英国生活两年了，所以她的英语很好。

　　　d 实际上，我今天要离开一个很舒服而安全的环境与进入一个新的国家。

上面的讨论表明，"与$_1$"和"与$_2$"的正确率都非常高，很难分出等级。具体到小类来说，除了"与$_{2b}$"的正确率明显偏低、习得情况较差外，其他几个用法的习得情况都可视为良好。因此，从正确率的角度看，我们只能得出这样的等级顺序：

顺序 2A：与$_1$／与$_2$

顺序 2B：与$_{1a}$／与$_{1c}$／与$_{1d}$／与$_{2a}$ > 与$_{2b}$（ > 与$_{1b}$）

最后来看初现情况。我们对本书使用的两个汉语中介语语料库进行了分级检索（初级部分语料 40 万字，其中南师大和复旦语料各 20 万字；中级部分语料情况与此相同），分类统计后得到表 4－6：

表 4－6　　　　　　　　　　　"与"的初现情况　　　　　　　　　单位：例

意义和用法		初级部分		中级部分	
		南师大	复旦	南师大	复旦
与$_1$	与$_{1a}$	2	3	21	20
	与$_{1b}$	0	0	0	0
	与$_{1c}$	1	2	10	8
	与$_{1d}$	0	0	3	3
与$_2$	与$_{2a}$	4	3	28	30
	与$_{2b}$	2	1	7	5

从表 4－6 可以看出，"与"在 40 万字的初级语料中仅 18 个输出用例，其中只有"与$_{2a}$"在两个子语料库的初级部分基本上达到了初现标准。"与$_{1a}$"在复旦语料库的初级部分有 3 例输出，但在南师大初级语料中只有 2 例，还不能说已经习得，但可以视为开始习得。另外，"与$_1$"在初级语料中只有 8 例输出，在数量上少于"与$_2$"。在中级部分语料中，除"与$_{1b}$"仍未见用例外，其他用法都完全达到了初现标准。因此，从初现情况来看，可以认为"与"的各个意义和用法的习得顺序是：

顺序 3A：与$_2$ > 与$_1$

顺序 3B：与$_{2a}$ > 与$_{1a}$ > 与$_{1c}$／与$_{2b}$ > 与$_{1d}$（ > 与$_{1b}$）

至于"同",我们在 40 万字的初级语料中只检索到 1 例(同$_{1a}$),另外 5 例均见于中级部分,其中南师大语料中级部分中有 2 例"同$_{1a}$",复旦语料中级部分中有 2 例"同$_{1a}$",1 例"同$_{1c}$"。"同$_{1a}$"勉强可以算是达到初现标准。"同$_{1b}$""同$_{1d}$"和"同$_2$"均未见输出。

4.4　讨论

我们在 4.2 节中对"和"类虚词的语法化程度顺序进行了讨论,并在此基础上构拟了其具体意义和用法的习得顺序;在 4.3 节中从输出、正确率和初现情况三个角度分别对四个"和"类虚词的习得情况进行了描写分析,得出了几组不尽相同的等级顺序。我们根据虚化路径把"和"类虚词分为两类,认为"和"同"与"是从连词到介词,"跟"和"同"是从介词到连词。现在我们按照这一分类分别讨论四个"和"类虚词的客观习得顺序以及它跟我们构拟的习得顺序之间的一致性。

4.4.1　"和""与"

先看"和"。本章 4.3.1 小节分析得到的两组习得情况等级顺序分别是:

顺序 1A:和$_2$ > 和$_1$

顺序 2A:和$_1$／和$_2$

顺序 3A:和$_2$／和$_1$

顺序 1B:和$_{2a}$／和$_{1c}$ > 和$_{1a}$／和$_{1d}$／和$_{2b}$ > 和$_{1b}$

顺序 2B:和$_{1a}$／和$_{1b}$／和$_{1c}$／和$_{1d}$／和$_{2a}$ > 和$_{2b}$

顺序 3B:和$_{1a}$／和$_{1c}$／和$_{2a}$／和$_{2b}$ > 和$_{1d}$ > 和$_{1b}$

从这两组序列中可以发现,就大类用法来看,"和$_1$"与"和$_2$"在正确率和初现方面的表现难分高下,只是从绝对输出的角度看,"和$_2$"的习得情况明显好于"和$_1$"。因此我们只能说"和$_2$"的习得情况稍好于"和$_1$"。具体到小类用法来说,"和$_{2a}$"与"和$_{1c}$"在三个顺序中都位居前列,这两个用法的习得情况应该是最好的;"和$_{1a}$"在正确率和初现这两个方面的表现均属一流，但相对输出略显不足，其习得情况也可以视为良好；"和$_{1d}$"的输出不足，初现时间也较晚，其习得情况只能视为一般；"和$_{2b}$"初现时间较早，输出情况尚可，但正确率明显偏低（不到75%，未达到习得标准），其习得情况相对较差；"和$_{1b}$"在输出和初现两个方面的表现都是最差的，其习得情况也应视为较差。这样，综合输出、正确率和初现三方面的情况来看，兼类虚词"和"的各个意义和用法的客观习得顺序应该是：

$$和_{2a}/和_{1c} > 和_{1a} > 和_{1d} > 和_{1b}/和_{2b}$$

关于兼类虚词"和"，本章4.2节中构拟的大类用法的习得顺序是"和$_2$／（＞）和$_1$"，小类用法的习得顺序是"和$_{2a}$＞和$_{1a}$＞和$_{1b}$＞和$_{1c}$＞和$_{1d}$＞和$_{2b}$"。对比客观习得顺序可以发现，我们对大类用法习得顺序的构拟和客观习得顺序完全一致，或者说，不太明显的客观顺序正好体现了"和"的介词用法和连词用法的语法化程度难分高下的事实。当然，如果我们的中介语分级够细的话，也许能够把"和$_2$＞和$_1$"这一顺序清楚地反映出来。

我们构拟的小类用法的习得顺序和客观习得顺序存在很大的一致性。区别主要有两点：一是"和$_{1c}$"，在我们构拟的顺序中，它位居中游，但在客观习得顺序中，它与"和$_{2a}$"在一个等级；二是"和$_{1b}$"，在我们构拟的顺序中，它的位置比较靠前，但在客观习得顺序中，它和"和$_{2b}$"同处于序列的末端。

再看"与"。我们在4.3.3小节中分析得到的两组习得情况等级顺序分别是：

顺序1A：与$_2$＞与$_1$
顺序2A：与$_1$／与$_2$
顺序3A：与$_2$＞与$_1$
顺序1B：与$_{2a}$／与$_{1a}$／与$_{1c}$＞与$_{1d}$／与$_{2b}$（＞与$_{1b}$）
顺序2B：与$_{1a}$／与$_{1c}$／与$_{1d}$／与$_{2a}$＞与$_{2b}$（＞与$_{1b}$）
顺序3B：与$_{2a}$＞与$_{1a}$＞与$_{1c}$／与$_{2b}$＞与$_{1d}$（＞与$_{1b}$）

从上面两组序列中可以发现，就大类用法来看，"与$_2$"在输出和初现两方面的表现都明显好于"与$_1$"，正确率也和"与$_1$"不相上下。两者之间的客观习得顺序明显是"与$_2$＞与$_1$"。这一顺序和我们在 4.2 节中构拟的顺序是一致的。

具体到小类用法来说，"与$_{2a}$"在三个顺序中都居于前列，其习得情况应该是最好的；紧随其后的应该是"与$_{1a}$"，它只在初现方面的表现稍逊于"与$_{2a}$"；"与$_{1c}$"在输出和正确率方面都堪比"与$_{1a}$"，但初现方面的表现不如后者，因此当居第三；"与$_{1d}$"初现方面的表现不如"与$_{2b}$"，但正确率方面却好得多，后者的正确率只是刚刚达到习得标准。因此两者的习得情况可以看作是半斤八两。至于"与$_{1b}$"，因为根本没有输出，也就谈不上习得。因此，综合三方面的情况来看，兼类虚词"与"各个意义和用法的客观习得顺序应该是：

$$与_{2a} ＞ 与_{1a} ＞ 与_{1c} ＞ 与_{1d} / 与_{2b}（＞ 与_{1b}）$$

我们在 4.2 节构拟的相应用法的习得顺序是：

$$与_{2a} ＞ 与_{1a} ＞ 与_{1b} ＞ 与_{1c} ＞ 与_{1d} ＞ 与_{2b}$$

比较一下可以看出，上面两个顺序之间也存在很大的一致性。主要区别也在"与$_{1b}$"上。在我们构拟的习得顺序中，"与$_{1b}$"的位居第三，但在客观习得顺序中却没有它的位置。另外，在我们构拟的顺序中，"与$_{2b}$"位居最后，但在客观习得顺序中和"与$_{1d}$"的差异并不明显（当然，如果更看重正确率标准的话，它在客观习得顺序中的位置和在我们构拟的顺序中的位置是相同的）。

4.4.2　"跟""同"

先看"跟"。本章 4.3.2 小节中得到的两组习得情况等级顺序分别是：

顺序 1A：跟$_1$ ＞ 跟$_2$

顺序 2A：跟$_1$／跟$_2$

顺序 3A：跟$_1$ > 跟$_2$

顺序 1B：跟$_{1a}$/跟$_{1c}$ > 跟$_{1d}$/跟$_2$ > 跟$_{1b}$

顺序 2B：跟$_{1a}$/跟$_{1d}$ > 跟$_{1c}$/跟$_2$ > 跟$_{1b}$

顺序 3B：跟$_{1a}$/跟$_{1b}$/跟$_{1c}$ > 跟$_{1d}$/跟$_2$

从这两组序列中可以发现，就大类用法而言，"跟$_1$"在输出和初现这两个方面的表现都好于"跟$_2$"，正确率也和"跟$_2$"旗鼓相当。两者之间的客观习得顺序应该是"跟$_1$ > 跟$_2$"，这一顺序和我们在 4.2 节中构拟的顺序是一致的。

具体到小类用法来说，"跟$_{1a}$"在三个顺序中都位居前列，其习得表现无疑是最好的；其次是"跟$_{1c}$"，它在输出和初现两方面的表现均属一流，只是正确率稍低一些；"跟$_{1d}$"和"跟$_2$"在输出和初现两方面的表现不相上下，且"跟$_2$"的正确率也接近 95%，因此可以认为两者的习得表现相当；"跟$_{1b}$"的相对输出明显不足，正确率也较低，不过初现情况较好。因此，综合三方面的表现来看，可以认为兼类虚词"跟"的各个意义和用法之间的客观习得顺序大致是：

跟$_{1a}$/跟$_{1c}$ > 跟$_{1d}$/跟$_2$ > 跟$_{1b}$

我们在 4.2 节中根据语法化顺序构拟的相应用法的习得顺序是：

跟$_{1a}$ > 跟$_{1b}$ > 跟$_{1c}$/跟$_2$ > 跟$_{1d}$

比较一下可以发现，这两个顺序有一致的地方——我们对"跟$_{1a}$"和"跟$_2$"的顺序构拟是正确的。但两个顺序的区别也比较明显，突出表现在"跟$_{1b}$"的位置上。在我们构拟的顺序中，它位居第二，但在客观习得等级顺序中，它的综合表现却比较差。

再看"同"。本章 4.3.3 小节的讨论表明，"同"在 120 万字中介语料中一共只有 6 例输出，且全部都是"同$_1$"，其中 5 例"同$_{1a}$"，1 例"同$_{1c}$"。也就是说，"同"是 4 个"和"类虚词中习得最差的一个，如果勉强讨论客观习得顺序的话，其大类用法之间的顺序应该是"同$_1$ > 同$_2$"，各小类用法之间的习得顺序应是"同$_{1a}$ > 同$_{1c}$ > 同$_{1b}$/同$_{1d}$/同$_2$"。

我们根据语法化顺序和习得顺序基本一致的假设认为"同"的大类用法之间的习得顺序是"同$_1$>同$_2$",这一顺序和客观习得顺序是一致的。不过我们认为其小类用法之间的习得顺序是"同$_{1a}$>同$_{1b}$/同$_{1c}$/同$_2$>同$_{1d}$"或者"同$_{1a}$>同$_{1b}$>同$_{1c}$/同$_2$>同$_{1d}$",客观习得顺序表明,"同$_{1a}$"确实是最先习得的一个,其他几个小类用法的习得顺序则未能显示出来。但"同$_{1c}$"有1例输出,似乎表明它应该是接下来习得的那一个。

4.4.3 "和"类虚词的语法化顺序与习得顺序

关于"和"类虚词的演化路径,学术界有共同路径(动词→介词→连词)和两种路径(动词→介词→连词;动词→连词/介词)两种观点,我们结合自己的考察,赞成以江蓝生(2012)为代表的"两种路径"说,认为"跟""同"的演化路径是从介词到连词,而"和""与"的演化路径则是连词和介词同时产生,并在此基础上根据语法化顺序和习得顺序基本一致的假设构拟出了两种不同的习得顺序。本章对汉语中介语语料库中四个"和"类虚词的习得情况考察证明,"和""与"的客观习得顺序是连词用法先于介词用法,而"跟""同"的客观习得顺序则是介词用法先于连词用法。这两种顺序和我们基于语法化顺序构拟出来的习得顺序基本上是一致的。我们认为,这一结论既证明了语法化顺序和二语习得顺序的正相关性,也能够间接支持汉语介词—连词语法化的"两种路径"说。

当然,无论是一种路径还是两种路径,其实都是就总体上甚至是其主要用法而言的。我们的历时考察表明,"和"连接名词性用法的产生早于介词用法,但连接动词性成分这一用法却是在介词用法全部产生之后才出现("与"应该也是如此)。这一点在语法化顺序和习得顺序两个方面也都有所反映:"和$_{2b}$""与$_{2b}$"在语法化顺序中位置靠后,在客观习得顺序中的位置也靠后。因此,说某一大类用法先习得并不代表它所包含的小类用法全部先于另外一类用法习得。

具体到小类用法来说,"和"类虚词的客观习得顺序与我们构拟的顺序只能说存在较大的一致性。差异主要表现在介词的两个小类用法在习得顺序中的位置上:引介比较对象的用法在客观习得顺序中的位置比我们构拟的习得顺序中位置明显靠前。"和$_{1c}$"与"和$_{1a}$""与$_{1c}$"和"与$_{1a}$""跟$_{1c}$"和"跟$_{1a}$"几乎都是同时习得的,就连仅"同$_{1c}$"也表现出紧随

"同$_{1a}$"之后的倾向。与之形成鲜明对比的是，引介动作的对象这一用法在客观习得顺序中的位置比我们构拟的习得顺序中位置明显靠后。从历时发展的角度看，它的产生年代基本都在引介动作的共同参与者这一用法之后、引介比较对象这一用法之前，其语法化程度应低于引介比较对象这一用法。但我们对中介语语料库中的相关考察表明，"和$_{1b}$"的习得情况不如"和$_{1c}$"，"跟$_{1b}$"也不如"跟$_{1c}$"，"与$_{1b}$"和"同$_{1b}$"则根本没有输出。

　　上面这两个差异是否表明"和"类介词内部用法的语法化顺序和习得顺序之间不存在一致关系呢？我们不这么认为。理由有二：第一，引介比较对象的用法在客观习得顺序中排序靠前、引介动作对象的用法排序靠后主要是因为它们的输出表现特别是相对输出差异导致的。引介比较对象的用法相对输出良好甚至表现出输出过度的倾向，与它的主要表现形式"X 和/跟/与 Y（不）一样/差不多"有很大的关系，这一结构在中介语语料库中有较多的输出，占到了引介比较对象用法输出的一半以上，是具有公式化的性质的语块，再加上学习者在目的语国家学习汉语，经常会在作文中对目的语国家的很多方面与所在国家进行比较。这两方面的原因都使得该类用法输出情况良好。第二，引介动作对象这一用法所在句子中的动词都是"非对称性动词"，这类动词数量有限，且多为言说类动词，我们考察的中介语语料库由书面作文组成，多为叙事性文体，这两方面的原因都使得该用法的相对输出不足。事实上，除了"和$_{1b}$"，"跟$_{1b}$"在初等阶段也完全达到了习得标准，至于"与$_{1b}$"的初现时间较晚，"同$_{1b}$"未见用例，这和它们的书面语体特点有关，也和学习者对近义词的选择策略有关：在学会"和$_{1b}$"与"跟$_{1b}$"之后，学习者往往不再尝试使用"与$_{1b}$"和"同$_{1b}$"——本族人其实也是如此。

　　基于上述解释，我们认为，即使从小类用法来看，"和"类虚词的语法化顺序和习得顺序之间存在着比较显著的相关性。

　　我们在本章4.3节开始时曾指出，汉语的"和"类虚词到底是介词还是连词很多时候需要结合语境才能分辨。如果从动词的角度看，只有引介动作对象这一用法才能比较清楚地看出"和"类虚词的类别。因为它所在的句子中的动词是"非对称性动词"，而引介共同的参与者（如"和$_{1a}$"）、引介比较的对象（如"和$_{1c}$"）和引介关联的对象（如"和$_{1d}$"）这三个用法所在句子的动词都是对称性动词，这样动词性位置上的"X

和/跟/与 Y"的 X 和 Y 之间都可能是平等并列的关系，如"X 和/跟/与 Y 一样"也等同于"Y 与 X 一样"，换句话说，只有引介动作对象的用法才是典型的介词用法。从这个意义上说，"和"类虚词的习得顺序其实主要表现为连词用法先于介词用法。因此，在教学中适当加强"和"类虚词引介动作对象这一用法的教学是有必要的。

当然，连词用法的教学也存在着值得注意的问题，特别是"和$_{2b}$"，它的语法化程度本来就比较高，且在使用上存在一些学习者很难掌握的限制。本章 4.3.2 节的考察表明，中介语料中存在着大量的使用"和$_{2b}$"连接动词性短语甚至小句的用法偏误，学习甚至把这一用法类推到"跟$_2$"，如例（77）。这既与母语迁移有关，也与目的语规则掌握不完整有关。

对本族人来说，"和""跟""与""同"这四个兼类虚词有语体上的分工，也有词性上的分工。我们的中介语语料考察表明，这种分工在中介语里也有表现，"和""与"主要被用作连词，"跟""同"主要被用作介词。但我们注意到，中介语料中"与"的介词用法和连词用法的比例分别为 40.3% 和 59.7%，而本族语料中相应的比例却是 67% 和 33%。这表明学习者在学习"与"的时候具有把它看作"和"的书面语形式的意识。

另外，本族人在遇到需要连续使用介词和连词的时候，会从韵律的角度避免同时使用一个兼类词的两个词类形式，但学习者没有这种语感或意识，结果也会导致一些偏误，如 4.3 节中的例（63c–d）和（66b）等。这需要我们在教学上也应给予一定的注意。

5

"因(为)"的语法化顺序和习得顺序

5.1　意义和用法分类

在现代汉语中，"因"和"因为"都有介词用法和连词用法。不过这两种用法都表示原因或理由，在语义上并没有本质的区别。但在句法上，"因"和"因为"后面可以是一个名词性成分，也可以是一个具有陈述功能的动词性短语或者小句，一般把前一种情况下的"因"和"因为"看作介词，把后一种情况下的"因"和"因为"看作连词。例如：

(1) a 因家庭生活琐事占用过多的时间，甚至耽误工作，是很不
　　　合算的。
　　b 小田因为这件事还受到了表扬。
(2) a 因天气不好，飞机起航时间改为明天。
　　b 中国因经济落后，故现代工业无产阶级人数不多。
(3) a 因为我有别的事，昨天没去找你。
　　b 我因为有别的事，昨天没去找你。

例（1）中的"因"和"因为"后面都是名词性短语，其功能是引介原因或理由，应该看作介词；例（2）中的"因"后面是小句，"因"的功能是连接，应该视为表示因果关系的连词，例（3）中的"因为"也是如此。

从汉语史的角度看，"因为"是"因"和同义虚词"为"复合而来，也可以看作"因"的双音化形式。在现代汉语中，"因"主要用于书面语，口语则很少使用，"因为"则几乎没有这种局限。我们的目的是考察

二语习得顺序，考虑到语体因素可能会影响到习得顺序，因此把它们看作两个词。为了行文方便，我们把"因"和"因为"的介词用法分别记为"因$_1$"和"因为$_1$"，把它们的连词用法分别记为"因$_2$"和"因为$_2$"。

介词用法的"因"和"因为"除了例（1）那样引介名词性成分外，还都能跟"而"构成"因/因为 X 而 Y"格式。例如：

（4）a 鸡蛋因得适当的温度而变化为鸡子。
　　　b 我们能因为这么点困难而撒手不干吗？

固定格式在二语习得中的表现可能会有所不同。为了发现其中的倾向，我们把单纯介引名词性成分的介词"因"和"因为"分别记为"因$_{1a}$"和"因为$_{1a}$"，把"因/因为 X 而 Y"格式中的"因"和"因为"记为"因$_{1b}$"和"因为$_{1b}$"。

现代汉语连词用法的"因"和"因为"都有小句主语前和主语后两个句法位置，它们（主要是"因为"）引导的原因小句一般出现在表示结果小句之前，但也有在结果小句之后的情况。有些辞书如《八百词》据此把它们分为两个小类。但从汉语史的角度看，用于主语前后的"因"和"因为"产生的年代是不同的，这可能与"因"的语法化有关。我们的研究目的主要是考察语法化顺序和习得顺序之间的关系，因此不按原因小句的位置进行分类，而是把位于小句主语前的"因"和"因为"分别记为"因$_{2a}$"和"因为$_{2a}$"，把位于小句主语后的"因"和"因为"分别记为"因$_{2b}$"和"因为$_{2b}$"。另外，在实际语境中，小句主语有时会省略或隐含，如果把省略的主语补出的话，必须要考虑到话语的连贯等因素。例如：

（5）a 我们现在有些法律规定还不完备，因为没有经验，以后会
　　　　逐渐完备的。
　　　b 因为有别的事，我昨天没去找你。
　　　c 为什么做这件事？因为有一股自由化思潮。

（5a）可以看作是承前省略，（5b）是蒙后省略，（5c）的"因为"后面隐含一个处所主语。考虑到这些情况，我们把小句主语不出现的

"因₂"和"因为₂"分别记为"因₂c"和"因为₂c"。

需要说明的是,从汉语史的角度看,介词"因"引介的可以是原因,也可以是凭借、途径等,但在现代汉语中,介词"因"的主要用法是引介原因或理由,因此本章不讨论介词"因"引介原因或理由之外的用法。

5.2 "因"和"因为"的语法化顺序及习得顺序构拟

"因""因为"的介词用法和连词用法都表示原因,在语义上并没有太大的差别。但从历时的角度看,"因"和"因为"各个意义和用法产生的年代并不相同。下面我们先从历时的角度看一下"因"和"因为"各个用法之间的发展演变过程。

5.2.1 "因"和"因为"的历时发展
5.2.1.1 "因"

关于"因"的历时演变,早期比较专门的论述是王力(1989),他认为"因"真正的介词用法汉代才可以见到,连词用法更晚,直到宋代才出现。近年来比较一致的看法是,先秦时介词"因"已经相当成熟,连词"因"也开始萌芽。相关的论述见马贝加(1996)、张鹏(2007)和刘祥友(2007)。这里在已有研究的基础上对"因"的各个意义和用法的历时发展演变做一个大致的梳理。

关于"因"的本义,有动词和名词两种说法。动词说源于许慎(《说文》:因,就也),名词说始于江永("因"为"茵"的本字)。王力(1989)、刘祥友(2007)等支持名词说。但介词"因"显然是从动词"因"发展而来。

"因"的动词义为"依靠""依托",引申为"因袭""沿袭"等。例如:

> (6) a 故曰:为高必因丘陵,为下必因川泽。(《孟子》)
>   b 因其民,袭其处,而百姓皆安。(《荀子》)

动词"因"及其宾语经常跟别的动词短语组合,构成连动式"因 + N(+而)+ VP",这种结构中,VP往往是语义重点,"因"就演变成了引介动作行为方式的介词。先秦时"因"作方式介词有三个义项，分别相当于"依靠/通过""借助/利用"和"依据/按照"。马贝加（1996）对此曾有比较详细的讨论。例如：

> （7）a 古之善用兵者，因天地之常，与之俱行。（《国语》）
> 　　 b 及至文、武，各当时而立法，因事而制礼。（《商君书》）
> 　　 c 二子因民之欲叛也，请朝众而盟。（《左传》）

　　动作行为的方式和原因在认知上有相通之处：一个是"凭借……成事"，一个是"缘……行事"，因此"因"进一步引申为表示原因的介词。例如：

> （8）a 虽然，因子而死，吾无悔矣。我实不天，子无咎焉。
> 　　　 （《左传》）
> 　　 b 执事不礼于寡君，寡君惧。因是行也，我二年六月朝于
> 　　　 楚。（同上）

　　不过，先秦语料里更多的是宾语承前省略的"因 + Φ + VP"。例如：

> （9）a 叔孙有病，竖牛因独养之而去左右，不内人，曰："叔孙
> 　　　 不欲闻人声。"因不食而饿杀。（《韩非子》）
> 　　 b 答曰："……臣将当战之时，臣使鼓不鸣。"荆人因不杀
> 　　　 也。（同上）

　　例（9a）"因不食而饿杀"可以理解为"因为（这样）吃不到饭所以饿死"，也可以理解为"于是吃不到饭而饿死"；例（9b）的"荆人因不杀也"同样有两种理解："荆人因为（这话）不杀他"，"荆人于是（就）不杀他"。若为后者，"因"当看作副词（也有关联作用）。但下面的"因"毫无疑问是引介原因的介词：

> （10）a 因前使绝国功，封骞博望侯（《史记》）。
> 　　　 b 李良已得秦书，固欲反赵，未决，因此怒，遣人追杀王

姊道中。（同上）

c 臣下不能正言匡过以尊天子，反因过而诛之。（同上）

先秦语料中类似（10a）的用例极少，因此王力（1989）关于真正的原因介词"因"产生于汉代的说法是有一定道理的。

"因 N 而 VP"格式也是首先见于"因"充当方式介词的句子中，例如：

> （11）a 及至文、武，各当时而立法，因事而制礼。（《商君书》）
>
> b 故愚者易蔽也，不肖者易惧也，贪者易诱也，是因事而裁之。（《鬼谷子》）

这一格式同样可以用来表示原因和结果的关系，如例（10a）和（10c），因此，可以认为，本章讨论的"因$_{1a}$"和"因$_{1b}$"两种用法至晚在汉代已经产生，并一直沿用到今天。例如：

> （12）a 师曰："因何降此？"祖曰："特来相访，莫更有宴息之处否？"（《五灯会元》）
>
> b 郡之左有天皇寺，乃名蓝也，因火而废。（同上）
>
> c 哥因事到东京，不弃嫌小人呵，是必家里来。（《老乞大》）
>
> d 这瑞太爷是因什么只管来？（《红楼梦》）

从秦汉到宋代，介词"因"一直都有引介方式和引介原因两种用法。但宋代以后，方式介词得到了极大的发展，"以""乘""用""靠""凭"等介词的分工更趋细致，"因"几乎专职化原因介词。（刘祥友，2007）方式介词的三个义项，以成语形式保存在现代汉语中。（马贝加，1996）

张鹏（2007）和刘祥友（2007）都把类似例（9）中的"因"看作表示承接、顺承关系的连词。王力（1989）虽然认为此类"因"是副词，但他把"因"的虚化过程描述为"动词→介词→副词→连词"。我们认为，这种"因"从先秦一直沿用到清代，在意义上相当于"于是"

"就",也可以看作连词——至少有关联作用。例如:

> (13) a 彼时黛玉才在窗下对镜理妆,听宝玉说上学去,因笑道:
> "好!这一去,可定是要'蟾宫折桂'去了。我不能送
> 你了。"(《红楼梦》)
> b 正说着,只见贾蓉进来请安。宝玉因问:"大哥哥今日
> 不在家么?"(同上)

但这种"因"不大可能演变为表示原因的连词。我们觉得,正因为例(9)之类的"因"因为语境的关系既可以理解为表示原因,也可以理解为表示顺承,所以"因"就可能有两个平行的虚化方向,即:

动词→方式介词→承接副词→承接连词
　　　　　　　→原因介词→原因连词

事实上,先秦语料中确实能够见到极少数可以理解为表示原因关系的"因"。例如:

> (14) 公子庆父、公子牙通乎夫人以胁公,季子起而治之,则不
> 得与于国政,坐而视之则亲亲。因不忍见也,故于是复请
> 至于陈,而葬原仲也。(《公羊传》)

上例中的"因"后面是动词性短语,不能理解为介词,但似乎还不能算是典型的原因连词。六朝时期的语料中则有少数用例可以看作典型的连词"因"。马贝加(1996)曾举了两个例子:

> (15) a 何晏七岁,明惠若神,魏武奇爱之。因晏在官内,欲以
> 为子。(《世说新语》)
> b 卫思因经日不得,遂成病。(《世说新语》)

例(15a)中的"因"后面是一个小句,且上下文之间确实具有因果关系,可以视为我们讨论的"因$_2$"。例(15b)似乎有误。我们查得的原

文是：

> 卫曰："形神所不接而梦，岂是想邪？"乐云："因也。未尝梦乘车入鼠穴、捣齑啖铁杵，皆无想无因故也。"卫思"因"，经日不得，遂成病。

刘孝标注云周礼有六梦，"因者，盖正梦也。"从上文看，"因"与"想"对举，应该不是连词而是名词。

一般辞书和论著所举"因"做连词用法多为宋代以后。我们认为，尽管王力（1989）关于连词"因"始于宋代的说法有些绝对，但宋代之前用作典型连词的"因"确实相当少见。马贝加（1996）和张鹏（2007）等文章所举的先秦文献中的连词用法大多为后接动词性短语而不是小句的用法。我们的看法是，汉语表示因果关系的连词一直都不是成对使用的，古代多在结果小句用连词如"故"，后来原因小句也使用连词"因"和"因为"，但配对使用的情况并不占多数。考虑到文献语料的局限性，也许可以这样认为，连词"因"至晚在南北朝时期已开始萌芽，但发展一直很缓慢，直到宋代才变得成熟起来。例如：

> （16）a 小人因不识得贼人赵正，昨日当面挫过。（《碾玉观音》）
> 　　　b 他因不忍见你分离，待得你明日出了门才来。（《错斩崔宁》）
> 　　　c 小人是本府村庄人氏，年近六旬，只生一女，先年嫁与本府城中刘贵为妻。后因无子，娶了陈氏为妾，呼为二姐。（同上）

据我们所见，自宋至明，连词"因"以用在主语之后即我们讨论的"因$_{2b}$"和主语承前省略的用法（"因$_{2c}$"）为多。省略的主语或者说整个复句的话题如果补出的话，当在"因"之前。这应该与"因"本来的介词性质有关。例如：

> （17）a 次日（小人）因见女婿家中全无活计，养赡不起，把十五贯钱与女婿作本，开店养身。（《错斩崔宁》）

     b 卓疾稍愈，（卓）因有貂蝉，不回郿坞。（《三国志平话》）

     c 俺师父是智真长老，与俺取了个讳字，（师父）因洒家姓鲁，唤作鲁智深。（《水浒传》）

     d 妻子道："（我）因你分付了，不敢入殓。"（《二刻拍案惊奇》）

用于主语前的"因"也有不乏用例。如：

（18）a 因我不会做，皆使天下之人不做，如此则相为懒怠而已。（《朱子语类》）

     b 我是廉访使窦天章女孩儿。因我屈死，父亲不知，特来托一梦与他咱。（《窦娥冤》）

     c 他在前走，因我来迟，赶不上他，我绊了一跌。（《西游记》）

例（18）的"因"前无法补出名词性成分，应该看作用于小句主语前的连词，即我们说的"因$_{2a}$"。

前面的讨论表明，"因"的各个意义和用法的历时发展顺序是：

$$因_{1a}/因_{1b} > 因_{2a}/因_{2b}/因_{2c}$$

5.2.1.2 "因为"

关于"因为"，太田辰夫（1958）认为它是"因"和"为"复合的结果；蒋骥骋、吴福祥（1997）进一步指出"因为"是同义复合，所以有"为因"和"因为"两种形式，在很长一段时间里语序并不固定。席嘉（2010）也持此说，认为"为因"始于唐代，宋代少见，元明常用，清代消亡；"因为"萌芽于晚唐，元代频率增加，明清成为使用最多的表原因的连词。

我们基本赞成这种观点。"因"和"为"复合成词的主要理据是因为它们都能表示原因。例如：

（19）a 士因为政乐，儒为说诗降。素履冰容静，新词玉润枞。
（《全唐诗》）

　　b 四足疑云灭，双瞳比镜悬。为因能致远，今日表求贤。
（同上）

（20）其往者，维摩诘因以身疾，广为说法。因为国王、居士等
百千万人皆来体问，居士便以身疾，广博解说，令其人
辈，生厌舍心。（《敦煌变文集》）

　　例（19a）中"因""为"对举，都表示原因；例（19b）则是"为
因"同义连用。例（20）中的"因为"也可以看作是同义连用。

　　但有两个问题需要解释：第一，既是同义复合，"为因"和"因为"
机会均等，为什么元明时期还很常用的"为因"后来为什么会被"因为"
取代？第二，介词"因为"是如何发展出来的？它和连词"因为"关系
如何？

　　第一个问题比较容易回答：原因连词"为"（"为"也可以理解为表
示目的，目的和原因在认知上本来就是相通的）和原因连词"因"因为
同义而发生组合，组合后的意义比较单纯，仍然是表示原因。例如：

（21）a 某本颍川徐庶，字元直；为因逃难，更名单福。（《三国
演义》）

　　b 东京八十万禁军教头林冲，为因身犯重罪，断配沧州。
（《水浒传》）

　　"因为"组合则不然。在汉语史的很长一段时期里，"因为"都是
"因+为"，其中"为"可能是动词，也可以是介词。例如：

（22）a 因为是连久，天怜之。（《太平经》）

　　b 因为张仪所欺，客死于秦。（《风俗通义》）

　　c 吾痛其愚，因为之赋，且以自警。（《全唐文》卷八百
七）

　　d 因为你口快如刀，怕到人家多言多语，失了礼节，公婆
人人不欢喜，被人笑耻，在此不乐。（《快嘴李翠莲记》）

例（22a）中的"因"是原因连词，"为"是动词；例（22b）和例（22c）中的"因"都既可以理解为原因连词，也可以理解为承接连词，"为"是介词，例（22c）中的"为"引介的是服务对象。这三例中的"因"和"为"都不在一个结构层次上。例（22d）的情况则有点儿特殊：其中的"为"既可以理解为连词，也可以理解为介词。换句话说，其中的"因为"作为一个词的资格还不够——宋代语料里明确作为连词的"因为"很少见。

作为介词，"为"引介的大多是名词性成分，表示服务的对象或者说目的。例如：

(23) a 我因为你，吃了郡王打死了，埋在后花园里。（《错斩崔宁》）

b 都因为你个淫妇，枉坏了我少俊前程，辱没了我裴家上祖。（《全元曲·白朴》）

上例中的"因"是连词，表示原因；"为"是介词，表示（服务、目的）对象。两者并不在一个结构层次上。但由于原因和目的认知上的相通之处，这种"因为"随着使用次数的增加而发生重新分析，结果就产生了原因介词"因为"，即我们讨论的"因为$_{1a}$"。元明时期的语料中有很多此类用例。如：

(24) a 因为渑池会之事，今日与众将庆功赐赏。（《全元曲》）

b 学生因为公事往东京了，误了与老太太拜寿。（《金瓶梅》）

c 那妇人吓的捏两把汗，又不知因为甚么，于是跪在地下，柔声痛哭。（同上）

d 这个猴头弄杀我也！你因为嘴，带累我一夜无眠！（《西游记》）

也许正因为元明之际"因为"多被用作原因介词，因此连词"为因"还有存在的必要性。但由于像"因"一样，介词用法和连词用法在表示原因方面并没有本质的区别，介词用法确立之后，其引介的对象从名词性成分扩大到动词性成分、小句甚至句子，连词"因为"也就随之得到广泛的使用，形成和"为因"分庭抗礼的局面，最终取而代之。例如：

(25) a 老孙因为闹天宫，偷了仙丹，盗了蟠桃，窃了御酒，被小圣二郎擒住，押在斗牛宫前。(《西游记》)

b 我师父乃唐朝御弟。因为过河吃了河水，觉肚腹疼痛。(同上)

c 因为汝不听说法，轻慢我之大教，故贬汝之真灵，转生东土。(同上)

d 因为他手段高强，人呼他为"铁臂"。(《水浒传》)

明代语料中连词"因为"可以出现在小句主语前，也可以出现在小句主语后，小句主语也可以省略。但和连词"因"一样，用于小句主语前的情况较少。我们对《西游记》做了穷尽性的统计，发现15例连词"因为"，只有2例居于小句主语之前。

前面的讨论表明，介词"因为"萌芽于宋代，成熟于元明时期。连词"因为"则有两个来源，一是由原因连词"因"和"为"同义复合而来，其产生时代早于介词"因为"；二是由介词"因为"发展而来，其时代则晚于介词。元明时代"为因"还大量使用的语言事实告诉我们，连词"因为"并不是简单的词汇双音化的结果（"因"变为"因为"），也在一定程度上遵循了从介词到连词这一语法化规律。或者说，同义复合是连词"因为"产生的捷径，但在此之后，从介词到连词这一语法化过程又得到了重现。

但应该承认，韵律的作用还是能在一定程度上影响到某一语言项目的产生。介词"因"产生之初就进入了"因 X 而 Y"格式，甚至可以说这一格式是介词"因"最早的源头。然而据我们考察，介词"因为"模仿、替换"因"进入这一格式是现代才有的事。例如：

(26) a 烛火因为她口中的气而荡漾着了。(《多少恨》)

b 假若你到了学校，不久就因为你的言语行动而被捕。(《四世同堂》)

　　　　c 难道陈姑娘不可怜？因为她的可怜而牺牲了真的爱情？
　　　　（《老张的哲学》）
　　　　d 女人不傻，决不因为男人浪费摆阔而对他有好印象。
　　　　（《围城》）

　　至此，我们对"因为"各个意义和用法的历时发展过程做了一个大致的描述，考虑到连词"因为"可能由"因"和"为"复合（有"为因"和"因为"两种形式）而来，下面的排序应该是比较符合实际的：

$$因为_2 > 因为_{1a} > 因为_{1b}$$

5.2.2　"因"和"因为"的语法化顺序及其习得顺序构拟

　　前面说过，"因"与"因为"介词用法和连词用法在语义上并没有本质的区别，但在句法上，介词"因"和"因为"引介名词性成分，连词"因"和"因为"引导小句，两者的辖域（scope）大小明显不同。辖域大小是判断语法化程度的一个重要标准：如果两个语法范畴的辖域有大小之别，那么辖域大的范畴语法化程度高于辖域小的范畴。（吴福祥，2003a）如此一来，则很容易得出"因"和"因为"的语法化程度顺序，即：

　　　　因：　因$_1$ > 因$_2$
　　　　因为：因为$_1$ > 因为$_2$

　　我们上一节的考察表明，"因"和"因为"各个意义和用法的历时发展顺序分别是：

　　　　因：　因$_1$（因$_{1a}$/因$_{1b}$）> 因$_2$（因$_{2a}$/因$_{2b}$/因$_{2c}$）
　　　　因为：因为$_2$ > 因为$_1$（因为$_{1a}$ > 因为$_{1b}$）

　　"因$_1$"先于"因$_2$"产生，根据历时标准，"因$_1$"的语法化程度也低于"因$_2$"。按照我们语法化顺序和习得顺序基本一致的假设，"因$_1$"和"因$_2$"之间的习得顺序应该是"因$_1$ > 因$_2$"。具体来说，"因$_{1a}$"和

"因$_{1b}$"，两者产生的年代相若，其语法化程度也相近，但后者在二语习得中被学习者作为一个语块习得，其习得难度可能会低于前者。至于"因$_2$"内部，"因$_{2b}$"用于小句主语之后，它要求后面的小句要和"因$_{2b}$"所在的小句同属于一个主语或话题的辖域之下，这就带来了句法上限制，其习得难度可能因此加大。"因$_{2a}$"连接的小句和后一小句之间没有这种限制，其习得难度会因此降低。"因$_{2c}$"的小句多属于省略主语，情况跟"因$_{2a}$"比较接近，因此三者之间的习得难度顺序应该是：因$_{2a}$/因$_{2c}$ > 因$_{2b}$。如此，则"因"的各个意义和用法之间的习得顺序应该是：

$$因_{1a}/因_{1b} > 因_{2a}/因_{2c} > 因_{2b}$$

"因为"的情况则比较复杂。尽管按照语法化的一般规律，连词的语法化程度高于介词，但由于"因为$_2$"并不全是由"因为$_{1a}$"发展而来，甚至在"因为$_{1a}$"之前就已经出现（更远在"因为$_{1b}$"之前）。因此，总体上看，"因为$_2$"的语法化程度并不比"因为$_1$"高。此外，因果关系尽管抽象，但它是一种人类认知上共通的逻辑关系，习得难度可能并不高，因此我们推测，两者之间的习得顺序可能是"因为$_2$ > 因为$_1$"。

"因为$_{1a}$"和"因为$_{1b}$"的产生年代相差甚远，由于韵律的关系，"因为 X 而 Y"中的 X 和 Y 都比较复杂，这一格式可能较难语块化。因此我们认为，两者之间的习得顺序应该是"因为$_{1a}$ > 因为$_{1b}$"。

至于"因为$_2$"内部，我们认为它和"因$_2$"一样，习得顺序应该是"因为$_{2a}$/因为$_{2c}$ > 因为$_{2b}$"。这样，"因为"各个意义和用法之间的习得顺序可能就是"因为$_{2a}$/因为$_{2c}$ > 因为$_{2b}$ > 因为$_{1a}$ > 因为$_{1b}$"。

5.3　"因"和"因为"的习得情况考察

5.3.1　"因"

先看输出。我们对 120 万字的汉语中介语语料进行了穷尽性考察，共发现用作介词和连词的"因"86 例。其中除用于主语后的连词"因$_{2b}$"未见用例外，兼类虚词"因"的其他几种意义和用法均有输出。下面分别说明。

"因₁"共有 37 个输出用例，其中引介名词性成分的"因₁ₐ"有 18 例，和"而"组成"因 X 而 Y"的"因₁ᵦ"有 19 个用例。如：

（27）a 因南京的留学，我的见闻增长了。
　　　b 我因感冒没来上课已经三天了。
　　　c 因不断的风雨，大到社会，小到家庭都发生了很大的变化。
　　　d 因这事情他的儿子们的大女儿来了，所以家里很热闹。
　　　e 我奶奶生下我爹以后因肺病就去世了，这病症还遗传给了我爹和我的家里人。
（28）a 我希望人人都想这样，因小事而感到幸福，这样就让世界更美丽。
　　　b 那时因我小而没想过他是谁，然后很想知道他是谁。
　　　c 也许他们会认为因没完没了的考试而浪费美好的时光。
　　　d 也许他们每当考试时，因考试成绩而失眠。

"因₂"共有 49 个输出用例，其中用在主语前的"因₂ₐ"43 例，小句主语省略或无主语的"因₂ᵧ"6 例，用在主语后的"因₂ᵦ"未见输出。例如：

（29）a 因上课的时候我注意听老师的话，所以我的汉语进步了。
　　　b 我朋友走到宿舍时，因冬天天气冷，就走进了门口。
　　　c 当时我们有点担心，因我们从九点左右出发走到四五点没到。
　　　d 因本人不慎，昨天在食堂丢失手机一台。
（30）a 每个板互相碰到……到边缘因受到抵抗，发生滑的现象，这就是地震。
　　　b 因看到白色的信封，手振动得好厉害。
　　　c 因有学生想看歌手，所以在控室前一直等着他，迟到了再开始时间。

上面的讨论表明，从绝对输出的角度看，"因₂"的情况略好于

"因$_1$",具体到小类来说,"因$_{2a}$"输出最多,"因$_{1a}$""因$_{1b}$"都有相当数量的输出,"因$_{2c}$"的输出数量较少。但绝对输出只是输出情况的一个方面,还不能完全反映输出情况。因此,我们又对 100 万字的本族语料中的"因"的使用情况进行了考察,并把分类统计结果和中介语料中的情况进行了对比,结果得到表 5 - 1:

表 5 - 1   **"因"的输出/使用情况**

意义和用法			中介语输出数量(例)及比例(%)		本族语输出数量(例)及比例(%)		比例差
因	因$_1$	因$_{1a}$	18	48.6	17	25	-16.6
		因$_{1b}$	19	51.4	51	75	
	小计		37	43	68	59.6	
	因$_2$	因$_{2a}$	43	87.8	24	52.2	+16.6
		因$_{2b}$	0	0	14	30.4	
		因$_{2c}$	6	12.2	8	17.4	
	小计		49	57	46	40.4	
合计/频次			86/0.07‰		114/0.11‰		

说明:小类百分比的计算方法为"小类总数/大类总数×100%"。

从表 5 - 1 中可以看出,在 120 万字的中介语语料中,兼类虚词"因"有 86 个输出用例,其 0.07‰的频次明显低于本族语的 0.11‰,这说明"因"的整体相对输出情况并不太好。在中介语语料中,"因$_2$"的比例高于"因$_1$",而本族语料中的情况却正好相反,两者 16.6%的比例差表明,"因$_2$"的输出情况明显好于"因$_1$"。具体到小类来说,"因$_{1a}$"和"因$_{1b}$"的绝对输出非常接近,但相对输出却是"因$_{1a}$"明显好于"因$_{1b}$"(后者的相对输出严重不足);"因$_{2a}$"在中介语语料中占绝对优势,其相对输出表现出明显的输出过度倾向,"因$_{2c}$"有一定的绝对输出,但相对输出略显不足(好于"因$_{1b}$")。至于"因$_{2b}$",中介语料中根本没有输出,也就谈不上习得。因此,综合绝对输出和相对两方面的情况,从输出的角度看,可以认为兼类虚词"因"的各个意义和用法的习得情况等级顺序是:

顺序1A：因$_2$ > 因$_1$

顺序1B：因$_{2a}$ > 因$_{1a}$ > 因$_{1b}$/因$_{2c}$（> 因$_{2b}$）

再看正确率情况。我们结合上下文对兼类虚词"因"的86个用例进行了分析，共发现14个跟"因"有关的偏误，正确率为83.7%（72/86）。其中"因$_1$"的37个用例中有6个用例存在偏误，正确率为83.8%（31/37）；"因$_2$"的49个用例中有8个用例存在偏误，正确率为83.7%（41/49）。

具体到小类来说，"因$_{1a}$"18个用例中有2例存在偏误，正确率为88.9%（16/18）。偏误用例如下：

（31）a 因本人的不注意，昨天早上学校里我的手机丢了。

　　　b 因限制的时间，我们的日程匆匆忙忙。

"因$_{1b}$"的19个用例中有4例存在偏误，正确率为78.9%（15/19）。偏误用例如下：

（32）a 因环境而周庄水网密布，来往全靠小船，家家户户门口都有码头。

　　　b 什么都已经习惯了，吃饭、买东西、坐公共汽车、什么的。好像跟中国人一样。因习惯而我的生活很舒服。

　　　c 但与此同时，我还是希望因她对我们有感情而愿意跟我们一起生活。

　　　d 在美国洛杉矶，因汽车放出废气而空气中的污染浓度上升。

"因X而Y"要求小句主语在"因"之前，学习者对此规则掌握不够就会导致句法偏误，上面4个用例都属于此类情况。

"因$_{2a}$"是书面语，它要求所在句子的词语、句式与之和谐，至少对和它呼应的关联词语不能是"所以"。但在它的43个输出用例中，有10例的后一小句均以"所以"开始。例如：

（33）a 因我想知道中国的文化，所以我要学习汉语。

　　　b 因我打算旅行中国的别的地方，所以我一定学习努力。

　　　c 因上课的时候我注意听老师的话，所以我的汉语进步了。

　　　d 因我们国家是九点上课，所以我常常上课时迟到，或者
　　　　不去学校。

另有 4 例后一小句虽然没有"所以"，但整体语言风格明显是口
语。如：

（34）a 他有女朋友。因他是很帅的人。而且他有很多钱。

　　　b 我心里很着急，因晚会的时间到了。

考虑到"因$_{2a}$"语体偏误在性质上不同于句法和语义偏误，我们采取
折半计算的方法，这样"因$_{2a}$"的 43 个用例偏误数量可记为例 7 个，其
正确率为 83.7%（36/43）。

"因$_{2c}$"的 6 个输出用例中，有 2 个用例的偏误性质和"因$_{2a}$"类似。
折半计算的话，其正确率为 83.3%（5/6）。偏误句如下：

（35）a 因需要运动能力，所以不一定说。

　　　b 到了厦门的时候，因太晚了，我们马上去酒店。

上面的讨论表明，中介语料中"因"的正确率都不太高，其中
"因$_{1a}$"接近 90%，习得情况可视为较好，"因$_{1b}$"不到 80%，习得情况
应该说较差。这样，从正确率的角度看，可以认为兼类虚词"因"的各
个意义和用法之间的习得情况等级顺序是：

顺序 2A：因$_1$/因$_2$

顺序 2B：因$_{1a}$ > 因$_{2a}$/因$_{2c}$ > 因$_{1b}$（> 因$_{2b}$）

最后看初现情况。我们对本书所用的两个子语料库进行了分级检索和
分类统计，结果见表 5 - 2：

表 5 – 2		"因"的初现情况			（单位：例）
意义和用法		初级部分		中级部分	
		南师大	复旦	南师大	复旦
因$_1$	因$_{1a}$	1	1	4	3
	因$_{1b}$	2	0	3	4
因$_2$	因$_{2a}$	9	6	4	24
	因$_{2b}$	0	0	0	0
	因$_{2c}$	0	0	1	1

从表 5 – 2 中可以看出，在初级语料中，兼类虚词"因"的 5 个意义和用法只有"因$_{2a}$"在两个子语料库中都完全达到了初现标准，可以视为已经习得。在中级部分语料中，"因$_{2a}$"仍然有足够数量的输出（复旦语料库中"因$_{2a}$"的输出异常是课堂作文"寻物启事"导致的，其中有 14 例"因本人不慎"），"因$_{1a}$"和"因$_{1b}$"都基本达到了初现标准，而"因$_{2b}$"为零输出，"因$_{2c}$"只有少许输出，说明它们在中级阶段都尚未习得。因此，从初现的角度看，兼类虚词"因"的各个意义和用法的习得顺序是：

顺序 3A：因$_2$ > 因$_1$
顺序 3B：因$_{2a}$ > 因$_{1a}$／因$_{1b}$ > 因$_{2c}$（ > 因$_{2b}$）

5.3.2 "因为"

同样先看输出。我们对 120 万字的汉语中介语语料进行了穷尽性检索，共发现兼类虚词"因为"2346 个输出用例。其中"因为$_1$"有 86 例，"因为$_2$"有 2260 例。下面分别说明。

在"因为$_1$"的 86 个输出用例中，引介名词性成分的"因为$_{1a}$"有 72 个用例，和"而"组成"因为 X 而 Y"的"因为$_{1b}$"有 14 个用例。如：

（36） a 因为这样的理由，所以我学习中文。

　　　　b 因为空气干净的原因晚上星星看得又大又亮。

　　　　c 因为他，我的想法对中国人变了。

　　　　d 因为今天的疲劳，她的声音比较没有力气。

e 女朋友也当然很重要，但是也不能因为女朋友就不再需要其他的朋友了。

（37）a 到了晚上，我因为害怕而不敢一个人睡。

b 几天前，妈妈因为有事情而经过你的学校，偶然看到你了。

c 可是我不会因为这些事而感到不开心

d 朋友会给我带来很多快乐，我也会因为能让朋友们感到快乐而更开心。

e 到了高中，我们因为上不同的学校而分开了。

"因为$_2$"共有 2260 个输出用例，其中用于小句主语前的"因为$_{2a}$"输出最多，共有 2070 个用例。如：

（38）a 我想学习语，因为中国人跟俄罗斯人是很好的朋友们。

b 我学习中文，因为我很喜欢学习别的国的语。

c 妈妈真的很辛苦，因为她有工作，而且做那个菜又难又烦。

d 因为马丁做了很多这样的好事，别的人很尊重他。

e 因为虽然我有这个毛病，但是我还能上大学，学中文，找工作。

小句主语不出现的"因为$_{2c}$"有 181 个输出用例，如：

（39）a 现在我对中国菜了解了，因为吃了很不同的菜，所以我觉得回国以后，我会想中国的菜。

b 比如说，南方有一点儿保守，因为有银行，北方开通一点儿，因为那里有大学。

c 他想去中国，因为想见我。

d 我喜欢跟他一起比赛，因为很有意思，我们是很好的朋友。

e 我能来到中国，那还要感谢我的妈妈，因为是她给了我这个机会。

用于小句主语之后的"因为$_{2b}$"的输出最少，只有 9 个用例。如：

（40）a 她因为真爱她男朋友，所以每天晚上给中国的男朋友
　　　 打电话。

　　　 b 但是，对我来说，大叻因为有雨，所以才美。

　　　 c 5 月 1 日我们因为没有火车票，所以坐长途公共汽车回
　　　 来了南京。

　　　 d 第二天，她因为很害羞，所以她是带着她的好朋友李真
　　　 一起来的。

　　　 e 我的朋友因为一点马虎，买票的时候不注意该在什么站
　　　 乘火车。

从绝对输出的角度看，中介语料中"因为$_{2a}$"的总量遥遥领先，"因为$_{2c}$"和"因为$_{1a}$"处于第二梯队，相较之下，"因为$_{1b}$"和"因为$_{2b}$"的输出数量明显偏少。为了考察"因为$_2$"的相对输出情况，我们又对 100万字本族语料中的"因为"进行了穷尽性检索和分类统计，并把统计结果和中介语料中的情况做了对比，得到表 5 - 3：

表 5 - 3　　　　　　　　　　"因为"的输出/使用情况

意义和用法			中介语输出数量（例）及比例（%）		本族语输出数量（例）及比例（%）		比例差	
因为	因为$_1$	因为$_{1a}$	72	83.7	32	82	+1.7	-6.9
		因为$_{1b}$	14	16.3	7	18	-1.7	
	小计		86	3.7	39	10.6		
	因为$_2$	因为$_{2a}$	2070	91.6	270	82.3	+9.3	+6.9
		因为$_{2b}$	9	0.4	6	1.8	-1.4	
		因为$_{2c}$	181	8	52	15.9	-7.9	
	小计		2260	96.3	328	89.4		
合计/频次			2346/1.95‰		367/0.37‰			

说明：小类百分比的计算方法为"小类总数/大类总数×100%"。

从表 5 - 3 中可以看出，兼类虚词"因为"在中介语语料中的输出频次是本族语料使用频次的 5 倍以上，这表明学习者的"因为"存在明显的输出过度倾向（突出表现在"因为$_{2a}$"上）。从大类的角度看，中介语料和本族语料都是"因为$_2$"的比例占绝对优势，不过中介语料中"因为$_2$"的优势更加明显，说明它的输出情况好于"因为$_1$"。具体到小类来说，"因为$_{1a}$"的绝对输出数量远超"因为$_{1b}$"，相对输出的情况也好于后者，说明"因为$_{1a}$"的习得情况好于"因为$_{1b}$"，前者可以视为良好，后者只能视为中等。"因为$_{2a}$"无论是绝对输出还是相对输出都是所有用法中表现最好的，习得情况无疑应视为良好；"因为$_{2b}$"的绝对输出最少，相对输出情况也较差，其习得情况只能视为一般甚至较差；"因为$_{2c}$"的绝对输出在所有用法中位居第二，但相对输出却明显不足，其习得情况也只能视为一般。因此，综合绝对输出和相对输出两方面的情况来看，可以认为"因为"各个意义和用法的习得情况等级顺序大致应该是：

顺序 1A：因为$_2$ > 因为$_1$

顺序 1B：因为$_{2a}$／因为$_{1a}$ > 因为$_{1b}$／因为$_{2b}$／为$_{2c}$

再看正确率情况。我们同样结合上下文对含有"因为"的 2346 个用例进行了人工分析，共发现 44 个和"因为"有关的偏误，其总体正确率为 98.1%（2302/2346）。其中"因为$_1$"的 86 例输出中有 7 例存在偏误，正确率为 91.9%（79/86）；"因为$_2$"的 2260 例输出中有 37 例存在偏误，正确率为 98.4%（2223/2360）。分别说明如下。

在"因为$_{1a}$"的 72 个用例中，有 6 个用例存在偏误，正确率为 91.7%（66/72）。例如：

（41）a 它（猫）这样喜欢和我在一起，我怎么能讨厌它因为那只凶狗。

b 因为冬天，花园不太好看。

c 小时候我们家比较很热闹了，因为大家族，可是爷爷去世之后，我们只有四个人，家里很悄无声息的。

d 第二天因为阳沉的天，所以我决定在宾馆。

"因为₁ᵦ"的 14 个用例中，只有 1 例存在偏误，正确率为 92.9%（13/14）。偏误句如下：

> （42）一个人如果天生有才华，可是因为自己的才能比别人强而不再努力发奋，后者一定能赶上前者的。

上例的问题出在"因为₁ᵦ"的后一小句，可以看作是与其间接有关的偏误。

"因为₂ₐ"的输出用例多达 2260 个，其中只有 18 个存在与其相关的偏误，正确率高达 99.2%。其偏误类型比较复杂。有些是前后小句之间不是或不存在因果关系。例如：

> （43）a 我为什么要学习中文，因为中文很高兴。
> b 在日本我看电视，中国的新闻、电影。我想再去中国，因为我每天工作。
> c 因为今天我通过，所以我们认真预习了。
> d 因为我怕寂寞的人，到我往南京出发的第二天，他一直陪我度过日子。

有些是误把"之所以"的呼应形式"是因为"记为"因为是"。例如：

> （44）a 我之所以不高兴，因为是自然环境虽然好，但是人创造的环境不合适。
> b 日本的地震之所以大部分在太平洋发生，因为是太平洋板和菲律宾板降落到欧亚细亚板下面。
> c 我本来这个人之所以不喜欢旅游，因为是我觉得旅游是恼人的。

还有 2 例是误把"为因"写作"因为"，用例如下：

（45）a 她有男朋友。但是我不喜欢他。为因他不爱我的朋友。

　　　b 为因她不能教我们，她的儿子来当我们班的新的老师。

　　"因为$_{2b}$"的9个用例中存在1例偏误，正确率为88.9%（8/9）。偏误句如下：

（46）当我10岁移民去美国的时候，父母因为忙着上班，整个家里就由姐姐打理着。

　　上例的"因为"后面的小句话题不是"父母"，考虑到上下文的连贯问题，"因为"应该用在小句主语之前。

　　在"因为$_{2c}$"的181个用例中，有18个用例存在与之有关的偏误，正确率为90.1%（163/181）。其偏误主要表现在两个方面，一是小句主语不应该省略（省略后语义不清），或者说，此时不当用"因为$_{2c}$"，应该用"因为$_{2a}$"。例如：

（47）a 谢谢对爸爸、妈妈，因为给我很多爱。

　　　b 兔子看不起乌龟，因为跑得很慢。

　　　c 她告诉我她是上海人，非常喜欢住在上海，因为是一个繁华的城市。

　　　d 中国不但大，而且有很多人。所以我常常觉得中国是世界中心。因为世界中心，所以想学汉语的人越来越多。

　　二是"因为"和"为了"的不当连用，或者说是"因为"的误加使用。例如：

（48）a 我应该努力学习。因为为了我的妈妈！

　　　b 可是"为什么韩国人吃泡菜？"问这样的话，回答可能差不多一样。就是因为为了过冬天。

　　　c 在我的故乡孩子的数越来越少了。因为为了挣多钱，离开农村的小两口不少。

　　　d 我们之所以舍不得离开那儿，是因为为了下次路程。

也有少数偏误属于上下文之间不存在因果关系。例如：

（49）a 中国的气温变成很大，我不太习惯中国的气温，因为得
　　　了感冒。
　　　b 我更喜欢中国的菜，因为很多的那些种菜。

前面的讨论表明，兼类虚词"因为"各个意义和用法的正确率都比
较高，其总体习得情况完全可视为良好。如果分别把是否超过95%和
90%作为区别习得情况等级的界限的话，那么"因为"的各个意义和用
法之间的习得情况等级顺序大致是：

顺序2A：因为$_2$ > 因为$_1$
顺序2B：因为$_{2a}$ > 因为$_{1a}$／因为$_{1b}$／因为$_{2c}$ > 因为$_{2b}$

最后看初现情况。我们对本书所用的两个子语料库进行了分级检索，
分类统计后得到表5-4：

表5-4　　　　　　　　　　"因为"的初现情况　　　　　　　（单位：例）

意义和用法		初级部分		中级部分	
		南师大	复旦	南师大	复旦
因为$_1$	因为$_{1a}$	10	8	12	15
	因为$_{1b}$	2	0	4	3
因为$_2$	因为$_{2a}$	373	341	270	309
	因为$_{2b}$	0	0	1	3
	因为$_{2c}$	29	27	18	24

从表5-4中可以看出，在初级语料中，除"因为$_{1b}$"和"因为$_{2b}$"
外，其他3个用法在南师大语料和复旦语料中都完全达到了初现标准，因
此都可以视为已经习得。到了中级阶段，"因为$_{2b}$"在两个子语料库都有
了一定数量的输出，基本达到了初现标准；但"因为$_{2b}$"在南师大语料之
中级部分只有1个输出用例，未达到初现标准，在复旦语料中的表现要好

一些。因此，从初现的角度看，兼类虚词"因为"各个意义和用法的习得顺序大致是：

顺序 3A：因为$_2$／因为$_1$

顺序 3B：因为$_{1a}$／因为$_{2a}$／因为$_{2c}$ ＞ 因为$_{1b}$ ＞ 因为$_{2b}$

5.4　讨论

在 5.3 节中，我们分别从输出、正确率和初现三个角度讨论了介连兼类虚词"因"和"因为"的习得情况，并得出了几组不尽相同的习得情况等级顺序。现在把三方面的情况结合起来对其客观习得顺序做一个综合描述，并把它和 5.2.3 小节中构拟的顺序进行比较讨论。

5.4.1　"因"

先看大类用法。本章 5.3.1 小节得出的"因$_1$"和"因$_2$"的三个习得情况等级顺序分别是：

顺序 1A：因$_2$ ＞ 因$_1$

顺序 2A：因$_1$／因$_2$

顺序 3A：因$_2$ ＞ 因$_1$

"因$_2$"在输出和初现两个方面的表现明显都好于"因$_1$"，正确率则和后者在伯仲之间。因此综合来看，两者之间的客观习得顺序应该是"因$_2$ ＞ 因$_1$"。

再看小类用法，5.3.1 小节得出的三个习得情况等级顺序依次是：

顺序 1B：因$_{2a}$ ＞ 因$_{1a}$ ＞ 因$_{1b}$／因$_{2c}$（＞ 因$_{2b}$）

顺序 2B：因$_{1a}$ ＞ 因$_{2a}$／因$_{2c}$ ＞ 因$_{1b}$（＞ 因$_{2b}$）

顺序 3B：因$_{2a}$ ＞ 因$_{1a}$／因$_{1b}$ ＞ 因$_{2c}$（＞ 因$_{2b}$）

"因$_{2a}$"在输出和初现两个方面都是最好的，其正确率稍低是因为我们引入了语体因素作为偏误标准，就表示原因、连接小句这一功能来说，

"因为$_{2a}$"不存在偏误。考虑到这一因素，可以认为"因为$_{2a}$"应该是最先习得的；"因$_{1a}$"的正确率最高，但输出和初现两个方面的表现都不如"因$_{2a}$"，不过在输出和正确率两个方面都好于"因$_{1b}$"，可以认为它在习得顺序中应该在"因$_{2a}$"之后、"因$_{1b}$"之前；"因$_{1b}$"在输出情况方面和"因$_{2c}$"相当，虽然正确率偏低，但初现时间早于"因$_{2c}$"。可以认为它的习得在"因$_{2c}$"之前。至于"因$_{2b}$"，中介语料中根本就没有输出，也就谈不上习得。这样，兼类虚词"因"的各个意义和用法的客观习得顺序应该是：

$$因_{2a} > 因_{1a} > 因_{1b} > 因_{2c} > 因_{2b}$$

我们在 5.2.2 节中根据语法化程度顺序和习得顺序基本一致这一假设构拟出的习得顺序分别是"因$_1$ > 因$_2$"和"因$_{1a}$/因$_{1b}$ > 因$_{2a}$/因$_{2c}$ > 因$_{2b}$"，比较一下可以看出，"因"的大类用法之间的客观习得顺序和我们构拟的顺序正好相反，但小类用法之间的客观习得顺序和我们构拟的顺序是基本一致的，主要的区别是"因$_{2a}$"的位置：它是"因"的五个小类用法中最先习得的一个。

5.4.2 "因为"

同样先看大类用法。本章 5.3.2 小节得出的"因$_1$"和"因$_2$"的三个习得情况等级顺序分别是：

顺序 1A：因为$_2$ > 因为$_1$
顺序 2A：因为$_2$ > 因为$_1$
顺序 3A：因为$_2$/因为$_1$

"因为$_2$"在输出和正确率两个方面的表现都明显好于"因为$_1$"，只是在初现时间上没有表现出明显的优势（这可能跟我们的中介语料库分级不够细有关），不过仍然可以认为"因为"的连词用法先于介词用法习得，即"因为$_2$ > 因为$_1$"。这一客观习得顺序和我们在 5.2 节中根据语法化顺序构拟出来的习得顺序是一致的。

具体到小类用法来说，5.3.2 小节得出的三个习得情况等级顺序依次是：

顺序 1B：因为$_{2a}$/因为$_{1a}$ > 因为$_{1b}$/因为$_{2b}$/因为$_{2c}$

顺序 2B：因为$_{2a}$ > 因为$_{1a}$/因为$_{1b}$/因为$_{2c}$ > 因为$_{2b}$

顺序 3B：因为$_{1a}$/因为$_{2a}$/因为$_{2c}$ > 因为$_{1b}$ > 因为$_{2b}$

比较以后可以发现，"因为$_{2a}$"在三个序列中都位居前列，"因为$_{1a}$"紧随其后（仅正确率方面不如"因为$_{2a}$"）；"因为$_{2c}$"在输出和正确率方面的表现都不如前两者，其习得情况应该稍逊一些；"因为$_{1b}$"的输出情况好于"因为$_{2c}$"，正确率也和后者不相上下，但初现时间明显晚于"因为$_{2c}$"；"因为$_{2b}$"在各方面的表现都是最差的。因此，综合来看，兼类虚词"因为"的各个意义和用法之间的客观习得顺序是：

因为$_{2a}$/因为$_{1a}$ > 因为$_{2c}$ > 因为$_{1b}$ > 因为$_{2b}$

至于"因为"的小类用法，我们在 5.2 节中结合句法限制等因素构拟的习得顺序是"因为$_{2a}$/因为$_{2c}$ > 因为$_{2b}$ > 因为$_{1a}$ > 因为$_{1b}$"，这一顺序和上面的客观习得顺序存在较大的差异。主要表现有二：一是"因为$_{1a}$"的位置，在我们构拟的顺序中，它应在"因为$_2$"之后习得，但在客观习得顺序中，它的表现明显好于"因为$_{2b}$"，也好于"因为$_{2c}$"；二是"因为$_{2b}$"，它在正确率和初现方面的表现还不如"因为$_{1b}$"。不过上面的客观习得顺序可以分解为两个大类用法内部的顺序，即"因为$_{1a}$ > 因为$_{1b}$"和"因为$_{2a}$/因为$_{2c}$ > 因为$_{2b}$"。这两个客观习得顺序和我们在 5.2 节中构拟的习得顺序基本上是一致的。

5.4.3 对"因"和"因为"习得顺序的解释

前面两个小节的讨论表明，兼类虚词"因为"大类用法之间的客观习得顺序和我们构拟的顺序一致，但"因"大类用法之间的客观习得顺序和我们构拟的顺序并不一致。

我们之所以对同为介连兼类的"因"和"因为"作出不同的构拟，主要是因为从历时的角度看，"因"和"因为"的虚化过程存在差异。"因"的虚化路径是从介词到连词，而"因为"则是连词用法先于介词用法产生。按照我们的假设，"因"和"因为"的这种差异在二语习得过程中也会得到反映。但汉语中介语语料库中的客观事实是，"因"和"因为"都是连词用法先于介词用法习得。

"因为$_2$"先于"因为$_1$"习得这一事实再次证明语法化顺序和习得顺序基本一致的假设是成立的；"因$_2$"先于"因$_1$"习得是否说明上述假设不成立呢？我们的回答是否定的，因为说"因$_2$"先习得是从总体上看的，而从小类的角度看，只有"因$_{2a}$"的习得在"因$_1$"之前，"因$_{2c}$"和"因$_{2b}$"都在"因$_1$"之后。

"因$_{2a}$"为什么会先习得？可能的原因有三个，一是教学安排，二是语体因素，三是频率因素。《教学大纲》只在初级阶段对"因为"提出了要求，并没有专门涉及"因"。由于"因""因为"的意义和用法基本相同，区别只在语体（音节）方面，学习者在很大程度上很可能是把"因"作为"因为"的变体习得的，换句话说，"因为"的习得直接影响到了"因"的习得。"因为"各个意义和用法中习得最早的是"因为$_{2a}$"和"因为$_{1a}$"，"因"的客观习得顺序中位居前列的也是"因$_{2a}$"和"因$_{1a}$"。只不过由于语体和频率的原因（从中介语料中的输出情况看，"因为"的输出严重过度，而"因"则明显不足，这正是书面语词汇晚于口语词汇习得的表现，也说明"因"的习得是在受到"因为"的影响下进行的），"因为$_{1a}$"在初级语料中达到了初现标准，因此我们认为它和"因为$_{2a}$"时间相去不远；"因$_{1a}$"由于同样的原因在初级语料中未达到初现标准，因此我们认为它比"因$_{2a}$"后习得。

需要说明的是，我们把"因"和"因为"的连词用法都进一步分了三个小类，这样做并不是出于它们在语法化程度差异方面的考虑，而是想看一看句法上的限制会不会影响语言项目的习得顺序："因$_{2b}$/因为$_{2b}$"都位于主语之后，它要求所在的小句和后面的小句居于同一主语（大主语）或话题的辖域之下，这样在使用上就多了一重条件限制。我们的习得情况考察表明，"因$_{2b}$"和"因为$_{2b}$"都是最难习得的，这表明"因/因为"的由介词和连词两个词类语法化程度差异导致的学习难度差异还不如一条句法规则的学习难度——其实"因"和"因为"在用作介词或连词时，意义并没有太大的区别。从这个意义上说，判断语法化程度高低时，应该主要依据意义（语义）而不是词类（句法）标准。事实上，它们典型的连词用法和典型的介词用法在习得顺序中都是相邻的，如"因$_{2a}$"和

"因$_{1a}$"，"因为$_{2a}$"和"因为$_{1a}$"。

"因$_{2b}$/因为$_{2b}$"的这种句法上的限制对习得顺序的影响在"因$_{1a}$"和"因$_{1b}$"之间的习得顺序上也有所体现。本来我们认为两者之间的语法化程度相同，"因$_{1b}$"由于语体因素，学习难度会有所增加；但可以语块化又能使其学习难度降低，这两种相反的作用如果互相抵消，那么"因$_{1a}$"和"因$_{1b}$"在习得顺序上应该难分先后。但 5.3 节的考察表明，"因$_{1b}$"在输出和初现两方面的表现都和"因$_{1a}$"不相上下，只是正确率明显偏低——其原因正是"因 X 而 Y"格式要求 X 和 Y 受共同的主语支配，学习者的偏误都是没有掌握这一规则导致的。

总之，本章讨论的"因"和"因为"是两个特殊的兼类虚词：它们的语法化程度并非体现在语义上，或者说，它们的语法化程度差异并不明显，其介词用法和连词用法之间的习得顺序就不是根本性的。在这种情况下，教学安排、语体以及频率甚至句法规则限制方面的因素都可能会起作用。另外，中介语料中连词"因为"（因为$_{2a}$）的输出占绝对优势，这一事实似乎说明因果关系这种逻辑意义是更基本的意义，更容易习得。不过，介词"因为"在没有受到教学上足够重视的情况下能够得到很好的习得，也说明语法化机制在二语习得过程中是起作用的——成人二语学习者在对语言项目认知的过程中，会在一定程度上再现、重构该语言项目的语法化过程。

6

"只是"和"不过"的语法化顺序与习得顺序

6.1　意义和用法分类

在现代汉语中，"只是"兼属副词和连词两个词类，"不过"则兼属副词、连词和助词三个词类。由于两者的副词用法和连词用法非常接近，有时可以互换而不影响句子的意义，因此我们把它们放在一章中讨论——本章将先讨论副连兼类虚词"只是"和"不过"，然后再把"不过"的助词和副词、连词用法放在一起考察。

6.1.1　"只是"

在共时平面上，"只是"有动词性短语、副词和连词三种可能。例如：

（1）他只是个小科长，你跟他较什么劲。

（2）a 我只是想大概了解一下，用不了多少时间。

　　 b 随便你怎么问，他只是不吭声。

（3）a 小赵各方面都很好，只是身体差一些。

　　 b 我也很想去看看，只是没有时间。

例（1）中的"只是"是"只＋是"组合而成的动词性短语；例（2）中的"只是"用在动词性短语之前，是副词；例（3）中的"只是"用在小句前面，是连词。我们把短语"只是"记为"只是$_0$"，把副词"只是"记为"只是$_1$"，把连词"只是"记为"只是$_2$"。

副词"只是"有两种意义和用法，其一是单纯表示限制，即不超出某一范围，如（2a）；其二是表示无论在什么情况下，都不超出某一范围，如（2b）。本章分别记为"只是$_{1a}$"和"只是$_{1b}$"。它们的区别是，前者相当于"仅仅是"，后者相当于"就是"。例如：

> （4）a 我仅仅是想大概了解一下，用不了多少时间。
>
> b＊随便你怎么问，他仅仅是不吭声。

连词"只是"后面可以是一个主谓短语，如（3a）；也可能是一个谓词性短语，如（3b）。但它们在语义上并没有区别——都轻微的表示转折，引导的小句都是对上文的补充修正，都可以和"罢了""而已"等配合使用，本章对它们不做区别。

6.1.2 "不过"

"不过"在共时平面上可能是动词性短语即"不＋过"，也可能是副词和连词，还可能是助词。例如：

> （5）他看上去不过二十岁。
>
> （6）我不过是问问价钱罢了，并不想真买。
>
> （7）a 这人很面熟，不过我一时想不起来是谁。
>
> b 试验失败了，不过他并不灰心。
>
> （8）a 在现实社会碰了壁、受了阻，急流勇退，扮作半个林和靖
> 是最容易不过的。
>
> b 这个口号的意思是再明白不过的。

例（5）中的"不过"是动词性短语，即"不超过"，此类"过"的后面基本上都是数量短语。本书记作"不过$_0$"；例（6）中的"不过"是副词，其作用是指明范围，即"不超过一定的限度或范围"，我们记作"不过$_1$"；例（7）中的"不过"是表示转折的连词，我们记作"不过$_2$"，其中（7a）中的"不过"的作用是"补充修正上文的意思"（《八百词》）或"引出的部分是对前面所说的内容做出的修正性补充"（《现代汉语常用虚词词典》），相当于"只是"，其转折语气较轻，这里记作"不过$_{2a}$"；（7b）中的"不过"的作用是"补充同上文相对立的意思"（《八百词》）

或"引出一层与前一部分不同甚至相对或相反的意思"（《现代汉语常用虚词词典》），它的转折语气较重，和"但是""可是"比较接近。这里记作"不过_{2b}"。两者的区别是，"不过_{2a}"可以像"不过₁"那样跟"罢了""而已"配合使用，"不过_{2b}"则不行。请看：

（9）a 这人很面熟，不过我一时想不起来是谁罢了。
　　　b ＊试验失败了，不过他并不灰心罢了。

例（8）中的"不过"主要用在形容词和部分心理动词后面，形容词前面常有"最"或"再"，表示"程度最高"。目前人们对它的认识不太相同，《现代汉语词典》认为它是副词，《现代汉语规范词典》认为它是动词，《现代汉语常用虚词词典》把它归为助词；太田辰夫（1958）也把它看作助词，沈家煊（2004）则称之为附着词。我们姑且把它看作助词，记为"不过₃"。

6.2　"只是"和"不过"的语法化顺序及其习得顺序构拟

6.2.1　"只是"的语义关联和历时发展

关于"只是"的语法化，蒋骥骋、吴福祥（1997）和席嘉（2004）等都曾有过讨论，共同的看法是，副词"只是"由短语"只是"演变而来，连词"只是"由副词"只是"演变而来。

"只是"本来是范围副词"只"和判断动词"是"的组合。当"是"的宾语是名词性成分时，"是"是判断动词。当"是"的宾语为动词性成分时，"是"的动词意义就会虚化，并失去主要动词的地位。由于句法位置相邻，"只＋是＋动词性成分"就重新分析为"只是＋动词性成分"，这样一来，"只是"就黏合成一个新的范围副词。对于"是"来说，这一演变主要是语法化即语义虚化，对于"只＋是"来说，其结果就是词汇化——"是"从一个判断动词或焦点标记语法化为一个词内成分。"是"的这种语法化具有很大的共性，汉语很多含"是"的双节副词或连词中的"是"都经历了这一过程，由于双音节是汉语合成词的标准语音形式，因而一些双音组合在词汇化之后两字之间的关系进一步模糊化，"是"的依附性进一步增强，在语义上与其前词根融为一体，有变为单纯词的倾向

（董秀芳，2004）。

　　"只是$_{1a}$"和"只是$_0$"在语义上显然存在着关联。它的限制义和"只是$_0$"中"只"的意义是一致的，但"只是$_0$"限制的是事物的数量或性质等级，"只是$_{1a}$"在限制动作行为的量和性质的同时，还表达说话人对动作行为的主观认识，即"往小处说"。这种限制如果得到凸显，即在任何情况下都"只是如此"，就产生了带有强调意味的"只是$_{1b}$"。

　　"是"作为判断动词和焦点标记可以出现小句前面，"只是"也因为"是"而具有这种句法功能，当这种"只是$_{1a}$"用于后续句时，其限制在语义上是对其前面小句的命题内容的补充或修正，即"命题成立，只是在某种范围/性质/条件下"。这样两个小句之间就隐含着逻辑上的转折关系，随着使用次数的增加，这种语境中的转折意义就转移到"只是"上面，"只是"的意义就从限制变成了转折，"只是$_{1a}$"就变成了"只是$_2$"。因此，可以认为，"只是"的各个意义和用法之间存在如下语义关联顺序：

$$只是_0 \to 只是_{1a} \to 只是_2$$
$$\downarrow$$
$$只是_{1b}$$

从历时的角度看，"只""是"组合在一起初见于唐代。例如：

　　（10）a 每州有开元寺，龙兴寺只是扬州龙兴寺耳。（《入唐求法》）

　　　　　b 佛生西戎，教说不生。夫不生者只是死也。（同上）

　　（10a）中的"是"是典型的判断动词用法，因为它前后都是名词性成分，即"NP$_1$只是NP$_2$"。（10b）中的"是"后面虽然是"死"，但前面却是"不生"，两者构成"VP$_1$只是VP$_2$"，其中的"是"仍是判断动词。但在"NP只是VP"格式中，"是"的判断动词性质已经弱化，其中的"只是"开始变成一个副词，句末可以有表示语气的"耳"呼应。例如：

（11）a 岂被告者尽是英雄以求帝王耶？只是不堪楚毒自诬耳。
（《全唐文》）

　　　b 王陵只是不知，或若王陵知了，星夜倍程入楚，救其慈
　　　　母。（《敦煌变文集》）

这种"只是"后面还可以是主谓短语或者小句，例如：

（12）a 天下本自无事，只是愚人扰之，始为烦耳。（《大唐
　　　　新语》）

　　　b 人言六郎似莲花，再思以为不然，只是莲花似六郎耳。
　　　　（同上）

　　　c 设令此人不能济事，只是才力不及，不为大害。（《贞观
　　　　政要》）

当这种"只是"所在的句子在语义上和前面的句子存在逻辑上的转
折关系时，"只是"就演变成了连词。例如：

（13）a 初见侍者便问："和尚还在也无？"对曰："在，只是不
　　　　看客。"（《祖堂集》）

　　　b 人人尽有这个事，只是道不得。（同上）

　　　c 如前所说，甚好。只是郭天锡不可专委，须自挂心。
　　　　（《欧阳修集》）

　　　d 公弟客省俊特可爱，只是性粗疏。（《东轩笔录》）

席嘉（2004）认为"只是"的副词和连词用法都出现于唐代，席文
统计了《全唐诗》和《祖堂集》中"只是"的用法，结论是前者中副词
和连词的用法比例为 98：31，后者中两者的比例为 23：20。我们在唐代非
诗歌语料中发现了副词用法的"只是"，如例（11）；但没有发现连词用
法的"只是"，考虑到诗歌的特殊性，可以认为副词"只是"产生的年代
要早于连词"只是"，即副词用法见于唐代，而连词用法在五代到北宋时
期已经比较成熟。另外，唐代的副词"只是"都是"只是$_{1a}$"，"只是$_{1b}$"
当是宋代（南宋）才产生的。例如：

（14）a 丈夫卖我，昨日钱已驮在家中。有甚杀人公事？我只是
不去。（《错斩崔宁》）

b 但是它都不管天地四方，只是理会一个心。（《朱子
语类》）

如此，我们可以得出"只是"大致的历时发展顺序：

只是$_0$→只是$_{1a}$→只是$_2$→只是$_{1b}$

6.2.2 "不过"的语义关联和历时发展

关于"不过"语法化问题，沈家煊（2004）曾有过全面深入的讨论。他认为副词"不过"由动词性词组"不过"演变而来，这一变化既是语义虚化的过程，也是词汇化的过程，是"足量原则"和"不过量原则"共同作用的结果。副词"不过"的意义比短语"不过"虚灵，但信息量大，主观性也增强了。连词"不过"则是由副词"不过"演变而来，也是"不过量准则"作用的结果，涉及元语推导和不对称并列推导——当副词"不过"出现在后续小句前时，听话人容易根据不过量准则推导出"不过"不是一般的限制范围，而是限制补充话语的范围这个信息量较高而较虚灵的意思来，并能进一步从两个并列的小句中推导出额外即转折的意思来。

我们赞成沈文的观点。"不过$_0$"后面一般都是数量成分，"不过$_0$ +数量成分"的意思就是"不超过某一数量"，其中的数量很容易隐喻为范围或性质等，这样就产生了表示限制同时表示"主观小量"（往小里说）的副词"不过$_1$"。"不过$_1$"用于两个并列小句的后续句前时，最初很可能仍然是表示限制——限制前面的小句作为命题成立的条件，这就是"不过$_{2a}$"。由于它仍然有表示主观小量的意思，因此前一小句的内容是说话人表达的重点，即前正后偏，所以"不过$_{2a}$"有"补充修正"的意思；像"只是$_2$"一样，"不过$_{2a}$"也因此获得了表示轻微转折这一连词意义。当转折关系凸显时，两个分句之间的关系变为"前偏后正"，这时"不过"就不再表示限制，而是表示转折，这就是"不过$_{2b}$"。因此，从语义关联的角度看，"不过$_1$"和"不过$_{2a}$"都和"不过$_0$"有关，"不

过$_{2b}$"则只和"不过$_{2a}$"有关。可以认为,"不过"存在着这样的语义关联:

$$不过_0 \rightarrow 不过_1 \rightarrow 不过_{2a}$$
$$\downarrow$$
$$不过_{2b}$$

从历时的角度看,副词"不过"在先秦时代已经产生。例如:

(15) a 故制:国不过千乘,都城不过百雉,家富不过百乘。(《礼记》)

b 其中开口而笑者,一月之中不过四五日而已矣。(《庄子》,沈家煊例)

c 我远于陈氏矣,且其违者不过数人,何尽逐焉?(《左传》)

d 公输子之意,不过欲杀臣。(《墨子》)

(15a) 中的"不过"应是动词性短语,(15b) 和 (15c) 中的"不过"有副词的性质,(15d) 中的"不过"则可以看作副词。

关于连词"不过"产生的年代,学者们的意见不一。王霞(2003)认为南宋时期已经产生,周刚(2002)认为是明代,太田辰夫(1958)举的例子多出于《红楼梦》,而沈家煊(2004)则认为最早的例子见于清代的《儿女英雄传》。下面依次是四位学者的例子:

(16) a 若是太祖时,虽有议论,亦不过说当时欲行之事耳,无许多闲言语也。

b 前两回虽赢,不过是一猛之性。

c 什么福气,不过我屋里干净些,经卷也多,都可以拿来念念,定定心神。

d 父子天性,你岂有漠然不动的理。不过,来也无济于事。

(16a) 和 (16b) 两例中的"不过"用于动词性短语前面,和副词

"相去不远"（太田辰夫，1958），严格来说还不能算是连词；（16c）和
（16d）中的"不过"都是用在小句前面，可以算是连词。但（16c）的句
末可以加上表示语气的"而已"或"罢了"，可看作"不过$_{2a}$"；（16d）
中的"不过"则可视为"不过$_{2b}$"。因此，我们认为，连词"不过"产生
于清代，其中"不过$_{2a}$"要早于"不过$_{2b}$"。因此，"不过"的历时发展顺
序应为：

$$不过_0 \rightarrow 不过_1 \rightarrow 不过_{2a} \rightarrow 不过_{2b}$$

6.2.3　"只是"和"不过"的语法化顺序及其习得顺序构拟
6.2.3.1　"只是"

前面我们分别从语义关联和历时发展两个角度对"只是"进行了讨
论。如果把历时发展顺序等同于语法化顺序的话，那么副连兼类虚词
"只是"的语法化程度顺序就是：

$$只是_{1a} > 只是_2 > 只是_{1b}$$

但我们判断语法化顺序的标准不仅仅是历时顺序。从语义虚化的角度
看，从"只是$_0$"到"只是$_{1a}$"的过程既是抽象化的过程，也是主观化的
过程；从"只是$_{1a}$"到"只是$_{1b}$"，抽象化程度并没有增加，但主观化程
度却更加明显（有了强调语气）；从"只是$_{1a}$"到"只是$_2$"，抽象化程度
（表示小句间的逻辑关系）进一步增强，而且仍然保留着相当程度的主
观性。

综合语义关联、历时发展、抽象化和主观化程度几个方面的因素，可
以认为"只是$_{1a}$"的语法化程度最低，"只是$_2$"抽象化程度高于"只
是$_{1b}$"，主观化程度却低于"只是$_{1b}$"，且产生的年代也明显早于后者，可
以认为它的语法化程度低于"只是$_{1b}$"。这样，"只是"的语法化顺序大
致是：

$$只是_{1a} > 只是_2 > 只是_{1b}$$

按照我们语法化顺序和习得顺序基本一致的假设，这一顺序很可能就

是"只是"的习得顺序。也就是说,"只是$_{1a}$"的语法化程度最低,应该是最容易或者说最先习得的;"只是$_{1b}$"的语法化程度最高,习得难度也就最大或者说是最后习得的。

6.2.3.2　"不过"

我们在6.2.2小节中讨论了"不过"的语义关联和历时发展顺序。从历时角度来看,"不过$_1$""不过$_{2a}$"和"不过$_{2b}$"的顺序非常清楚,但我们注意到,从"不过$_0$"到"不过$_1$",意义既发生了抽象化,也发生了主观化;从"不过$_1$"到"不过$_{2a}$",抽象性进一步增强(表示小句间语义的"修正",有一定的转折意义),主观性也保留在原来的程度上(仍然能表示"主观小量",所以转折程度较轻);从"不过$_{2a}$"到"不过$_{2b}$",抽象化程度更高(表示逻辑上的转折),但主观性却明显减弱了——基本不再表示"主观小量"。

这样一来,"不过"的语法化顺序就变得复杂起来。从抽象化程度的角度看,其语法化顺序是"不过$_1$ > 不过$_{2a}$ > 不过$_{2b}$",但从主观化程度的角度看,其语法化顺序却是"不过$_{2b}$ > 不过$_1$／不过$_{2a}$"。前者和历时发展顺序完全一致,后者则不然。如果考虑到"不过$_{2a}$"的主观性和"不过$_1$"相当,抽象性却高于"不过$_1$",后者可以调整为"不过$_{2b}$ > 不过$_1$ > 不过$_{2a}$"。

这两个顺序的对立在于"不过$_{2b}$"的语法化程度,我们暂时没办法把它们统一起来或者加以折中。但我们相信,"不过"的实际二语习得顺序一定符合或接近其中的一个,因此暂时假设它们都可能是"不过"的二语习得顺序。也就是说,"不过$_1$"和"不过$_{2a}$"之间的语法化程度是清楚的,即"不过$_1$ > 不过$_{2a}$",它们之间的习得顺序也应该是"不过$_1$"在前,"不过$_{2a}$"在后;"不过$_{2b}$"可能是最容易或者说最先习得的,也可能是最难或者说最后习得的。

6.3　"只是"和"不过"的习得情况考察

6.3.1　"只是"的习得情况

先看输出。我们对120万字的中介语语料进行了穷尽性检索,去掉短语"只＋是"后,共发现副连兼类虚词"只是"123个用例,其中"只是$_1$"99例,"只是$_2$"24例。

"只是$_1$"的 99 个输出用例中有 98 例都是"只是$_{1a}$"。例如:

(17) a 万幸,我的自行车只是撞上了那辆车的前边角。
     b 它什么也不说,只是在夕阳下耸立着而已。
     c 我朋友很着急,可司机说我只是在六和塔那边中了暑,
       吃一点感冒药就好。
     d 你不要因为这件事费心。我只是说一说的。

只有 1 个用例可以看作"只是$_{1b}$"。用例如下:

(18) 他什么都不管,他只是要当世界上最厉害的人,他要给我
     们看"山外有山,人外有人"是不对!

"只是$_2$"共有 24 个输出用例。如:

(19) a 不知为什么心里很不安,好像有什么特殊的预感,只是
       说不清是吉是凶。
     b 我从来没看过这样的狗,好像小孩子一样,只是没有
       语言。
     c 其实他们不算是乡下人,只是我觉得只要是不住在马尼
       拉的人就不能算是首都人了。
     d 藤重是个日本公司的,只是他好像跟我们一样的学生。

从绝对输出的角度看,"只是$_1$"的总体习得情况要好于"只是$_2$"。具体说来,"只是$_{1a}$"的习得情况最好,"只是$_2$"次之,"只是$_{1b}$"的习得情况最差。不过,绝对输出只是输出情况的一个方面。为了考察相对输出情况,我们对约 100 万字的本族语语料中的"只是"进行了穷尽性的检索和分类统计,并把它和中介语中的输出情况进行了对比,结果得到表6-1:

表 6 - 1　　　　　　　　　"只是"的输出/使用情况

意义和用法	中介语输出数量（例）及比例（%）			本族语使用数量（例）及比例（%）			比例差（%）	
只是$_{1a}$	98	79.7	80.5	126	72	75.4	+7.7	+5.1
只是$_{1b}$	1	0.8		6	3.4		-2.6	
只是$_2$	24	19.5		43	24.6		-5.1	
合计/频次	123/0.1‰			175/0.18/‰				

　　从上表中可以看出，在 120 万字的中介语语料中，"只是"的副词和连词用法共出现 123 次，频次为 0.1‰；而在 100 万字的本族语语料中，"只是"的副词和连词用法出现 175 次，频次为 0.18‰，从总体上看，"只是"的中介语输出偏少。中介语语料和本族语语料中都是副词用法多于连词用法，即"只是$_1$"的输出多于"只是$_2$"。具体说来，"只是$_{1a}$"的中介语相对输出明显高于本族语，而"只是$_2$"的输出低于本族语，"只是$_{1b}$"的相对输出比例虽只是略低于本族语，但仅有 1 个用例，统计学意义不大。

　　综合绝对输出和相对输出两种情况来看，"只是$_1$"的习得情况表现要好于"只是$_2$"。具体来说，"只是$_{1a}$"的习得情况完全可以视为良好，"只是$_{1b}$"和"只是$_2$"的习得情况都只能视为较差，但后者要略好于前者。因此从输出的情况来看，"只是"的习得顺序大致为：

　　　　顺序 1A：只是$_1$ > 只是$_2$
　　　　顺序 1B：只是$_{1a}$ > 只是$_2$ > 只是$_{1b}$

　　再看正确率情况。在 99 例"只是$_1$"中，我们只发现了 1 例偏误，其正确率近 99%。偏误句如下：

　　　　(20) 我不希望她的财产，社会背景，性格，外样。只是我找一
　　　　　　　个女孩我爱的。

　　该例属于"只是$_{1a}$"的句法（语序）偏误。这样，"只是$_{1a}$"的正确率为 99%，"只是$_{1b}$"的正确率为 100%。

"只是$_2$"的 24 个用例中有 5 例存在偏误，正确率为 79.2% （19/24）。偏误句如下：

(21) a 只是拥有健康的身体，就可以说有运气了。

　　 b 对我来说，这就是最荣幸地瞬间，这样的感觉只是上过台的人可以知道的。

　　 c 虽然我还小，但是我脸红地心里想不管发生什么意外我都愿意接受，只是能使母亲的病好。

(22) a 猫比狗温顺得多，不叫不咬而且对我蹭一蹭，可爱极了。但只是她的猫太大了。

　　 b 船票和饭店都约定好了，只是等急出发的那天，旅行社突然打电话说因为日本的台风和地震本次计划取消了。

(21) 3 个用例中的"只是"都是和"只要"的误代使用，(22a) 中的"只是"前面有强转折标记"但"，"只是"属于误加使用；(22b) 的"只是"应为"但是/可是"，因为从上下文来看，此处不应该用转折语气较弱的"只是"。

上面的分析表明，"只是$_1$"（只是$_{1a}$）正确率高达 99%，其习得情况完全可以视为良好，"只是$_2$"的正确率不到 80%，习得情况只能视为一般，"只是$_{1b}$"的正确率没有统计学意义。因此，从正确率的角度看，"只是"的各个意义和用法的习得情况等级顺序为：

　　顺序 2A：只是$_1$ > 只是$_2$

　　顺序 2B：只是$_{1a}$／只是$_{1b}$ > 只是$_2$

最后来看"只是"的初现情况。我们对所使用的两个汉语中介语语料库的初级部分中的"只是"分别进行了穷尽性检索和分类统计，结果得到表 6 - 2：

表 6-2　　　　　　　　　　"只是"的初现情况　　　　　　　（单位：例）

意义和用法	初级部分		中级部分	
	南师大	复旦	南师大	复旦
只是$_{1a}$	10	10	16	14
只是$_{1b}$	0	0	0	1
只是$_2$	2	2	5	6

从表 6-2 中可以看出，两个子语料库中"只是"的输出表现出很大的共性。"只是$_{1a}$"在初级阶段就完全达到了初现的标准；"只是$_2$"在初级阶段还只是开始出现，中级阶段才可以说达到初现标准；"只是$_{1b}$"在 40 万的中级语料里也只有 1 例，离初现标准还有很大距离。可见，从初现标准看，"只是"的习得顺序为：

　　　　顺序 3A：只是$_1$ > 只是$_2$
　　　　顺序 3B：只是$_{1a}$ > 只是$_2$ > 只是$_{1b}$

6.3.2　"不过$_1$"和"不过$_2$"的习得情况

同样先看输出。我们对 120 万字的中介语语料进行了穷尽性检索和分类统计，发现"不过"的副词和连词用法都有输出，但数量差别很大。下面具体说明。

"不过$_1$"共有输出 32 例。如：

（23）a 上述的看法当然不过是设想，因为我们不知道一个一种语言的世界会怎么样。

　　　b 她听我这么说，就一边哭，一边说道："我只不过不忍心你离开我而已。"

　　　c 为了考上大学他们接受过许多知识，可没用也用不了，只不过背下去罢了。

"不过$_2$"共有 396 例输出，其中只有 4 例可以看作"不过$_{2a}$"，例如：

（24）a 它的梦想是通过新的铁路把欧洲和亚洲连起来，不过只是梦想。

　　b 他不是觉得自己了不起的人，不过在什么方面都不甘
　　　落后。

其余 392 例均为"不过_{2b}"，如：

（25）a 一开始觉得有意思，不过后来很难受，坐车的时间太
　　　　长了。

　　　b 虽然这三天天气不太好，经常下雨，不过我们旅游得很
　　　　愉快。

　　　c 我们上车之前买汉堡包，不过，只有一个汉堡包怎么能
　　　　肚子饱了？

　　　d 那时候我的成绩不太好，我努力学习是学习，不过一点
　　　　儿也没有进步。

　　从绝对输出的角度看，"不过_2"的用法要远高于"不过_1"，具体到小类来说，"不过_{2b}"占绝对领先优势，"不过_{2a}"则明显低于"不过_1"。为了考察"不过"的相对输出情况，我们又对 100 万字的本族语语料中的"不过"进行了穷尽性检索和分类统计，并把结果和中介语语料中的情况作了对比，得到表 6-3：

表 6-3　　　　　　　　　　"不过"的输出/使用情况

意义和用法	中介语输出数量（例）及比例（％）		本族语使用数量（例）及比例（％）		比例差（％）	
不过_1	32	7.5	65	49.6	-42.1	
不过_{2a}	4	0.9	8	6.1	-5.2	42.1
不过_{2b}	392	91.6	58	44.3	+44.3	
合计/频次	428/0.36‰		131/0.13‰			

（不过_{2a} 与 不过_{2b} 中介语比例合计 92.5，本族语合计 50.4）

　　从表 6-3 中可以看出，在 120 万字的中介语语料中，"不过"的副词和连词用法共出现 428 次，频次为 0.36‰；而在 100 万字的本族语语料中，"不过"的副词和连词用法仅出现 131 次，频次为 0.13‰。两者之比差不多

是 3.3：1。从总体上看，中介语"不过"的相对输出远高于本族语。具体来说，中介语语料中的"不过$_1$"的相对输出远低于本族语语料，输出明显不足；"不过$_{2a}$"的相对输出也有较大差距。而"不过$_{2b}$"的相对输出则远高于本族语，表现出明显的过度输出倾向。因此，从相对输出的角度看，"不过$_{2b}$"的习得情况最好，"不过$_{2a}$"次之，"不过$_1$"的习得情况最差。

综合绝对输出和相对输出两方面的情况，副词和连词用法的"不过"的各个意义和用法的习得情况等级顺序应该是：

顺序 1A：不过$_2$ > 不过$_1$

顺序 1B：不过$_{2b}$ > 不过$_1$/不过$_{2a}$

再看正确率。我们对 428 个含有"不过$_1$"和"不过$_2$"的用例进行了人工分析，在 32 例"不过$_1$"中没有发现与之相关的偏误，其正确率为 100%。在 396 个"不过$_2$"用例中发现 18 个用例存在与之相关的偏误，其正确率为 95.5%。但进一步分析后发现，这 18 例偏误均属于中"不过$_{2b}$"，其正确率为 95.4%（374/392）。"不过$_{2a}$"的 4 个用例没有偏误，正确率为 100%。

"不过$_{2b}$"的偏误主要表现在语义方面，大致有以下三种类型：

其一，单纯的语义偏误。两个小句之间没有语义上的转折关系，但学习者用了"不过$_{2b}$"，属于"不当用而用"。用例如下：

（26）我自己觉得我们国家不太暖和，不过比中国更热。

其二，句法—语义偏误。两个小句之间存在转折关系，但句法上缺少"还"或"还是"。这样的偏误共有两个用例：

（27）a 我对这儿的生活差不多习惯了，不过有的地方不太习惯。
　　　b 为了白天要去大学的我，虽然母亲腰有点痛，不过替我去了银行。

其三，语义—语用偏误。两个小句之间存在语义上的转折关系，且对比非常强烈，本族人会选择使用转折程度重的"但是"或"可是"，但学习者不能很好地体会这种程度上的差异，所以使用了"不过"。例如：

(28) a 他救出了那个日本人，不过，自己自身被地铁轧死了。

b 图表显然表明各地区在贸易当中占的比例非常不公平。如西欧的出口额居首位为 42%，不过非洲的出口额只为 2%。

c 我们俩一起举手，不过一个人也不在意，真气得不得了。

d 我觉得大象很温顺，不过我大象非常脾气暴躁。

e 我们两位的性格明明不一样，不过我们的友情居然是最后的。

f 一般我老家大阪的冬天非常非常冷，不过那个时候泰国的气温 38 度左右。

上面的讨论表明，"不过$_1$"和"不过$_2$"的正确率分别为 100% 和 95.4%，具体来说，"不过$_1$"和"不过$_{2a}$"的正确率都是 100%，但"不过$_{2b}$"的正确率也高达 95.4%（374/392）。按照正确率标准，"不过$_{2b}$"的习得情况也完全应该视为良好。这样一来，根据正确率标准就只能勉强得出如下习得情况等级顺序：

顺序 2A：不过$_1$ > 不过$_2$
顺序 2B：不过$_1$/不过$_{2a}$ > 不过$_{2b}$

最后来看初现情况。我们对所使用的两个子语料库的初级部分和中级部分中的"不过$_1$"和"不过$_2$"分别进行了检索分类，结果得到表 6-4：

表 6-4　　　　　　　　　"不过"的初现情况　　　　　　　　（单位：例）

意义和用法	初级部分		中级部分	
	南师大	复旦	南师大	复旦
不过$_1$	0	0	11	8
不过$_{2a}$	0	0	1	1
不过$_{2b}$	59	62	46	68

从表6-4中可以看出,"不过"的初现情况在两个子语料库中的表现非常相似。在合计40万字的初级水平语料中,"不过$_{2b}$"有大量的输出,完全达到了初现标准。而"不过$_1$"和"不过$_{2a}$"却无1例输出;在南师大和复旦各20万字的中级水平语料里,"不过$_1$"的输出都达到了初现标准,但"不过$_{2a}$"却都只有1个用例,加起来也未达到初现标准。因此,从初现标准的角度看,副连兼类虚词"不过"的各个意义和用法之间的习得顺序是:

顺序3A:不过$_2$ > 不过$_1$
顺序3B:不过$_{2b}$ > 不过$_1$ > 不过$_{2a}$

6.4 "不过$_3$"的语法化及其习得情况考察

6.4.1 "不过$_3$"的语法化程度及其习得顺序构拟

在汉语史很长一段时间里,"不过$_3$"主要跟在部分形容词后面,构成"A不过",可以出现在谓语和定语位置上。例如:

(29) a 高愚溪在家清坐了两日,寂寞不过,收拾了些东西,先到大女儿家里住了几时。(《二刻拍案惊奇》)
b 那月娥是个久惯接客、乖巧不过的人。(同上)

关于"不过$_3$"的来源,太田辰夫(1958)、赵新(2000)和沈家煊(2004)都曾做过解释。太田氏认为后附的"不过"原本表示不可能,是"不能超过""不能忍受"的意思,如元曲里的"我身上冷不过"的"不过"是自己受不了的意思,这个意思进一步转化,就被用作第三者不能胜过它,即"最A"的意思。赵文认为"A不过"源自"V不过",产生于明代,后来在普通话中变为"最/再A不过"。沈文认为"A不过"有两个来源。一是由动词性短语"VP不过"演化而来,其中的"不过"跟"不过"的本义有关,即"不通过",表示结果不能实现。在经历了"不通过→不通过/程度最高→程度最高"这样的渐变后演化为"形+不过"后表示程度高。沈文还指出,"A不过"明代才大量出现,由于其动结式"VP不过"中的VP都带有负面或被动意义,因此"不过$_3$"且多用于负面意义的形容词后头,后来扩展到正面形容词。正面形容词"A不过"的另一个来源则可能是"最/再A不过"格式。其中"不过"的意义源自动词短语"不过"的"不超过"义,其演变过程涉及"宾语的话题化"和"话题的主语化"。

雷冬平(2011)曾专门讨论过"最/再 + X + 不过"(雷文称之为"极度构式")的语法化。他认为"最/再 + X + 不过"是在源构式"N_1 + 最/再 + A + (也) + A + 不过 + N_2"的基础上形成的,源构式有比较意义,但最终虚化为表示极性程度。其中 N_2 也经历了宾语话题化和主语化。雷文举的例子改自"凤丫头凭他怎么巧,再巧不过老太太去":

(30)a 凤丫头再巧巧不过老太太
　　　b 凤丫头再巧不过老太太巧
　　　c 凤丫头再巧不过老太太
　　　d 老太太再巧不过

我们觉得,雷文的推导有需要进一步考虑的地方。首先,即便认为"最/再 + X + 不过"是一个构式,其"源构式"也不都是"N_1 + 最/再 + A + (也) + A + 不过 N_2"。因为"N_1 + 最 + A + 也 + A + 不过 N_2"不能成立,也就是说,它不是"最A不过"的"源构式"。其次,"N_1 + 再 A + 也 A 不过 N_2"是一个紧缩格式,其中的"也"具有关联作用,它是如何省略的需要解释。

我们认为,"再"本身不能表达程度,"再A不过"的产生确实与话题表达有关,也与"再……也……"格式有关。因为"再(怎么)V也 X"格式含有 V 的次数多、时间长的意思,量大则度深,因此含有一定的程度意义。这就是"再A不过"的产生为什么要经由紧缩格式"再……也……"的原因。例如:

(31)a 凤丫头凭他怎么巧,再巧不过老太太去。(《红楼梦》)
　　　b 但是嬷嬷爹、嬷嬷妈怎么重也重不过老爷、太太去。
　　　　(《儿女英雄传》)
　　　c 大概而论,怎的个乐法,总乐不过他家那位新人珍姑娘!

（同上）

（31a~c）三例前面都有"怎么"，其中例（31a）的"怎么"前面有"凭"，例（31b）和（31c）的"怎么"前面都可加上"无论"，这三个例子可以理解为："说到/要说 A，N_1 无论怎么 A 也/都/总 A 不过 N_2"。也就是说，A 才是句子的话题。当这一话题直接出现时，上述格式就可以简化为"A 再 A 不过 N_2"。例如：

> （32）a 我们德州这地方儿古怪事儿多着咧！古怪再古怪不过我
> 们州城里的这位新城隍爷咧！（《儿女英雄传》）
> b 何小姐这才放手，说："滑再滑不过你了。"（同上）

"A 再 A 不过 N_2"的会话含义就是"N_2 最 A"，即"N_2 再 A 不过"。但类似的话题化或者语用推理并非始于这一格式。在此之前，动词短语"不过"构成的主谓句也可以产生这种推理。例如：

> （33）a 降而中古，风雅不过谢灵运，勋业不过郭子仪。（《儿女
> 英雄传》）
> b 求老爷先别生气，容奴才慢慢的回。圣明不过老爷，老
> 爷替奴才想想。（同上）

例（33a）中的"风雅"和"勋业"都是名词性成分充当小句话题，意思分别是"说到风雅，没有（不）超过谢灵运（的）""说到勋业，没有（不）超过郭子仪（的）"，其会话含义就是"谢灵运最风雅""郭子仪勋业最大"。例（33b）中"圣明"明确是形容词充当话题，其会话含义自然是"老爷最/非常圣明"。从这个角度看，可以认为"A 不过"的程度义跟"不过"的"不超过"意义有关。

除此之外，有些"不过"充当补语的句子也可以诱发这种语用推理。例如：

> （34）a 今二哥独去，恐战不过他。（《西游记》）
> b 王生受苦不过，只得一一招成。（《二刻拍案惊奇》）

c 气又忍不过，苦又熬不过。走进内房，解个束腰罗帕，悬梁自缢。(《警世通言》)

d 没有一个知我心的，我冷落不过，故此将就容纳了乞儿。(《醒世恒言》)

"N_1 + V 不过 + N_2"中的"不过"意为"不通过"，整个格式含有比较义，蕴含 N_2 比 N_1 更 A 的意思。例(34a)是"他"更厉害，例(34b)和(34c)则是"苦"和"气"更厉害，当形容词类推进入到"V"的位置时，原来的 N_2 位置空缺，比较义就转变为程度意义，"N + A 不过"的意思就相当于"N 非常 A"。

诚如太田辰夫(1958)和沈家煊(2004)所言，元明时期"A 不过"中的 A 多是跟身体感受或心理活动有关的负面形容词。这说明"N + A 不过"的直接源头可能是"N_1 + V 不过 + N_2"(并没有经历过"话题化"过程)。但到了清代，很多正面形容词也能构成"A 不过"。例如:

(35) a 大奶奶是个心性高强聪明不过的人。(《红楼梦》)

b 东家是位高明不过的。(《儿女英雄传》)

c 这十三妹既是一位正气不过的侠女，你为何这等唐突他起来? (同上)

d 你须知他又是个机警不过的人，防着泄露。(同上)

这可能是类推使用的结果，也可能是像(33)那样语用推理—话题化的结果。

"再 A 不过"直到晚清才有为数极少的用例，而"最 A 不过"在清代中期就已经有用例，后期更多。因为"最"本身就是极性程度副词，自南北朝开始一直到明清，一直都能和判断动词或强调标记"是"组合成"最是"，后接多种成分。例如:

(36) a 我后代声名，在于卿手。最是要事，勿谓我不知。(《全唐文》)

b 世间何物重，夫妻最是好。(《全唐诗》)

  c那媒婆最是爱钱的，多许了他几贯谢礼就玉成其事了。（《喻世明言》）

  d若是隐人的德。扬人的恶。最是不好的事情。（《老乞大》）

  上例中的"最是"都相当于"是最"，"最"的语义指向后面的形容词性成分。明代以降，"最是"逐渐为"是最"所取代，但清代仍可见到两可的情况。例如：

  （37）a何小姐最是心热不过的人。（《儿女英雄传》）

    b世叔是最高明不过的。（同上）

    c号里的人，最是势利不过的。（《官场现形记》）

    d姨太太醋性是最大不过的，听了生疑，便向丫头追究。（同上）

  随着"是最"取代"最是"，"最是A不过的"演变是"是最A不过的"，"是……的"是一个强调结构，其中"的"是语气词，标记"是"省略之后，就产生了"最A不过的"，强调表达用于一般陈述时，"的"也省略，结果就用作谓语的"最A不过"。例如：

  （38）a这王梦梅的为人最恶不过的。（《官场现形记》）

    b新嫂嫂最乖不过，一看陶子尧气色不对，连忙拿话打岔。（同上）

    c女人的心最活不过，况且他并不是无情于我。（同上）

  另外，我们还注意到早期"A不过"中的A大部分都是双音节的，单音节很少，且要用对举的形式。例如：

  （39）你是个学问高不过、心地厚不过的人。（《儿女英雄传》）

  其中的原因可能在于，"不过"后附于A，因此倾向于要求A在韵律上和它相当。因此我们怀疑，"最"和"A不过"组合可能有两个动因：

一方面是单音节形容词带"不过"的韵律方面的要求，另一方面，源自比较意义的"A不过"的极性程度并不十分明确，有必要用"最"来加以显示。

上面的讨论表明，"A不过"格式中的"不过"源自"不超过"和"不通过"义，它形成于明代，清代中后期时发展为"最A不过"，晚清时"再"也用于A前，最终形成了现代汉语的"最/再不过"。

现在来看"不过$_3$"的语法化程度。前面（6.2.2小节）的讨论表明，"不过$_1$"由"不过$_0$"（"不超过"）虚化而来；"不过$_2$"是"不过$_1$"进一步虚化的结果。刚才的讨论表明，"不过$_3$"也像"不过$_1$"一样"不过$_0$"虚化而来。这样，"不过$_1$""不过$_2$"和"不过$_3$"之间的语义关联可以图示如下：

$$不过_0 \rightarrow 不过_1 \rightarrow 不过_{2a}$$
$$\downarrow \qquad\qquad\quad \downarrow$$
$$不过_3 \qquad\quad\ 不过_{2b}$$

"不过$_1$"和"不过$_3$"之间没有直接的语义关联。它们和"不过$_0$"之间的演变关系符合语法化的歧变原则，即一个实词或意义实在的短语在虚化为一个语法成分之后，还会向另外一个方向演化为另一个语法成分。有意思的是，"不过$_1$"表示主观小量，"不过$_3$"表示主观大量，两者正好相反，主观化程度都很高。这样一来，就无法从语义关联和主观化程度的角度比较两者的语法化程度。但从历时的角度看，"不过$_1$"产生于唐代，明显早于"不过$_3$"的明代。因此，可以认为"不过$_3$"的语法化程度高于"不过$_1$"。

"不过$_3$"和"不过$_2$"之间的语法化程度高低如何呢？从历时的角度看，"不过$_2$"产生于清代，但现代汉语中的"不过$_3$"基本上以"再/最A不过"的形式出现，而这两种形式也都是清代才产生的。从抽象化程度的角度看，"不过$_3$"不如"不过$_2$"；从主观化程度的角度看，"不过$_3$"和"不过$_{2a}$"相当，但高于"不过$_{2b}$"。另外，"不过$_2$"是一个自由的词，而"不过$_3$"则具有一定的黏着性。从这个意义上说，"不过$_3$"的语法化程度似乎应该稍高一些。

我们在6.2.3节中说过，"不过$_{2b}$"的语法化程度较难判断。从抽象化的角度看，它是最高的，但从主观化的角度看，它却是最低的。因此，这里暂时认为，兼类虚词"不过"各个意义和用法之间的语法化程度顺序可能是：

A：不过$_1$ > 不过$_{2a}$ > 不过$_3$ > 不过$_{2b}$
B：不过$_{2b}$ > 不过$_1$ > 不过$_{2a}$ > 不过$_3$

按照我们语法化程度顺序和习得顺序基本一致的假设，上面两个顺序都可能是兼类虚词"不过"的习得顺序。也就是说，如果不考虑"不过$_{2b}$"，"不过$_1$"应该是最容易习得或者说最先习得的，"不过$_3$"则应该是最难或者说最晚习得的。

6.4.2　"不过$_3$"的习得情况考察

我们也按照同样的研究程序对 120 万字的汉语中介语语料库中的"不过$_3$"进行了穷尽性考察，共得到 16 个输出用例。如：

（40）a 你教我太多知识了，如果今年夏天我回国的话，我一定还去一次，因为在我心里你是最好，最美不过的。

b 人们给她起一个名字叫"沙漠海洋的惟一只珍珠"是确实最合适不过的称呼。

c 我也不知道怎么会跟他再好不过的，连比亲兄弟更亲近的朋友。

d 在复旦大学读汉语真是一件再好不过的事。

e 有聚会时，他会当主持人，对他来说，跟人家沟通再容易不过。

我们对 100 万字本族语料也进行了穷尽性检索，只发现了 6 例"不过$_3$"。从绝对数字上看，中介语料中"不过$_3$"输出情况良好。为了比较"不过$_3$"与"不过$_1$""不过$_2$"的输出情况，我们把兼类虚词"不过"的各个意义和用法的输出（中介语料）和使用（本族语料）情况进行了比较，结果如下：

表 6 - 5   "不过"的输出/使用情况

意义和用法	中介语输出数量（例）及比例（%）		本族语使用数量（例）及比例（%）		比例差（%）
不过$_1$	32	7.2	65	47.4	- 40.2
不过$_{2a}$	4	0.9	8	5.8	- 4.9
不过$_{2b}$	392	88.3	58	42.3	+ 46
不过$_3$	16	3.6	6	4.4	- 0.8
合计/频次	444/0.37‰		137/0.14‰		

　　从表 6 - 5 中可以看出，"不过"的几个意义和用法中，"不过$_{2b}$"的输出明显过度，其他 3 个用法的相对输出都受此影响而显得不足，特别是"不过$_1$"。如果不考虑"不过$_{2b}$"而是按照中介语料和本族语料中的绝对数量之比计算的话，"不过$_1$"和"不过$_{2a}$"的输出情况相当接近。因此，综合来看，可以认为兼类虚词"不过"的各个意义和用法的习得情况等级顺序应该是：

　　　　顺序 1：不过$_{2b}$ > 不过$_3$ > 不过$_1$/不过$_{2a}$

　　再看正确率。在 16 例输出中，我们共发现 4 例和"不过$_3$"有关的偏误，正确率为 75%（12/16）。偏误用例如下：

　　(41) a 到了个小泉，泉里水很清楚，我主动喝了一口，就是更好喝不过了。

　　　　　b 那个寺是再美好不过，后来也用公共汽车我去了到越南。

　　　　　c 从顶上看下去的景色再优美不过的。

　　　　　d 如果有人问我，我们的一生当中，能选择特定的一天的话，又最重要又再快乐不过的一天是什么？

　　(41a) 是"更"和"再"的误代，属于语义偏误，（41b）和 41（c）则是"再 A 不过"用于"是……的"时造成的"是"和"的"的遗漏问题。例（41d）则属于句法杂糅的情况。

　　"不过$_3$"的偏误主要跟"再 A 不过"有关，而"再"进入这一格式既是最晚的，又经历了由紧缩格式演变的过程，因为"再"本身不能表示极性程度。这也说明"再 A 不过"的语法化程度比"最 A 不过"高，也就是说，由结构式语法化而来的语言项目的语法化程度更高，我们在第 9 章中对"不是……就是……"的习得情况考察也证明了这一点。

本章 6.3.2 小节的讨论表明，"不过$_1$"和"不过$_{2a}$"的正确率均为100%，"不过$_{2b}$"的正确率也在95%以上。因此，从正确率的角度看，兼类虚词"不过"各个意义和用法的习得情况等级顺序是：

$$顺序 2：不过_1/不过_{2a}/不过_{2b} > 不过_3$$

最后看"不过$_3$"的初现情况。我们对 120 万字的中介语语料进行了分阶段检索。在南京师大和复旦语料库的初级部分（各 20 万字）均未发现用例，在南师大 20 万字的中级部分发现 3 个输出用例，在复旦语料库20 万字中级语料中发现 8 个输出用例，这说明"不过$_3$"在中级阶段已经习得。联系 6.3.2 小节"不过$_1$"和"不过$_2$"的初现情况来看，"不过"的各个意义和用法之间的习得顺序应该是：

$$顺序 3：不过_{2b} > 不过_1/不过_3 > 不过_{2a}$$

6.5　讨论

6.5.1　"只是"和"不过"的语法化顺序与习得顺序

本章 6.3 节分别从输出、正确率和初现三个角度对副连兼类虚词"只是"和"不过"的习得情况进行了考察，得出了几组不尽相同的等级顺序。现在把它们综合起来，讨论其客观习得顺序。

先看"只是"。6.3.1 小节得到的"只是$_1$"和"只是$_2$"之间的三组习得情况等级顺序是：

$$顺序 1A：只是_1 > 只是_2$$
$$顺序 2A：只是_1 > 只是_2$$
$$顺序 3A：只是_1 > 只是_2$$

这三个顺序完全一致，显而易见，"只是"的副词用法和连词用法之间的客观习得顺序是"只是$_1$>只是$_2$"。这一顺序和我们在 6.2.3 小节中根据语法化顺序和习得顺序基本一致这一假设构拟出的习得顺序完全一致。

6.3.1 小节得到的"只是$_1$"和"只是$_2$"小类用法之间的三组习得情况等级顺序是：

順序 1B：只是$_{1a}$>只是$_2$>只是$_{1b}$
順序 2B：只是$_{1a}$/只是$_{1b}$>只是$_2$
順序 3B：只是$_{1a}$>只是$_2$>只是$_{1b}$

比较一下不难发现，顺序 1B 和顺序 3B 完全一致。顺序 2B 中"只是$_{1b}$"靠前，但由于该用法只有一个用例，其正确率不具备统计学意义。因此，可以认为副连兼类虚词"只是"的各个意义和用法的客观习得顺序是"只是$_{1a}$>只是$_2$>只是$_{1b}$"。这一顺序和我们在 6.2.3 小节中根据语法化顺序和习得顺序这一假设构拟出的习得顺序也完全一致。

再看副连兼类虚词"不过"。6.3.2 小节得到的"不过$_1$"和"不过$_2$"之间的三组习得情况等级顺序是：

順序 1A：不过$_2$>不过$_1$
順序 2A：不过$_1$>不过$_2$
順序 3A：不过$_2$>不过$_1$

顺序 1A 和顺序 3A 一致，说明从输出和初现两个方面看，"不过$_2$"的习得情况都好于"不过$_1$"。虽然正确率略低于"不过$_1$"，但"不过$_2$"的正确率也在 95% 以上。因此，综合来看，"不过"的连词用法应该先于副词用法习得，两者之间的客观习得顺序是"不过$_2$>不过$_1$"。

6.3.2 小节得到的"不过$_1$"和"不过$_2$"小类用法之间的三组习得情况等级顺序是：

順序 1B：不过$_{2b}$>不过$_1$/不过$_{2a}$

顺序 2B：不过$_1$／不过$_{2a}$ ＞不过$_{2b}$

顺序 3B：不过$_{2b}$ ＞不过$_1$ ＞不过$_{2a}$

这三个顺序差别较大。"不过$_{2b}$"的输出情况最好，初现时间最早，正确率也在 95％ 以上，完全符合已经习得的标准，因此它应该是最先习得的。"不过$_1$"和"不过$_{2a}$"在输出和正确率方面的表现相若，但前者的初现时间早于后者。因此，副连兼类虚词"不过"的各个意义和用法之间的客观习得顺序应该是：不过$_{2b}$ ＞不过$_1$ ＞不过$_{2a}$。

本章 6.2.3 小节在评判副连兼类虚词"不过"的语法化顺序时曾出现过犹豫。因为从语义的抽象化看，"不过"各个意义和用法的语法化顺序是"不过$_1$ ＞不过$_{2a}$ ＞不过$_{2b}$"（历时顺序也大致如此），但从主观化程度的角度看，三者的语法化顺序是"不过$_{2b}$ ＞不过$_1$ ＞不过$_{2a}$"。我们因无法折中或统一，曾假设二语习得中两个顺序都是可能的，但客观习得顺序符合后者而不是前者。

6.5.2　副连兼类虚词的语法化顺序与习得顺序

前面的研究结果表明，从总体看，"只是"副词用法的习得先于连词用法（至少不比连词用法差），但"不过"的情况却正好相反。具体来说，"只是"各个意义和用法的客观习得顺序与其语法化顺序完全一致，两者都是"只是$_{1a}$ ＞只是$_2$ ＞只是$_{1b}$"；"不过"的客观习得顺序是"不过$_{2b}$ ＞不过$_1$ ＞不过$_{2a}$"，这一顺序不符合其基于语义抽象化程度的语法化顺序，但符合其基于主观化程度、结合抽象化程度的语法化顺序。

上述结果促使我们思考这样几个问题。第一，一般认为连词的语法化程度比副词高，按照我们的假设，兼类虚词的副词用法应该先于连词习得。但实际情况是，"只是"的客观习得顺序基本符合这一假设，"不过"的习得顺序则基本上与之相反。对这一现象可能的解释有两种：1）语法化顺序和习得顺序基本一致的假设有问题；2）假设没有问题，但对于副连兼类虚词来说，语法化程度不能一概而论，有些是连词用法的语法化程度高，有些则是副词的语法化程度高。这里讨论的"只是"和"不过"分别是两种类型的代表。

我们倾向于后一种解释。因为"不过$_{2a}$"和"只是$_2$"的意义和用法非常接近，它们都比相应的副词用法后习得。可能的原因是，它们的抽象化程度都比相应的副词用法高，主观化程度也和相应的副词用法相当。"不过$_{2b}$"的抽象化程度高于副词用法，但却几乎没有主观性。这似乎表明，主观性的有无或强弱是影响习得顺序的一个更为关键的因素。我们根据这一点提出如下推论：如果连词用法仍然像相应的副词一样具有主观性，那么它比相应的副词用法后习得，如"只是$_2$"晚于"只是$_{1a}$"习得，"不过$_{2a}$"晚于"不过$_1$"习得；如果连词用法只表示高度抽象的逻辑事理关系意义而失去了相应副词用法的主观性，那么它比相应的副词用法先习得，如"不过$_{2b}$"先于"不过$_1$"习得。

也许不妨根据主观性的有无或强弱把连词分为典型连词和非典型连词。典型的连词主要起连接作用，是一种句法或者语篇标记，它表示的主要是分句之间抽象的逻辑关系意义，基本不表达主观性意义；非典型连词则相反。用这个标准来看，"不过$_{2b}$"可以说是典型连词，"只是$_2$"和"不过$_{2a}$"都是非典型连词。

分句之间的语义关系一般由两个命题复合而成，是一种逻辑关系。逻辑范畴具有普遍性，是人们对客观事物各个方面一般特性的反映在头脑中的积淀，为各种语言所共有。因此，尽管典型的连词表示的是高度抽象的意义，但成人头脑里已经拥有这种抽象知识，对于二语习得者来说，典型连词所表达的关系意义却不难理解，也就是说，典型连词其实并不难习得。非典型连词具有主观性，而不同语言的主观化手段并不相同，因此，具有主观性的语言成分都是二语习得中的难点。学习者更容易习得典型连词。其直接表现为典型连词在学习者那里会过度使用，而非典型连词的输出则明显不足。本书的语料统计显示，"不过$_{2b}$"的输出符合典型连词的特点，而"只是$_2$"和"不过$_{2a}$"的输出则符合非典型连词的特点。

很显然，语法项目的主观性或者主观化程度在客观习得顺序中扮演着重要的角色。可否认为主观化程度应该是决定语法化顺序的一个更为重要的标准？这就是我们的第二个问题：当抽象化程度和主观化程度相冲突的时候如何判定语法化程度？

抽象化和主观化都属于语义的虚化，但语言成分的抽象化程度和主观化程度并不总是并行的：对于副连兼类虚词来说，副词的抽象化程度低于连词，但主观化程度则不一定——可能和连词差不多，如"只是"；也可能高于连词，如"不过"。如果考虑到兼类虚词的用法还可能包括不同的小类，情况就会更加复杂："只是$_2$"的抽象化程度高于"只是$_{1b}$"，主观化程度却低于"只是$_{1b}$"；"不过$_{2a}$"的抽象化程度低于"不过$_{2b}$"，但主观化程度却高于"不过$_{2b}$"。

我们在描述"不过"的语法化顺序时，因为纠结于区别抽象化程度和主观化程度而得出了两个相反的顺序。能不能强行把抽象化和主观化放在一起比较虚化程度？也许能。沈家煊（2004）认为，"主观态度相对于客观事态是比较虚灵的东西。如果词语 A 比词语 B 带有更多的主观性（包括说话人的视角、认识、情感等），我们说词语 A 比 B 虚灵。传统语义学用 semantic bleaching（语义淡化）指称实词虚化不够确切，虚化后词义的信息量可能增大，主观性也增强"。

如果认为主观性比抽象性在判断语法化程度高低时更为重要，那么在描述语法化程度顺序时就会主要基于主观化程度。如此，则"不过"的客观习得顺序就与其语法化顺序完全一致，我们关于语法化顺序和习得顺序基本一致的假设仍然成立。但这样会带来第三个问题：主观化程度顺序和历时发展顺序并不一致，有时甚至相反——从"不过$_1$"到"不过$_{2a}$"再到"不过$_{2b}$"这一历时发展过程是一个抽象性逐渐增强的过程，但却是一个主观性逐渐减弱的过程。从抽象化的角度看，它符合语法化的单向性；但从主观化的角度看，它却背离了单向性。语法化的相关研究已经倾向于承认单向性存在反例（吴福祥，2003），我们觉得，主观化程度并不总是逐渐增强甚至出现减弱也许可以作为语法化单向性的反例之一。

6.5.3　兼类虚词"不过"的语法化顺序与习得顺序

本章 6.4 节对兼类虚词"不过"的几个意义和用法进行了合并讨论。6.4.2 小节的习得情况考察表明，"不过"的几个不同意义和用法在输出、正确率和初现三个方面的习得情况等级顺序分别是：

顺序 1：不过$_{2b}$ > 不过$_3$ > 不过$_1$/不过$_{2a}$
顺序 2：不过$_1$/不过$_{2a}$/不过$_{2b}$ > 不过$_3$
顺序 3：不过$_{2b}$ > 不过$_1$/不过$_3$ > 不过$_{2a}$

比较一下可以发现，"不过$_{2b}$"在三个顺序中都名列前茅，应该是最先习得的。"不过$_1$"的初现时间和"不过$_3$"相若,虽然相对输出情况不如"不过$_3$",但后者的正确率只有75%,尚未达到已经习得的标准;"不过$_{2a}$"的输出不足,且在40万字的中介语料中只有2例用例,没有达到初现标准,它的习得情况和"不过$_3$"大致处在一个等级。因此,综合三个方面的情况来看,可以认为兼类虚词"不过"的各个意义和用法之间的客观习得顺序大致是:

$$不过_{2b} > 不过_1 > 不过_{2a} / 不过_3$$

我们在6.4.1小节中根据"不过"各个意义的语法化顺序构拟的两个习得顺序分别是:

A:不过$_1$ > 不过$_{2a}$ > 不过$_3$ > 不过$_{2b}$
B:不过$_{2b}$ > 不过$_1$ > 不过$_{2a}$ > 不过$_3$

比较后不难发现,客观习得顺序和我们构拟的顺序 B 比较接近。区别在于我们预测"不过$_{2a}$"应该在"不过$_3$"之前习得,但在中介语料中,"不过$_3$"在输出和初现两方面的表现都明显好于"不过$_{2a}$"。但这是可以解释的:一方面,"最/再 A 不过"中的"不过"虽然具有主观性,但它表示的程度意义却比"不过$_{2a}$"的"往小里说"要具体一些,因此更容易理解;另一方面,"最/再 A 不过"可以作为一个框架语块化,这是它输出较多的直接原因。不过这也正好说明,二语习得顺序可能是多种因素综合作用的结果,句法结构的规则化程度也会在一定程度上影响习得顺序——但只是局部性的,"不过$_3$"的习得顺序未能超过"不过$_1$"就很好地证明了这一点。

最后我们想谈谈教学安排对"不过"习得情况的影响。在《教学大纲》中,"不过"被明确地作为连词教学,这也是"不过$_{2b}$"输出明显过度的直接原因,这一结果直接导致"不过$_1$"的相对输出严重不足。"不过$_3$"因为很多对外汉语教材设有专门的教学而有较多的输出,其初现时间也略早于"不过$_{2a}$"。这应该也是"不过"各个意义和用法客观习得顺序和语法化顺序存在一定差异的原因之一——《教学大纲》没有对"只是"作出强调,其各个意义和用法的客观习得顺序与语法化顺序就保持了高度的一致性。但本章的研究证明，兼类虚词的语法化顺序和习得顺序之间存在着高度的正相关性，教学安排和其他因素只能在某些影响语法项目在某些方面如输出的表现，不能从根本上改变习得顺序。

7

"可"和"可是"的语法化顺序和习得顺序

7.1 "可"和"可是"的意义和用法

"可"和"可是"都兼属副词和连词（这里不考虑"可"的助动词和动词等用法）。副词用法的"可"和"可是"存在较大的差异，而连词用法的"可"和"可是"除了表示停顿之外，几乎没有什么区别。因此我们把它们放在一起讨论。为了区别，我们把副词"可"和"可是"分别记为"可$_1$"和"可是$_1$"，把连词"可"和"可是"分别记为"可$_2$"和"可是$_2$"。

需要说明的是，有些副词和连词之间的界限并不是很清楚。从理论上说，词类是词的句法类别，划分的标准应该主要依据词的句法分布。具体到汉语的连词和副词，一个大致的原则就是连词可以用在主语前和主语后，而副词则只能用在主语后。但实际上，有些语法学者并不赞同这一原则，很多工具书也没有遵循这一原则。例如：

> （1）a 嘴里不说，他心里可是想着呢！（《八百词》）
>
> b 嘴里不说，心里可想着呢！（同上）

《八百词》把（1a）和（1b）中的"可是"和"可"都处理为表示转折的连词，相当于"但是"。其依据可能是（1a）和（1b）中前后两个小句在语义上存在着相反的关系。

我们认为，汉语复句的分句之间的语义关系可以是显性的，即使用标记词（连词）；也可以是隐性的，即不使用标记词。如果把主语前位置看作是连词的典型位置，把"但（是）"看作典型的转折连词，那么请看：

（2）a 嘴里不说，但他心里可是想着呢！

　　　b 嘴里不说，但他心里可想着呢！

　　例（2）成立，其中的"可是"和"可"在表示转折方面最多相当于"却"而不是"但是"（一般都把"却"看成副词），而且它们还同时表示"却"所没有的主观语气。如果把例（1）中"可是"和"可"的位置前移，得到的也是合法的句子：

（3）a 嘴里不说，可是他心里想着呢！

　　　b 嘴里不说，可心里想着呢！

　　例（3）中的"可是"和"可"不表示主观语气，就因为它们占据的是连词位置，只能理解为连词。

　　出于上述考虑，本书认为位置标准对于副连兼类词的划分来说有重要的作用，因此把位于主语之后的"可是"和"可"都看作副词。再如：

（4）都这么说，可谁见过呢？

　　《八百词》把上例中的"可"处理为副词。我们认为，作为副词，"可"在加强反问语气时的位置应该是疑问代词"谁"之后。这样说有来自历时语料的支持。例如：

（5）除了他还有谁，莫不是我自己不成！虽有别人，谁可敢进我的房呢。（《红楼梦》）

　　因此，尽管例（4）中的"可"可以理解为加强反问语气，但由于它所在的小句和前面的小句存在语义上的转折关系，且用在主语之前，处理为连词较为合适。下面分别讨论本章对"可""可是"意义和用法的分类。

7.1.1 "可"

连词"可"的用法比较简单，副词"可"的用法则要复杂得多：它可以用在陈述、疑问（反问）、祈使和感叹等不同的句子中，例如：

> （6）a 这个问题可不简单。
>
> b 这么大的地方，可上哪儿找他呀？
>
> c 你可不能粗心大意啊。
>
> d 你可回来了，真把人急坏了。

陈述、疑问、祈使和感叹都属于语气范畴，因此一般把"可"看作语气副词，其作用是"表示强调语气"（《八百词》）或者"表示或加强各种不同的语气"（《现代汉语常用虚词词典》）。

有学者把"可"归入情态副词（太田辰夫，1958）或者评注性副词（张谊生，2000）。语气和情态本来是两个不同的术语：语气属于语法形式范畴，情态属于语义范畴，语气只是表达情态的众多手段中的一种，但两者很难截然区分（彭利贞，2007）。它们表达的都是说话人附加在句子之上的主观态度。事实上，很多学者对语气和情态也不加区分（参见彭利贞，2007），张谊生之"评注性副词"的定义也是"主要表示说话者对事件、命题的主观评价和态度"。可见，尽管所用术语不同，但在表示"说话人的主观态度"这一点上，语气、情态或者评注性等是一致的。

我们采用一般的看法，认为"可"的上述用法是语气副词，并把用于陈述、反问、祈使和感叹句的"可"分别记为"可$_{1a}$""可$_{1b}$""可$_{1c}$"和"可$_{1d}$"。它们的基本意义其实是一致的，用"强调"来概括似乎稍嫌抽象。例如：

> （7）a 这话我可没说过。
>
> b 找了你老半天，这回可算找到你了！

有人认为（7a）中的"可"表示申辩，（7b）中的"可"表示"释然"或"如愿"。其实这都是"强调"这一基本意义在不同的句法和语义环境中的具体理解。这也正说明，副词"可"的意义具有明显的主观性。

需要说明的是下面这类句子：

（8）a 这个人好话说尽，肚子里可都是坏水。

b 他汉语说得可好啦！

c 杭州你可曾去过？

有学者把（8a）中的"可"看作是表示转折（如《现代汉语虚词词典》），把（8b）中的"可"看作表示强调程度（《现代汉语虚词例释》；罗晓英、邵敬敏，2008），把（8c）看作是表示疑问（《八百词》）。我们认为，（8a）和（8b）其实只是副词"可"在陈述句和感叹句的变体，只不过类似（8a）中的"可"用于转折语境，吸收了一些表示转折的功能，其代价则是强调意味或者说主观性有所削弱，可以称之为表示"强调—转折"；而类似（8b）的句子则是感叹句中副词"可"用于性质形容词前，其程度义是形容词带来的，并不是"可"的功能，且"可"的主观意义仍然存在——（8b）中的不能换成一般的程度副词"很/非常"，可以认为，这类"可"表示的是"语气—程度"。考虑到它们的特殊之处，我们把这两种情况下的"可"分别记为"可$_{1a1}$""可$_{1d1}$"。至于（8c），可以看作是古代汉语用法的遗留，其中的"可"有点儿像是一个疑问标记，并没有加强语气的作用或者说没有主观性，本书记作"可$_{1e}$"。

7.1.2 "可是"

"可是"也兼有副词和连词两种用法，分别记为"可是$_1$"和"可是$_2$"。《八百词》认为"可是"的副词用法同副词"可"，只是少用于反问句。其实，副词"可是"用于祈使句的情况也比较少见，也没有副词"可"那样表示询问的用法，直接用于形容词前表示程度的用法也相当别扭。例如：

（9）a ?? 你可是不能粗心大意啊！

b * 杭州你可是曾去过？

c * 他的汉语说得可是好啦！

　　这样一来，副词"可是"的用法就只有三种：用于陈述句，包括表示强调语气和强调—转折两种用法，分别记为"可是$_{1a}$"和"可是$_{1b}$"；用于感叹句，记为"可是$_{1c}$"。例如：

　　　　（10）a 我现在可是拿你当知音，咱知音和知音就别算老账了。

　　　　　　　b 卖力气的事他都能行，他可是没抱过孩子。

　　　　　　　c 我那个上姜沟可是太苦了。

　　连词"可是"表示分句甚至句群、段落之间语义上的转折，跟"但是"的用法非常接近，这里不作进一步的分类。

7.2　"可"和"可是"的语法化顺序和习得顺序构拟

7.2.1　"可"的各个用法之间的语义关联和历时发展顺序

　　按照语法化的一般规律，连词用法多是相应副词用法进一步语法化的结果。而学界一般认为副词"可"是由助动词"可"发展而来的，助动词"可"则是动词"可"虚化的结果。因此，从总体上看，"可"的演变过程应该是"动词→助动词→副词→连词"。

　　先看"可"的副词用法。从共时的角度看，除"可$_{1e}$"外，"可$_1$"的其他几个用法之间存在着密切的关系。如果把陈述句看作基本句类，那么"可$_1$"的几个用法之间大致存在如下关系：

$$
\begin{array}{ccccccc}
& & & & & & 可_{1b}（反问）\\
& & & & & & \uparrow\\
可_{1d1}（程度） & \leftarrow & 可_{1d}（感叹） & \leftarrow & 可_{1a}（陈述） & \rightarrow & 可_{1a1}（转折）\\
& & & & & & \downarrow\\
& & & & & & 可_{1c}（祈使）
\end{array}
$$

　　从历时的角度看，助动词（情态动词）"可"在古代汉语中有"可以""应该""值得""能够"等多个意义，可以表示认识、道义和动力等情态意义。它在古代汉语中经常和"岂""宁"等连用出现在反诘句中，因此受到了"岂"等的类化（江蓝生，2000），当"岂"等不出现、

"可"仍用于反诘句时，就会受句式义和语境的影响发展出表示反诘的副词用法，相当于"岂""难道"，例如：

> (11) a 今若凡人多也，君王少，岂可称贫邪？（《太平经》）
>
> b 王者但日游冶，为大乐之经，虽所问上下众多，岂可重闻乎？（同上）
>
> c 设齐赏鲁罚，所致宜殊。当时可齐国温鲁地寒乎？（《论衡》）
>
> d 女临去，敕之曰"慎勿为好"，女曰："不为好，可为恶邪？"（《世说新语》）

例（11）都是反诘句。反诘语气最早是由"岂"等表示的，在（11a）和（11b）中，由于有"岂"，"可"仍是助动词；（11c）和（11d）没有"岂"，其中的"可"由于受到反诘语境的影响，就可以理解为表示反诘语气的副词。江蓝生（2000）的研究表明，"可"的这种用法产生于东汉，唐代使用得非常普遍，并进一步发展出表示推度询问的疑问副词用法。例如：

> (12) a 可是禅房无热到？但能心静即身凉。
>
> b 可能舍得己身，与我充为高座？（《敦煌变文》）

江先生的解释是，反诘是用疑问的形式表示否定，疑问是虚，否定是实，当这种疑问的形式不表示否定时，疑问就成了真性的。这种用法的"可"最早见于唐五代文献，但用例较少，多出现在诗歌和禅宗语录里，宋代也不多见，大量出现于明清小说中。马宁（2008）的研究表明，这种是非问用法的"可"后来又用于正反问和选择问。本书所分的"可$_{1e}$"类，正是这种用法的遗留。

席嘉（2003）认为，表示反诘具有三个要素：一是否定，二是传疑，三是强调。否定是说话者的真实意思，传疑则是外在形式，强调则是反诘的语用目的，是为了加强信息传达的效果。唐代时的反诘副词"可"在这三个方向都有所发展，传疑方向发展出疑问副词的用法，反诘的疑问语气弱化消失，进而产生了表示强调的新义位，这一用法就是现代汉语语气副词"可"的来源。齐春红（2006）则认为，表强调的语气副词"可"
是由表疑问的副词"可"演化而来的，因为有些含"可"的疑问句在问
话过程中，本身就含有揣度的性质，这种揣度在一定语境中可以理解为强
调，然后这种强调用法"凝固化"而形成一种新的用法。两人的分歧主
要是副词"可"表强调的用法是直接来自疑问副词"可"的反诘用法还
是经历了疑问用法这一中间过程，对语言事实的看法则比较接近：齐春红
也认为表示强调的"可"始于唐代。例如：

　　（13）　向秀初闻笛，钟期久罢琴。残愁犹满貌，余泪可沾襟。
　　（席嘉，例）

　　表强调语气的"可"在唐宋时代还基本上只出现在诗词中，且大都
是"可$_{1a}$"。和现代汉语中表强调语气的"可$_1$"相当接近的例子，要到元
明之后才较为常见。下面的例子都是来自《金元曲》中的道白：

　　（14）a 姨姨，你可犯了令也！将酒来，罚一大觥。
　　　　　b 伯娘，我可不敢主张，等你叔叔韩二来家商议。
　　　　　c 姐夫可要说的明白，往年间怎生借与我，今年怎生不借
　　　　　　与我？
　　（15）a 如今他那弟兄两个来时，我可怎么回他的话？
　　　　　b 他这一去，若是赶不上回来，我可怎了？
　　（16）a 大姐，我选吉日良时，便来问亲也。你可休嫁了别人。
　　　　　b 你可早些儿来，我可害怕。
　　（17）a 老的，你可有了后代儿孙也。
　　　　　b 你可早些儿来，我可害怕哩。
　　（18）a 我便将就了，俺父亲他可不肯哩。
　　　　　b 要活的难，要死的可容易。

　　例（14）和（15）中的"可"分别是"可$_{1a}$"和"可$_{1b}$"，例（16）
和例（17）中的"可"分别是"可$_{1c}$"和"可$_{1d}$"，例（18）中的"可"
是"可$_{1a1}$"。需要说明的是，席嘉（2003）认为表示强调转折的"可"
（即我们说的"可$_{1a1}$"）在唐代已经出现，并举了一些诗歌中的例子。齐

春红（2006）则支持太田辰夫（1958）的观点，认为这一用法最早出现于元代。不过席嘉也承认，表示强调转折的"可"在唐诗中用例也不多，而且和表强调的"可"的区别往往要依靠句义是否存在转折来辨析。

另外，"可₁ₑ"的产生应该是"可₁ₐ"用于表示请求、命令的动词性短语前的结果，也和"可"自身的助动词用法有关。例如：

> （19）a 今视汝书，犹不如吾，汝可勤学习！（《古小说钩沉》）
>
> b 我吃他三次无礼，可千万剿除此人，免为我们行院后患。（《宋四公大闹禁魂张》）

例（19a）中的"可"可理解为"应该/该"，例（19b）中的"可"则可以视为表示或加强祈使语气。这个例子可以表明，"可₁ₑ"在宋元时代应该已经产生。

元明之际的"可₁d"可以用于形容词构成的感叹句，例如（18b）"我可害怕哩"。但还应理解为"可₁d"，不是"可₁d1"。《红楼梦》已有"可"接近于表示程度的例子。如：

> （20）a 我找的正没好气，一见这个，我说"可好了"，连忙进去。
>
> b 宝玉看见喜欢道："可好了，原来回到自己家里了。我怎么一时迷乱如此。"

"可₁d1"的产生在句法上也跟"可"的助动词用法有关。"可 + 形容词"在汉代已有用例，如：

> （21）学者多言无鬼神，然言有物。至如留侯所见老父予书，亦可怪矣。（《史记》）

例（21）中的"怪"是意动用法的形容词，"可"应是助动词（意为"值得"）而不是张雪平（2005）认为的表示程度高的副词。

上面的讨论表明，副词"可"由助动词用法受到反诘副词"岂"等的类化发展而来，其各个意义和用法产生的历时顺序大致是：

$可_{1e}/可_{1a}$（唐）＞$可_{1a1}/可_{1c}/可_{1b}/可_{1d}$（元明）＞$可_{1d1}$（清）

再看"可"的连词用法。齐春红（2006）认为，转折连词"可"是表强调转折语气的"可"（即我们说的"$可_{1a1}$"）用在后续句的句首时形成的。这种说法有一定的道理。因为从语义上看，连词"$可_2$"和"$可_1$"作为强调—转折的副词用法有关，很可能是"$可_{1a1}$"用在转折语境中主语省略的后续句的结果。例如：

> （22）a 婶子，你是知道那媳妇的：虽说见了人有说有笑，会行
> 事儿，他可心细，心又重，不拘听见个什么话儿，都要
> 度量个三日并五夜才罢。（《红楼梦》）
> b 只是我虽会蹿纵，我那驴儿可不会蹿纵。（《儿女英
> 雄传》）
> c 虽是这等亲密，他的根底他可绝口不提。（同上）
> d 姐姐虽是此时才来，我这盼着姐姐来的心，可不是此时
> 才有的。（同上）

上例表明，"$可_{1a1}$"作为表示强调—转折的语气副词，句法位置应该在主语之后，即使在含有转折关联词"虽"的语境中也是如此。当主语因为承前省略不出现的时候，"$可_{1a1}$"的强调意义减弱而转折意义凸显，结果就可能从兼表强调和转折的副词转变成单表转折的连词"$可_2$"。例如：

> （23）a 你看我们虽然受了多少颠险，可招了一个好媳妇儿来了
> 呢！（《儿女英雄传》）
> b 你家这个姨奶奶虽说没甚么模样儿，可倒是个心口如一
> 的厚实人儿。（同上）

（23a）中的"可"尚有副词和连词两种解释。但随着类似用法的不断使用，"可"的转折意义逐渐明确，当所在句子主语必须出现时，不再表示强调义的"可"自然就出现在主语的前面，进入了连词的句法位置。

例如：

> （24）那两个老歪辣，你合他也有帐么，填还他这么些东西！就
> 是你挣的，可你也辛苦来的，就轻意给人这们些？（《醒世
> 姻缘传》）

不过，"可₂"的产生也存在另外一种可能：用于主语省略小句的"可₁"的某一用法因为上下文语境存在"相反"的意义，这种语境意义因为使用次数的增加逐渐转移到了"可"上面。最典型的"相反"就是否定表达。例如：

按照今天的理解，上例中的"可"应该是转折连词。但从历时的角度看，它很可能只是表示疑问用法的"可₁ₑ"。例如：

> （25）a 书上可不知写着甚么哩？莫非是搠刘备出马么？（《全
> 元曲》）
> b 仙子此一去，可不知几时还得相会也？（《全元曲》）
> c 不想孩儿这几日有些身子不快，可不知为何也。（同上）

例（25a）中的"可"肯定是表示疑问的"可₁ₑ"；例（25b）中的"可"首先是表示疑问，但由于用在后一小句，因为语境的关系，已经有一些转折的意思；例（25c）的疑问意味很弱，转折意味则相应变强。

但即使承认"可₂"的产生跟例（25c）类的"可"有关，也不能完全证明"可₂"就是"可₁ₑ"用于转折语境、疑问用法变弱的演变结果。因为相同语境这一位置上也可以出现有表强调的副词"正"。例如：

> （26）a 候至半夜，忽然四下火光冲天，喊声震地，正不知何处
> 兵来。（《三国演义》）
> b 今我下了山，正不知此物怎么样了。（《二刻拍案惊奇》）
> c 次日昏迷不醒，叫唤也不答应，正不知什么病症。（《喻
> 世明言》）

上例中的"正"既可理解为表示强调（意为"就是"），也可以理解为表示转折。"正"表示强调的"可_{1a}"有相通之处，这表明这个位置的"可"演变成"可₂"可能既和"可_{1e}"有关，也跟"可_{1a}"有关。其演变的诱因除了语境因素（上下文确实存在转折意义）之外，还跟同类句式中也可明确使用"然""但"和"却"等转折词语有关。例如：

(27) a 也只好说择将相固是急，然不知当时有甚人可做。（《朱子语类》）

b 他所说尽是正理，但不知圣人当初是恁地不是恁地？（同上）

c 既然有了主儿，便同到我爹娘家里来交割。却不知因甚杀死在此？（《错斩崔宁》）

"可₂"的产生应该是清代的事情（太田辰夫，1958；齐春红，2006），自宋至明清，语料中可以见到大量的"然/但/却/正 + 不知 X"，"可 + 不知 X"格式很可能是受到前者的影响而发生类化，结果就是"可"变成表示转折的词语。

前面我们在历时语料的基础上对"可₂"的来源进行了推测。无论如何，连词"可₂"在语义上和副词"可₁"存在着联系，这一点是可以肯定的。它们之间的语义关联顺序应该是：

历时发展顺序则是"可_{1a}/可_{1e}→可₂"。

7.2.2　"可是"的各个用法之间的语义关联和历时发展顺序

从共时层面上看，"可是"可以是一个词，也可以是副词"可"和判断动词"是"的组合。作为一个独立的词，"可是"中的"是"已经是一个依附性的词内成分。"是"经历了一个从指代词到判断动词到焦点标记再到词内成分的演变过程，它的这种虚化共性不仅表现在"可是""只是""但是"等单音节副词和连词的组合中，也表现在它跟很多双音节副词和连词的组合中，对此董秀芳（2004）曾有过详细的讨论。

石毓智（2005）讨论了各种包含语素"是"的连词，指出在连词的形成过程中，这个判断词语素起着重要的作用。很多连词的第一个语素原来是一个副词，通常是修饰限制一个单句内部的谓语部分。由副词向连词的发展过程中，逐渐可以表示两个单句之间的语义关系。原来的副词与判断词"是"的复合词化，是这一发展过程得以实现的关键因素。"是"作为众多连词的一个构词语素的原因是：它在判断句中的语义结构，把其后的事件看作一个离散的个体。

有鉴于此，对"可是"语法化的考察就可以有两种思路。一是独立考察"可是"如何从短语发展成副词，再如何从副词演变成连词。姚小鹏（2007）、王月萍（2010）都曾按照这个思路对"可是"的语法化过程进行了考察。姚小鹏认为，在隋唐时代，谓词性短语"可＋是"（"可"为副词）发展成由疑问标记"可是"，这一用法在明清时期发展成为强调标记即副词"可是"，并进一步发展为连词"可是"。因为随着副词"可是"所在的句子多次以复句的分句形式出现，分句间蕴含的事理关系或逻辑联系就会被"可是"吸收，在推理机制的进一步作用下逐渐向连词转化（张谊生，2004）。王月萍认为，"可"和"是"都有强调义，两个词语的概念距离较近，根据认知上的"接近原则"，两者很容易被看作是一个词语。

另一种思路是把"可是"的语法化跟"可"的语法化结合起来。太田辰夫（1958）认为，现代汉语的连词"可是"究竟应该看作是"可"后面加上新的后缀"是"而成的还是应该看作自古已有的"可是"意义变化而成的，还有待于今后来确定。石毓智（2005）则认为，主语之前的"可"很可能是"可是"的简化形式。理由是"可是"是高频连词，在使用中会因为语法化程度的增加引起语法标记形式的弱化。

我们认为，"可是"的意义基本上是由"可"决定的："可"几乎具有"可是"的全部意义，或者说，多一个"是"并没有给"可是"带来不同于"可"的意义。"是"的积极作用在于它的加入使"可"得以双音化——正因为如此，连词"可是"的用法比"可"自由，比如后面可以有停顿，因此可以用在段落或句群之间；副词"可是"则多了"可"所没有的限制，比如很少进入反问句和祈使句，也不能用在形容词构成的感叹句等。

从历时的角度看，无论是副词用法还是连词用法，"可"都先于"可是"出现。先看副词用法。"可"表示推度询问（"可$_{1e}$"）在唐代已经出现，且不仅用于"是"作为动词的句子中，如例（12b）；"可"表示强调的用法在唐代已经产生，而"可是"的这一用法到元明时期才初露端倪，例如：

> （28）a 兄弟，你直待今日，方才省悟，可是迟了。（《全元曲》）
> b 当初你慨然借与我，并无难色，可是多亏了你。（《同上》）
> c 大姐，这子弟每得能到你家里，可是不容易也。（由）
> d 我告诉你，大师傅可是回来了。我看你可再骂罢！（《儿女英雄传》）

（28a）和（28b）中的"可是"表示肯定确认语气，可以看作"可是$_{1a}$"，但其资格远不如（28d）充分。（28c）勉强可以看作表示感叹的"可是$_{1c}$"。

不过，"是"毕竟是一个高频判断动词，不会轻易变成一个后缀。元明语料中的很多"可是"应该看作动词性短语"可＋是"，其中"可"是表示强调的副词，相当于"正""恰"或者表示对比强调的"却"。例如：

> （29）a 我要对公子说来，当初可是我保举他的。（《全元曲》）
> b 俺父亲本不去，可是我送的父亲去了。（同上）
> c 你休怪，我不曾强要你的，可是你自家与我来。（同上）

（29）各例中的"是"在结构上和"可"不属于一个层次，如（29a）的后一小句的结构应该是"可＋是我保举他的"，例（29c）后一小句的结构应该是"可＋是你自家与我来"。清代语料中的很多"可是"也属于此类。例如：

> （30）a 我见姑娘很喜欢，我才敢这么说，可就把规矩错了，我

可是老糊涂了。(《红楼梦》)

  b 你坐着罢,今日可是过了明路的了,省了我们二爷查考。
(同上)

  c 你可是又多心了。他进来在先,你说话在后,怎么怨的
他吗!(同上)

  (30)各例中的"可"都可以省略,说明"是"仍然是性质判断动
词。同样,如果省略"是",上面各例也能成立。这表明此类"可是"可
以理解为一个强调副词,意义跟"可"接近,也可以理解为动词性短语
"可+是"。

  有鉴于此,可以认为副词"可是"也可能是由动词性短语"可+是"
独立语法化而成的。因为判断动词"是"也可以表示强调,在这一点上
它和"可"意义相近,可以经过重新分析以后形成一个近义复合词副词
"可是"。换言之,副词"可是"可能并不是简单地由"可"加上后缀
"是"形成的。不过,也许正因为这双重原因使得副词"可是"开始大量
使用。

  再看连词用法。诚如太田辰夫(1958)所指出的那样,"可是"真正
成为转折连词的"可是"在清代几乎还没有例子。而"可"作为转折连
词在清代已经存在一些明确的用例,也就是说,连词"可"先于"可是"
出现。"可是"真正作为转折连词使用的例子,"五四"时期的语料中才
可以见到。例如:

  (31)a 如今"只眼"的光明复启,却不见了你和我们手创的报
   纸!可是你不必感慨,不必叹惜,我们现在有了很多的
   化身,同时奋起。(李大钊《欢迎独秀出狱》)

   b 可是我们须要明白愈多高山大川的地方,越愈见其歌谣
   的发达。(《民俗汇刊》)

  那么连词"可是"是不是连词"可"双音化的结果呢?我们认为有
一定的可能性。因为副词"可是"的句法位置也是主语后、动词前,即
使用在具有转折关系的语境中,它的位置也不会轻易改变,这一现象直到
20世纪三四十年代仍然存在。老舍的《四世同堂》中还有很多这样的例

子。如：

（32）a 虽说东西不值什么，她可是害了怕。

b 瑞宣试着找老三的脸，老三的脸可是故意的向一旁扭着点。

c 虽然已是冬天，丁约翰可是跑得满身大汗。

d 虽然如此，她可是也觉得委屈，摸了摸眼旁的伤口，她落了泪。

（32）各例前后两个分句之间的转折关系非常明显，"可是"的强调语气作用已非常轻，甚至是不需要的。

不过，由于作为焦点标记的"是"可以位于小句和名词性成分之前，如果这时它和前面的"可"融为一体并用在具有转折关系的上下文中，副词性的"可是"也可能直接演变成连词，例（29b）和（29c）就是很好的证明。

从汉语转折连词演变的历史看，先秦时期的转折连词主要是"然"，唐代仍然以"然"为主（蒋骥骋、吴福祥，1997）。六朝时期，"但"开始从限定副词演变为转折连词，唐代开始"只是"也开始用作连词；最晚在五代时期，"但是"也发展出连词的用法（蒋骥骋、吴福祥，1997），但用例很少；自宋至明，转折连词主要以"但"为主，因为当时"但是"多为"但凡是""只要是"之意。"不过"的连词用法要到清代才产生（参见第6章），"可"也是如此。不过《红楼梦》以降，主要转折连词的使用情况发生了一些变化。下面是我们对四部基本上可以代表北京话的文学作品中主要转折连词的使用情况统计：

表 7 – 1　　　　　　　　转折连词的历时使用情况　　　　（单位：例）

作品	然	然而	但	但是	可	可是
《红楼梦》	52	4	218	59	6	0
《儿女英雄传》	12	12	124	85	16	0
《四世同堂》	0	34	18	327	117	2003
《王朔自选集》	0	5	502	6	357	50

　　从上表中可以看出，在《红楼梦》中，"但"占据绝对优势，在《儿女英雄传》中，"但是"的比重大为增加。而到了老舍的《四世同堂》，不仅"可是"异军突起，"但是"的使用量也远远多于"但"，这很可能是双音化的结果。

　　也就是说，从历时的角度看，"但"先成为转折连词，"但是"可能是在双音化与其本身发展的趋势这双重动因促动下更多的用作连词的（连词用法占据优势后，它表示"但凡是"的用法就逐渐衰落，以至于最终消失）。"可"和"可是"的关系与"但"和"但是"的关系很相像——《四世同堂》中连词"可是"的崛起也可能有双音化的原因。

　　如果至此为止，我们有理由怀疑石毓智（2005）提出的"可"是"可是"的简化形式这一看法。不过上表也表明，在《王朔自选集》中，"但"和"可"相对于"但是""可是"又占了压倒性优势。考虑到王朔小说的口语色彩比较浓厚，我们又对本书所用的100万字的本族语语料中的转折连词进行了统计，发现"但"和"但是"的用例数量分别为1056和354，"可"和"可是"的用例数量分别为231和104。虽然相差比例没有王朔小说那么悬殊，但同样表现为单音节连词的使用频率明显高于双音节连词。也许可以认为，石毓智（2005）的看法能够解释最近几十年来连词"可"和"可是"之间的关系。

　　基于上面的讨论，我们可以得出下面的结论："可是"意义和用法的发展演变与"可"密切相关。它可能是由"可"增加后缀"是"变成的，也有可能是独立发展出来的。即使是后者，它的历时发展顺序也是先有类似于"可$_{1e}$"那样表示询问的副词用法，然后才有表示强调的副词"可是$_{1a}$"和表示感叹的副词"可是$_{1c}$"，并由"可是$_{1a}$"发展出表示的强调—转折的"可是$_{1b}$"，最后才由"可是$_{1a}$"或者"可是$_{1b}$"发展出连词用法的"可是$_2$"。

7.2.3　"可"和"可是"各个用法的语法化顺序和习得顺序构拟

　　在前面两个小节中，我们详细讨论了副连兼类虚词"可"和"可是"各个意义和用法的语义关联和历时发展顺序。现在来看它们的语法化程度顺序。

　　先看"可$_1$"内部。"可$_{1a}$"是副词"可"的基本用法，其他几个用法除"可$_{1e}$"之外都可以看作是由"可$_{1a}$"发展而来的，其中"可$_{1a1}$"是

"可$_{1a}$"用于转折语境直接发展出来的用法，"可$_{1b}$""可$_{1c}$"和"可$_{1d}$"分别是"可$_{1a}$"用于反问、祈使和感叹句的结果，"可$_{1d1}$"则是"可$_{1d}$"用于形容词构成的感叹句的结果。这六个用法都具有相当的主观性，但"可$_{1a}$"的产生年代最早（唐代），"可$_{1d1}$"的产生年代明显晚于其他几个用法。因此，综合考虑语义关联、历时发展和主观性三个方面的因素，可以认为它们之间的语法化程度顺序应该是：

$$可_{1a} > 可_{1a1} / 可_{1c} / 可_{1b} / 可_{1d} > 可_{1d1}$$

按照我们语法化程度顺序和习得顺序基本一致的理论假设，这一顺序应该也是这六个用法之间的习得顺序。也就是说，在"可$_1$"的上述六个小类用法中，"可$_{1a}$"的语法化程度最低，"可$_{1d1}$"的语法化程度最高。"可$_{1a}$"的习得难度相应也是最低的，应该容易习得或者说先习得；"可$_{1d1}$"的习得难度相对较高，应该比较难习得或者最后习得（不过，由于它用于形容词前面，会沾染形容词的程度意义，而程度义比较具体，因此它的语法化程度也许并不太高）。其他几个用法的习得难度应该属于同一等级，习得顺序也应介于"可$_{1a}$"和"可$_{1d1}$"之间。

"可$_{1e}$"产生的年代和"可$_{1a}$"相若，且属于客观性的用法，其语法化程度应该较低。但它在语义上和其他六个用法相差很大，如果一定要把它跟其他六个用法放在一起的话，它的习得难度应该不会大于"可是$_{1a}$"。

再看"可$_1$"和"可$_2$"之间语法化程度的高低关系。从意义上看，"可$_2$"只跟"可$_{1a}$"和"可$_{1e}$"存在关联，它产生的年代比除"可$_{1d1}$"外的其他几个用法都晚。"可$_2$"的主要功能是连接小句，其意义的抽象性较强，从这一角度看，它的虚化程度应该高于"可$_1$"，它们之间的语法化程度顺序应该是"可$_1$ > 可$_2$"。这也符合副词的语法化程度低于连词这一一般规律。但"可$_1$"的各个用法（除"可$_{1e}$"外）都具有很强的主观性，如果把主观性的强弱作为判断语法化程度的重要标准，那么它们之间的语法化程度顺序应该是"可$_2$ > 可$_1$"（除"可$_{1e}$"外）。

我们暂时无法对两种顺序进行折中，姑且认为两种顺序都是可能的。换言之，我们认为"可$_1$"先于"可$_2$"或者"可$_2$"先于"可$_1$"这两种习得顺序都是可能的。

"可是$_1$"和"可是$_2$"之间的关系也是如此。无论语义关联顺序还是历时发展顺序的角度看，都是"可是$_1$"在前，"可是$_2$"在后，而且"可是$_2$"的抽象化程度高于"可是$_1$"，但连词表示的只是分句之间的逻辑关系或者事理关系，这种关系在某种程度上甚至是客观的。因此，"可是$_2$"在主观性程度方面不及"可是$_1$"所不具备的很强的主观性。因此这里仍然采取前面的做法，认为"可是$_1$>可是$_2$"或"可是$_2$>可是$_1$"两种习得顺序都可能存在。

7.3　"可"和"可是"的习得情况考察

7.3.1　"可"

我们对 120 万字的中介语语料进行了穷尽性检索分类，共发现 260 例副词和连词用法的"可"，其中"可$_1$"38 例，除了"可$_{1e}$"外，其他几种用法都可以见到输出用例。

"可$_{1a}$"的输出最多，共有 21 例。如：

（33）a 同学们说："18 岁可是个大生日。"

　　　b 如果她自己生了孩子，她想她对待亲生的子女和丈夫以前的孩子可能会不一样，这样一来，就会影响到现在的孩子、夫妻之间的感情，从而影响到丈夫的工作，那可是她最不愿意的。

　　　c 我们家可算得上是个大家庭。

　　　d 我性格可没什么大变化。我还是一位忠诚，热情，和聪明的女人。

　　　e 让我最喜欢的可不是茶花，而是柚子树。

　　　f 那让我告诉你吧，我可不是桂林人。

"可$_{1a1}$"共有 2 例输出，用例如下：

（34）a 以前的生活那么热闹，那么开心，现在可就不同了。

　　　b 听说中国人也过端午节，因为在这一天一个有文才的诗人死亡了。韩国过端午节可不是这个原因。

"可$_{1b}$"也只有 2 例输出，用例如下：

(35) a 这些东西我们平时几乎不介意，但一旦失去，你可怎么办？

b 这可怎么办呀！

"可$_{1c}$"共有 3 例输出，用例如下：

(36) a 可别忘记安全第一，别冒危险。

b 她好像知道了我的心思，开玩笑地说："哎呀，照顾小孩子好辛苦！你以后可不要再生病了。"

c 要是去江山，你可要去爬这座山。

"可$_{1d}$"共有 4 例输出，全部都是"可 + 真 + 形容词"。例如：

(37) a 我给你写的这封信可真长啊，都写了三个钟头了！

b 她除了管我们的吃住穿行，还关心着我们的学习，可真够累的。

c 黄山的云可真白，白的就像一团连一团的棉花。

"可$_{1d1}$"有 6 例输出，例如：

(38) a 你问我对此典故有何感想，这话说来可多了，三言两语准说不清。

b 我告诉你，骑车旅游好处可多呢。

c 有的人是加上得天独厚的背景看起来像可高的墙一样似的。

"可$_2$"共有输出用例 222 个。例如：

(39) a 他又伤心又痛心，可没办法，得把这件任务完成了。

b 染黑牙那个时候谁都会，可怎么染得好染得漂亮不是谁都干得了。

c 我大吃一惊，可来不及了。

d 可我呢，现在，对我来说那些都是白日梦。

从绝对输出的角度看，"可₂"远远多于"可₁"。就"可₁"内部来说，"可₁ₐ"的输出最多，占到了全部输出的一半，其次是"可₁d₁"和"可₁d"，后者表现出明显的窄化现象。

为了更清楚地了解"可₁"的相对输出情况，我们对 100 万字本族语料中的副词和连词用法的"可"进行了穷尽性的检索分类，并把分类结果和中介语中的输出情况进行了比较。结果得到表 7-2：

表 7-2　　　　　　　　　　　　"可"的输出/使用情况比较

意义和用法		中介语输出数量（例）及比例（%）		本族语输出数量（例）及比例（%）		比例差
可₁	可₁ₐ	21	55.3	110	59.7	-4.3
	可₁ₐ₁	2	5.3	6	3.2	+2.1
	可₁b	2	5.3	2	1.1	+4.2
	可₁c	3	7.9	20	10.8	-2.9
	可₁d	4	10.5	24	12.9	-2.4
	可₁d₁	6	15.6	20	10.8	+4.8
	可₁e	0	0	4	2.2	-2.2
	小计	38	14.6	186	44.6	-30
可₂		222	85.4	231	55.4	+30
合计/频次		260/0.2		417/4.2		

说明："可₁"各小类用法的百分比计算方法为"小类数量/可₁总数×100%"。

从表7-2可以看出，在120万字中介语语料中，副词"可"的输出为38例，连词的"可"的输出为222例，两者之比为1∶5.8，后者几乎为前者的6倍；而在100万字的本族语语料中，"可₁"有186个用例，"可₂"有231个用例，两者之比为1∶1.24。也就是说，从相对输出的角度看，中介语语料中"可₂"用例要占到全部输出的85.4%以上，远高于本族语料中的55.4%。因此，从输出的角度看，中介语语料中"可₂"的习得情况明显好于"可₁"。可以认为，"可₂"和"可₁"之间的习得顺序应该是：

顺序1A：可₂ > 可₁

在中介语语料中，"可₁"绝对输出和相对输出情况都不如"可₂"，其整体习得情况只能说较差。具体到小类来说，本族人"可₁"各个意义和用法的使用数量顺序是：

可₁ₐ > 可₁ₐ > 可₁ₐ₁/可₁ᵢ > 可₁ₐ₁ > 可₁ₑ > 可₁ᵦ

中介语"可₁"内部的绝对输出顺序是：

可₁ₐ > 可₁ₐ₁ > 可₁ₐ > 可₁ᵢ > 可₁ₐ₁/可₁ᵦ > （可₁ₑ）

比较一下可以发现，不考虑"可₁ₑ"的话，这两个顺序基本上是一致的。如果看绝对输出/使用数量，都是"可₁ₐ"占压倒性优势。尽管相对输出略显不足，但仍在5%之内，因此其习得情况可以视为良好；"可₁ₐ₁"和"可₁ᵦ"的绝对输出都明显偏少，但相对输出足够，它们的习得情况可以视为一般；"可₁ᵢ""可₁ₐ"的绝对输出居中，但相对输出都略显不足，其习得情况也可以视为一般。"可₁ₐ₁"的绝对输出仅次于"可₁ₐ"，且相对输出情况是最好的，其习得情况可视为良好；"可₁ₑ"没有输出，习得情况只能说较差。综合绝对输出和相对输出两方面的情况看，"可₁"的各个意义和用法之间的习得情况大致是：

顺序1B：可₁ₐ/可₁ₐ₁ > 可₁ₐ₁/可₁ᵦ/可₁ᵢ/可₁ₐ > （可₁ₑ）

再看偏误情况。在"可$_1$"全部 38 个用例中，有 4 例存在跟"可$_1$"有关的偏误。正确率为 89.5%（34/38）。偏误句如下：

（40）a 在万紫千红的地方吃自己辛苦地做的菜，可好吃的！

　　　b 英国人有空儿的话，就到酒吧跟朋友一起喝啤酒。有机会的话，我也要在伦敦的酒吧一边儿喝啤酒一边跟英国人聊天。我要和英国人谈话的话题可多。英国的历史，文化，音乐，等等。

　　　c 我故意恳切地照料她，故意笑着对她说话，我故意多次说："医生说你身体越来越好。"她的眼光可敏锐，当然觉察到。

（41）那就是海浪，他像一个小孩调皮地跑来跑去，有时快，有时慢，能过去跟他玩追逐游戏，可多好玩啊！

例（40）是"可$_{1d1}$"的偏误。因为表示程度的"可$_{1d1}$"后面要求与语气词"了/啦"呼应，例（40a）误用了"的"，例（40b）和（40c）则遗漏了"了"。例（41）属于"可$_{1d}$"的偏误。

在"可$_2$"的全部 222 个输出用例中，有 6 例存在偏误。正确率为 97.3%（216/222）。偏误句如下：

（42）a 虽然躯体的其余的部分还是像过去一样完好无缺，这可对人已经没什么关系。

　　　b 最近，很多韩国的高中减少了体育课的时间。我可认为没有体力，有了知识和品德也做不了自己要去做的东西。

（43）a 这个真的是真的，可看下面吧。

　　　b 许俊虽然害怕，可听了老师的命令。

　　　c 她告诉我们，她去 Madison，可我们坐她的车。

　　　d 即使我们不努力，可我们长大以后没留下缺钱，不能学习的痛苦。

例（42）属于"可$_2$"的句法偏误，因为根据上下文，例（42）中

的 "可" 应是连词，其句法位置应在主语之前。（43a）的两个分句之间转折关系不明显，不应用 "可$_2$"；（43b）和（43c）中 "可" 本身没有问题，但缺少相呼应的 "还是" 等副词；例（43d）前一小句是表示让步的 "即使"，后面不需要转折连词 "可"，而应该用关联副词 "也" 呼应。

上面的讨论表明，"可$_2$" 的正确率高于 "可$_1$"，可以认为其习得情况更好。"可$_1$" 的整体正确率接近90%，其习得情况也可视为接近良好。具体到小类来说，"可$_{1d1}$" 的正确率最低，只有50%（3/6）；"可$_{1d}$" 的正确率83.3%（5/6）；"可$_{1a}$" "可$_{1a1}$" "可$_{1b}$" 和 "可$_{1c}$" 都没有偏误，正确率为100%。因此，从正确率的角度看，"可" 的各个意义和用法之间的习得顺序应当是：

順序 2A：可$_2$ > 可$_1$
順序 2B：可$_{1a}$／可$_{1a1}$／可$_{1b}$／可$_{1c}$ > 可$_{1d}$ > 可$_{1d1}$

最后看初现情况。我们分别对南师大和复旦语料中的初级部分和中级部分进行了检索，分类统计后得到表7－3：

表 7 – 3　　　　　　　　　　　"可" 的初现情况　　　　　　（单位：例）

意义和用法		初级部分		中级部分	
		南师大	复旦	南师大	复旦
可$_1$	可$_{1a}$	0	0	4	4
	可$_{1a1}$	0	0	1	1
	可$_{1b}$	0	0	1	1
	可$_{1c}$	0	0	1	2
	可$_{1d}$	0	0	2	2
	可$_{1d1}$	1	0	2	1
可$_2$		19	16	52	46

从表7－3中可以看出，在南师大和复旦各20万字的初级中介语语料中，"可$_1$" 只有1例输出（"可$_{1d1}$"），未能达到初现标准；而 "可$_2$" 共有35例输出，完全达到了初现标准。在中级中介语语料中，"可$_{1a}$" 的初

现情况最好，两个语料库都有 4 例输出，都可视为达到初现标准；其次是
"可$_{1d}$"，该用法在两个中介语语料库的中级部分共有 4 例输出（这也是全
部输出用例），但我们前面关于输出部分的描写表明，这 4 例输出多为
"可 + 真 + 形容词"，表现出明显的窄化倾向，不能说是"系统的能产"，
因此该用法还算不上完全达到初现标准；"可$_{1a1}$"和"可$_{1b}$"的全部输出
都出现于中级阶段，但在数量上还没有完全达到初现标准；"可$_{1c}$"的全
部输出也出现在中级阶段，勉强可以算是达到了出现标准，"可$_{1d1}$"在中
级部分有 3 个用例，也可以视为达到初现标准。

因此，从初现情况看，"可"的各个意义和用法的习得顺序应该是：

顺序 3A："可$_2$" ＞ "可$_1$"

顺序 3B：可$_{1a}$ ＞ 可$_{1d1}$／可$_{1d}$／可$_{1c}$ ＞ 可$_{1a1}$／可$_{1b}$ ＞ （可$_{1e}$）

7.3.2　"可是"

跟"可"相比，"可是"的习得情况简单得多。

先看输出情况。我们对 120 万字的中介语语料进行了穷尽性检索分
类，共发现 1463 个"可是"的输出用例，其中只有 1 例为"可是$_1$"，用
例如下：

（44）这个实验室差不多是一般教室的一半大小，但里面的电脑
　　　　设备可是非常的先进。

其余 1462 例均为"可是$_2$"。例如：

（45）a 南京是一个很漂亮的城市，可是天气太热。
　　　　b 中国语越学越有意思可是越学越不容易。
　　　　c 虽然她的性格很温柔，可是她不喜欢不听话的孩子。
　　　　d 尽管她非常地舍不得与我分开，可是为了我的前途，她
　　　　　　还是忍受着与我分离的痛苦……

我们按照同样的研究程序对 100 万字的本族语语料进行了穷尽性检索
分类，共发现"可是" 129 个用例，其中 25 例为"可是$_1$"，其余 104 例

为"可是$_2$",两者分别占全部用例的 19.4% 和 80.6%。很显然,无论是从绝对输出还是从相对输出的角度看,"可是$_2$"的习得情况都可以说是良好,而"可是$_1$"的输出远远不足,基本上可以说没有习得。

再看正确率情况。在"可是$_2$"的 1462 个用例中,有 35 个存在和"可是$_2$"有关的偏误,正确率高达 97.6%。由于整体上输出过度,"可是$_2$"的偏误类型的之一就是误加,即不当用而用。例如:

(46) a 我是留学生,可是中国的朋友和老师等帮助我。

　　 b 昨晚是阿力的生日晚会,可是那个晚会让我忘不了。

　　 c 我爹出生后就成为了孤儿。在他的幼儿时期,1945 年以后,他和我爷爷回国了,我爷爷再婚了,可是养我爹就是我的曾祖母。

　　 d 刘义泰突然要求如果在这工作的话,每天早上从静静的井里打水。可是许俊不知道到底静静的井在哪里,可是刘义泰没告诉了。

例(46a)、(46b)和(46c)中的"可是"都属于"不当用而用",例(46d)连用两个"可是",前一个"可是"没有问题,后一个"可是"则属于误加。

"可是$_2$"的过度使用也造成一些语义偏误,即误代。例如:

(47) a 我从来没看见过,只是听过爷爷讲的话,可是还有一种遗憾的感觉。

　　 b 我有一个中国朋友。她是二十一岁。她看韩国电影很喜欢。可是,我们常常一起去看电影。

　　 c 我还不明白为什么德国人不喜欢喝德国的每种啤酒,可是都很好喝。

　　 d 但是我的汉语水平很低,可是她帮助我很多。

　　 e 无论如何我爷爷让政府拘留了,可是政府的兵带爷爷走的时候,我叔父突然反抗了,可是兵打他了。

　　 f 这个方法不只不公平,可是也不满足人家的兴趣。

根据上下文，例（47a）（47b）（47c）和（47d）前后小句之间都应该是因果关系而非转折关系，例（47e）的后一个"可是"也是如此。例（47f）的前后小句之间是递进关系，后一小句也不应当用表示转折关系的"可是$_2$"。

也有些用例可以用"可是"，但前一小句的呼应词语却不是"虽然"，结果在语义上显得不和谐甚至不相容。例如：

> （48）a 幸亏他没有死，可是成了残废。
>   b 无论被时间破坏了，可是秦始皇的兵马俑还保留着自己的吸引力。

"没有死"和"成了残废"可以构成转折关系，但例（48a）前一小句却用了"幸亏"，这样后一小句就不能再用"可是"。例（48b）前一小句用的不是"虽然"而是和"可是"没有呼应关系的"无论"。

总的来说，"可是$_2$"的绝大部分偏误都属于语义偏误。纯粹的句法偏误只有下面1例：

> （49）现在，尽管她去世，我可是还记住我的好友丽安。

"可是$_1$"的唯一输出用例是正确的，但由于用例数量太少，没有统计学的意义，因此这100%的正确率对于判断它和"可是$_2$"的习得顺序并没有什么帮助。

最后看初现情况。我们在南师大中介语语料库的初级部分（20万字）检索到"可是$_2$"230个输出用例，中级部分（20万字）检索到207个；在复旦中介语语料库的初级部分（20万字）检索到"可是$_2$"210个输出用例，在中级部分（20万字）检索到230个。也就是说，"可是$_2$"在初级阶段就出现了大量的输出用例，完全达到了初现标准，可以视为已经习得。而"可是$_1$"出现于复旦中介语语料库的中级部分，由于只有一个用例，没有达到初现标准，也不能视为已经习得。

7.4   讨论

前面我们对"可""可是"的各个意义和用法的习得情况进行了多角

度考察，现在讨论中介语语料中的客观习得顺序和我们此前构拟的习得顺序之间的关系。

先看"可$_1$"除"可$_{1e}$"之外的各小类用法之间的内部习得顺序。前面我们分别从输出、正确率和初现三个角度得出了三个不尽相同的顺序：

顺序 1B：可$_{1a}$／可$_{1d1}$ ＞ 可$_{1a1}$／可$_{1b}$／可$_{1c}$／可$_{1d}$

顺序 2B：可$_{1a}$／可$_{1a1}$／可$_{1b}$／可$_{1c}$ ＞ 可$_{1d}$ ＞ 可$_{1d1}$

顺序 3B：可$_{1a}$ ＞ 可$_{1d1}$／可$_{1d}$／可$_{1c}$ ＞ 可$_{1a1}$／可$_{1b}$

"可$_{1a}$"在三个顺序中都居于前列，其习得情况可以视为良好；"可$_{1a1}$"和"可$_{1b}$"的正确率很高，但输出和初现情况均不理想；"可$_{1c}$"的输出情况一般，初现情况较好，其习得情况可视为略好于"可$_{1a1}$"和"可$_{1b}$"；"可$_{1d}$"的初现情况和"可$_{1c}$"接近，但输出表现出明显的窄化倾向，正确率也较低；"可$_{1d1}$"在输出和初现两方面表现虽好，但正确率竟只有 50%。综合来看，这几个意义和用法的客观习得顺序大致是：

可$_{1a}$ ＞ 可$_{1c}$ ＞ 可$_{1a1}$／可$_{1b}$／可$_{1d}$／可$_{1d1}$

关于这几个意义和用法，本章 2.3 节根据语法化顺序和习得顺序基本一致这一假设构拟的习得顺序是：

可$_{1a}$ ＞ 可$_{1a1}$／可$_{1b}$／可$_{1c}$／可$_{1d}$ ＞ 可$_{1d1}$

比较一下可以发现，我们构拟的顺序和客观习得顺序基本一致。区别主要有两点：一是"可$_{1c}$"的位置，我们认为这一用法的习得难度高于"可$_{1a}$"，低于"可$_{1d1}$"，但它在输出和初现方面略好于"可$_{1a1}$"和"可$_{1b}$"，在正确率方面则好于"可$_{1d}$"。不过这也是可以解释的。因为"可$_{1a1}$"有一定的关联作用（表示转折），这种情况下学习者更倾向于使用"可$_2$"，结果自然就导致"可$_{1a1}$"的绝对输出不足；"可$_{1b}$"用于反问句，由于反问句和交际的礼貌原则相悖，二语学习者很少使用，"可$_{1b}$"

因此也就失去了用武之地；至于"可$_{1d1}$"，我们预测它是最难习得的，如果单纯根据正确率评判习得顺序，我们的预测就是正确的。它在输出和初现方面表现较好是因为我们的语料来自于在目的语环境学习汉语的学习者，他们在书面作文中更倾向于使用程度感叹来描写在中国的所见所闻。

需要解释的是"可$_{1e}$"，这一用法的语法化程度并不高，但它在中介语语料中无 1 例输出，说明它并没有被习得。不过这并不意味着该用法难以习得。因为作为古代汉语的遗留用法，它在现代汉语普通话口语里已经基本不用，我们的本族语语料含有一定的书面语，因此才会有少量用例。

再看"可""可是"的副词用法和连词用法之间的习得顺序。前面的中介语语料分析考察表明，无论是从输出、正确率还是从初现的角度看，"可$_2$"的习得情况都明显好于"可$_1$"，因此可以认为"可$_1$"和"可$_2$"之间的客观习得顺序是"可$_2$ > 可$_1$"。至于"可是"，从输出和初现两个角度看，"可是$_2$"的习得情况好于"可是$_2$"；"可是$_2$"的正确率虽然达到 100%，但因为输出太少，不具有统计学的意义。可以肯定地说，中介语中"可是$_1$"和"可是$_2$"之间的客观习得顺序也是"可是$_2$ > 可是$_1$"。

我们在本章 2.3 节中推测，"可（是）$_1$"先于"可（是）$_2$"或者"可（是）$_2$"先于"可（是）$_1$"习得在理论上都是可能的。因为从语义抽象化程度的角度看，"可（是）$_2$"的语法化程度更高，但从主观化的角度看，"可（是）$_1$"的语法化程度更高。我们的语料考察分析表明，汉语中介语的客观习得顺序是"可（是）$_2$"和"可（是）$_1$"之间的习得顺序非常明显地表现为前者先于后者。

面对这一客观事实，我们能够得出的结论是：对于副连兼类虚词来说，主观化程度的高低在二语习得过程中起着更重要的作用，主观化程度越高，习得难度就会越大。如果副词用法的主观化程度很高，那么它的习得难度要大于其连词用法。与之相关的推论是，从语义的抽象化程度看，连词的语法化程度高于副词；但从主观化程度看却不一定。当抽象化程度与主观化程度不一致时，语法化程度主要与主观化程度相关。

正如我们在第 6 章中所讨论的那样，逻辑关系是一种客观的事理关系，在认知上有相通之处。从这个意义上说，它们的习得难度并不高。另一个可能的因素是,我们使用的是书面语料,学习者语言存在着明显地过度使用连词的倾向。为了证明这一点,我们对现代汉语的几个主要转折连词"但/但是""可/可是""不过"和"只是"的中介语料(120万字)中的输出情况和本族语料(100万字)中的使用情况进行了统计,结果见表(4):

表7-4　　　　　　　　　　　转折连词输出/使用对比　　　　　　　　(单位:例)

	但	但是	可	可是	不过	只是	合计
中介语	994	2349	222	1462	396	24	5447
本族语	1056	354	231	104	66	43	1854

由表(4)可见,在120万字的中介语语料中,转折连词的输出总量是5447例,而在100万字的本族语语料中,转折连词只出现了1854例,前者差不多是后者的3倍。这表明二语学习者比本族人更倾向于使用转折连词。另外我们还注意到,就"但、但是""可、可是"这两对转折连词来说,本族人跟倾向于使用单音节形式,而学习者更倾向于使用双音节形式。

最后需要指出的是,中介语语料中"可(是)$_1$"和"可(是)$_2$"的客观习得顺序和连词使用倾向也与教学安排有一定的关系。在《高等学校外国留学生汉语教学大纲》中,只有"可是$_2$"被作为语法项目进行教学(初等阶段一,编号032),而连词"可"则未做明确的安排。一般的对外汉语教材会把"可"作为连词和副词教学,但也都是连词"可"先于副词"可"教学,而且都不会对副词"可"进行小类教学,关于副词"可是"的教学也很少,几乎没有一本教材涉及"可$_{1e}$"。教学上的这种安排应该是"可(是)$_1$"和"可(是)$_2$"的连词用法先于副词用法习得的原因之一,也是连词"可是"的输出明显多于"可"的原因之一。但我们的中介语语料考察分析仍然表明,"可$_1$"内部各个小类用法之间的客观习得顺序与我们根据语法化程度顺序和习得顺序基本一致的假设预测出的习得顺序大致是相符合的。

另外,中介语语料中"可(是)$_1$"的绝对输出和相对输出都明显不

足的事实也提醒我们，副连兼类虚词的副词用法在实际教学中没有受到足
够的重视。要想使学习者的汉语水平更接近于本族人或者说达到一个更高
的水平，就必须加强对副词用法的教学。另外，尽管现代汉语的词汇有双
音化倾向，但在本族人那里，常用词如"可/可是""但/但是"仍是单音
节形式占优势（甚至口语中也是如此），这也提醒我们，对于近义词来
说，不能只教双音节形式而忽略单音节形式的教学，或者简单地认为单音
节形式属于"书面语"而滞后教学。

8

"尽管"的语法化顺序和习得顺序

8.1 "尽管"的意义和用法

"尽管"也有副词和连词两种用法。例如：

(1) a 别人劝他，她也不理睬，尽管在她丈夫的办公室里又哭
又闹。
b 你有什么困难尽管对我说。

(2) a 他尽管身体不好，可是仍然坚持工作。
b 这种句子并不是问句，尽管句中有疑问词。

副词"尽管"的用法可分为两种：一种是表示"一味地、一个劲儿
地"，如（1a），这里记作"尽管$_{1b}$"；另一种是表示"没有条件限制、可
以放心去做"（《八百词》），如（1b），这里记作"尽管$_{1b}$"。

连词"尽管"表示让步，但和它呼应的小句有转折的意思，因此我
们把它也归入转折连词。它多用在前一小句，后面常有"但是/可是"等
转折连词，如（2a），有时也用在后一小句，这时前一小句不能有转折连
词，如（2b）。由于意义并没有什么太大的变化，这里对两者不做区别，
都记为"尽管$_2$"。

8.2 "尽管"的语法化顺序及其习得顺序构拟

从语义上看，"尽管$_{1a}$"和"尽管$_{1b}$"既有区别也有联系：前者多是
对动作行为的客观描述，后者则多用于"建议"。后者应该是从前者发展

而来的：对"一味、一个劲儿地做某事"的主观看法就是建议"没有条件限制、可以放心地做某事"。也就是说，两者之间不仅有意义上的引申关系，还有有无主观性的差别。两者的语义关联顺序和主观性程度顺序都是"尽管$_{1a}$ > 尽管$_{1b}$"。

　　按照语法化的一般规律，连词用法大多是从相应的副词用法发展而来的。"尽管$_2$"表示让步，即"就算某一事件、状态或性质存在（成立），但结果或结论不变"。这一意义跟"尽管$_{1a}$"和"尽管$_{1b}$"似乎都有关系，但似乎都不明显。

　　从历时的角度看，"尽管"最初是一个动词性短语，即"尽 + 管"，其中"尽"为"全""完"义，"管"是动词，后接名词性成分。例如：

（3）a. 暂辞堂印执兵权，尽管诸军破贼年。（《次潼关上都统相公》）

　　　b. 桑弘羊为治粟都尉领大农，尽管天下盐铁。（《资治通鉴》卷二十）

　　　c 度量阔，眼皮宽，把断送房奁全尽管。（《全元曲》）

　　"尽 + 管"组合初见于唐代，但自唐至清用例一直都很少。明代以前的"尽管"都是动词性短语。据我们所见，明代语料里只有《二刻拍案惊奇》中有几例可以看作词的"尽管"：

（4）a 这数个多是吴中高手，见了懒龙手段，尽管心伏，自以为不及。

　　　b 故所到之处，无不如意。及至得来赏赐，尽管分取，只是撺掇多些了。

　　　c 再是一百两一家，分与三个女儿，身边剩不多些甚了。三个女儿接受，尽管欢喜。

　　例（4）中的"尽管"后面是动词性成分，"管"的动词性变弱，"尽管"融为一体，可以看作副词，意为"一个劲儿（地）"，即"尽管$_{1a}$"。

　　在晚清之前的清代语料中，"尽管"用例仍然极少，《红楼梦》和

《儿女英雄传》中都仅有一例：

> （5）a "宝玉好过来了。这赏银怎么样？"王夫人道："尽管我所
> 有的折变了给他就是了。"
>
> b 舅太太忙劝道："你们娘儿三个且别尽管哭哇，到底问问
> 那个小子，怎么就会出了这么个岔儿？"

（5a）中的"尽管"不是副词，其中的"管"似乎是介词，相当于
"把"；（5b）中的"尽管"用于否定句，它既是对动作行为的描述（"娘
儿三个尽管哭"），同时又表示建议，因此应该是介于"尽管$_{1a}$"和"尽
管$_{1b}$"之间，或者说，还不是真正的"尽管$_{1b}$"。

到了晚清，情况发生了很大的变化。仅《官场现形记》一部小说中
就有 20 例"尽管"（全部为副词用法），其中大多数表示"没有条件限
制、可以放心去做"。例如：

> （6）a 庄大老爷道："我的钱，老棣台尽管用，还说甚么还
> 不还。"
>
> b "至于这里的一切事情，都有小侄招呼，请老世叔尽管宽
> 心罢了。"
>
> c 制台道："你有什么见解，尽管写出来。"
>
> d 依我说，你们尽管放心去干。

上例中的"尽管"和现代汉语中的"尽管$_{1b}$"几乎没有什么不同了。

"尽管"的连词用法出现更晚。"五四"以前的用例极少，"五四"
时期用例则变得多了起来。例如：

> （7）a 那知当晚本官一面在堂上发落，一面门上又有密示送至他
> 家，说今晚黄绣球尽管不必到堂尽避说任他的本夫具结取
> 保，却是还要从缓才能开释，并不许他本夫再去探望。
> （《黄绣球》）
>
> b 父母尽管专制，本心却充满爱情。（俞平伯《我的道德
> 谈》）

　　c 一般人的嘴里尽管念着道德，心里却不很明白新道德旧道
　　　德两个字的真正意义。（同上）
　　d 然而尽管两个人都是很痛苦，蜡烛的嫣红的火苗却因为欢
　　　喜的缘故颤抖着。（张爱玲《多少恨》）

　　前面的语料考察表明，动词性短语"尽管"初见于唐代，副词"尽
管"直到明代才有少数用例，且从明代直到晚清的数百年间用例都很少；
连词用法则是"五四"以后才出现的新用法。也就是说，"尽管"的历时
发展顺序应该是：

　　　　尽管$_{1a}$ > 尽管$_{1b}$ > 尽管$_2$

　　但我们在考察历时语料时发现，在从晚清到 20 世纪三四十年代这短
短的几十年间，"尽管"的副词用法在数量上都表现出一种骤然增加的趋
势，连词用法更是异军突起。这和语法化的渐变性原则是不相符的。况且
从语义上看，连词"尽管"很难说是从副词"尽管"发展而来的。因此，
要弄清"尽管"用法的演变，必须改变思路才行。

　　太田辰夫（1958）认为，近代汉语中有副词"尽管"，但没有连词
"尽管"——后者"是很新的词，找不到例子"，"恐怕是'只管'、'尽
自'等合并而成为'尽管'的"。我们发现，历时语料中"尽自"并不
多见，而跟"尽管$_{1a}$"意义接近的词语还有"尽只"。例如：

（8）a 天下学者尽只念这物事，更不敢别走别胡说，上下都有个
　　　　据守。（《朱子语类》）
　　b 张姑娘道："你老人家知道哟，不要尽只恘人来了。"
　　　（《儿女英雄传》）
　　c 我就说："'赵学士这首词儿也太轻薄，你这意思也欠庄
　　　重。你要画，可别画上我，我怕人家笑话。'他尽只闹着
　　　不依。"（同上）

　　"尽"和"只"都可以做范围副词，"尽"表示总括，"只"表示限
制。但在表示"一味地"这个意义上，两者却有相通之处，因此可以构

成一个由两个近义语素组合的双音节复合副词。

更巧的是，它们都可以用在动词"管"的前面，而且副词"尽"和"只"的意思非常接近。"尽管"相当于"只管"最早的例子见于宋代。如：

(9) 燕社鸿秋人不问，尽管吴笙越鼓。(王之道《贺新郎》)

因此，我们有理由认为，"尽管"的意义和用法的产生和演变很可能跟"只管"的意义和用法有很大的关系。考察"只管"的语法化过程将有助于对"尽管"语法化的解释。

"只管"由范围副词"只"和动词"管"组成，意为"只负责、考虑某事"这种用法自唐代开始一直沿用到现代。例如：

(10) a 诸道监冶，除依常年定数铸办供军熟铁并器物外，只管出生铁。(《全唐文》)

　　b 不养健儿，却养乞儿。不管活人，只管死尸。(《老学庵笔记》)

　　c 飞曰："你文官，只管文官事，休来管我！"(《三国演义》)

　　d 我只管跟太太奶奶们出门的事。(《红楼梦》)

　　e 至于杜逢时，他嘴巴的功能是只管吃，不管说。(《皇城根》)

这种"只管"还是一个动词性短语，不是副词。当"只管"用在动词性成分前面时，其意义也可能不是"不负责、考虑别的事"，而是"一味、一个劲儿地做某事"的意思，这时"只管"就变成了一个副词，这种用法初见于五代时期，一直沿用到现在。例如：

(11) a 今日共师兄到此，又只管打睡。(《祖堂集》)

　　b 若不去理会文义，终日只管相守闲坐，如何有这道理？(《朱子语类》)

　　c 那只鹿俯伏在地，口不能言，只管叩头滴泪。(《西

游记》)

　　d 贾兰也不言语,只管抿着嘴儿笑。(《红楼梦》)

　　为了方便,我们把这种用法记为"只管$_{1a}$"。到了明代,"只管$_{1a}$"发展出"放心做某事"这一新用法,这里记为"只管$_{1b}$"。例如:

(12) a 孩儿,家无常礼,不须拜,但有甚话,只管说来。(《西
　　　游记》)
　　b 任武二那厮怎地兜达,我自有话回他。大官人只管放心!
　　　(《金瓶梅》)
　　c 你们只管前走,我在此对付。(《二刻拍案惊奇》)
　　d 五客道:"有好酒,只管拿出来,我每不亏你。"(同上)

　　在清代语料中,"只管$_{1a}$"所在的小句和后面的小句之间在意义上可以是相反的。据我们所见,最早的例子见于《红楼梦》中。例如:

(13) a 黛玉不解,只管发笑,心里也不免疑惑起来。(《红
　　　楼梦》)
　　b 心里只管酸痛,眼泪却不多。(同上)

　　例(13)中的"只管"的意义可以理解为"一味地、一个劲儿地",但由于所在小句的意义和后一小句的意义相反,如(13a)是"表面发现,心里疑惑",(13b)"心里酸痛,眼泪不多"。这种因为语境内容存在转折意义和"只管"的联系强化以后,"只管"就可以理解为表示转折关系,因此具有了连词性质。类似的用例在《儿女英雄传》里有很多。例如:

(14) a 我只管问长问短,他却一副冰冷的面孔,寡言寡笑。
　　　b 安太太合褚大娘子二人只管说些闲话,却是留神细听张
　　　金凤的话。
　　　c 嘴里只管苦劝,却又不好上前用手相拦。

例（14）中的"只管"虽然用在具有转折关系的语境中，但较为具体、实在的意义仍然有所保留，还可以理解为"一个劲儿地"。但下面用例的情况却有所不同：

（15）a 为甚么他一天到晚烟只管吃得最勤，却也吃得最省？

b 我只管知道公婆的心里是怎样了，我可又不敢冒冒失失的问。

c 慢说客官你，就连我们开店的，只管甚么人都经见过，直断不透这个人来。

例（15）中的"只管"后面的动词性短语不再是可以"一味地、一个劲儿地"进行的动作，因此，"只管"的较为具体的意义不复存在，但它却因为语境的关系而获得了新的功能——连接具有转折关系的小句，"只管"也因而语法化为连词，这里记为"只管₂"。不过，由于它此前的意义是"一味地（做）"即某种事实，且又用于转折复句的偏句，因此，"只管"参与构成的转折复句属于让步转折关系。类似的用例在清代其他小说中也不乏用例。如：

（16）a 谁知道口里只管是这般说，他心里另是一副肚肠。（《醒世姻缘传》）

b 你只管这末说，我总有点不放心。（《三侠五义》）

前面的讨论表明，"只管"本来是一个动词性短语，但它从五代开始已经有副词用法，清代还出现了连词用法。但在现代汉语中，"只管"基本上只有副词用法，连词用法已经逐渐消失——一般的词典和虚词工具书如《现代汉语》《现代汉语规范词典》《现代汉语虚词词典》和《现代汉语虚词例释》等在"只管"词条下面都只设立副词用法（《八百词》干脆不收"只管"）。少数辞书如《现代汉语常用虚词词典》虽然设了连词用法，但限于"用在两个相同的动词之间"这种特殊格式。例如：

（17）这些展品大家看只管看，但是任何人都不许乱摸乱动。

这种用法在实际语料中已很少见到，它实际上是近代汉语同类句式的遗留。例如：

（18）a 哭只管哭，可不要尽只饿着。（《儿女英雄传》）

b 咽只管咽了，却不知这是怎么个规矩。（同上）

c 张进宝……吆吆喝喝进来，先说道："拿只管拿，别伤他！"（同上）

与此相反的语言事实是，"尽管"在"五四"之前只有副词用法，没有连词用法。但在现代汉语中，"尽管"的连词用法大量存在。不仅如此，"只管"的副词用法在清代尚远远多于"尽管"，但在现代汉语中，后者远多于前者。换言之，自清代至今，"只管"和"尽管"出现了此消彼长的现象。下面是我们对 9 部作品中"只管"和"尽管"的使用情况统计的结果：

表 8 - 1   "只管"和"尽管"的使用情况

作品	只管	尽管
《红楼梦》	338	0
《儿女英雄传》	148	1
《三侠五义》	95	0
《官场现形记》	23	20
《花月痕》	3	10
《围城》	3	13
《四世同堂》	19	83
《皇城根》	3	15
《王朔自选集》	4（1）	84

从表 8 - 1 中可以看出，清代的《红楼梦》和《儿女英雄传》中有大量的"只管"，却只有 1 例"尽管"，当代《王朔自选集》中有 84 例"尽管"，但只有 4 例"只管"（3 例为副词用法，1 例为动词性短语，没有连词用法）。在《围城》《四世同堂》两部现代作品中，"尽管"也占据压倒性优势，但在晚清小说《官场现形记》中，"只管"和"尽管"

的用例数量则相当接近。

表示"一味地（做）"的"只管$_{1a}$"早在五代时期就已经出现，而"尽管$_{1a}$"直到明代才出现；表示"可以放心去做"的"只管$_{1b}$"在明代已经出现，而"尽管$_{1b}$"到清代才出现；连词"只管$_2$"至晚在《儿女英雄传》中已经常使用，而"尽管$_2$"直到"五四"以后才大量出现。换句话说，"尽管"的每个用法都是跟在"只管"后面亦步亦趋，但表示"没有条件限制"这一副词用法和表示让步这一连词用法却后来居上，基本取代了"只管"。其原因何在呢？

我们认为，"只"和"尽"两者在认知上的相通性为"尽管"替代"只管"提供了可能性。"只"义为"一"，"一"也是"全部"，"尽"义为"全"，"全"也是"一"。"只管"和"尽管"意义相近，就会产生竞争，"只"表示"限制"，是"小量"；"尽"表示"总括"，是"大量"，在表示"没有条件限制、可以放心去做"这个意义上，"尽管"的主观性显然要比"只管"更强。也许正是因为这个原因，"尽管$_{1b}$"在晚清开始兴起，并占据了上风。（见表8—1《官场现形记》和《花月痕》中的用例情况）。

"尽管$_2$"替代"只管$_2$"也与"尽管"的主观性较强有关。在现代汉语中，"虽然"和"尽管"两者在句法上几乎可以完全互换，语义上也没有什么区别，但本族人都能感觉到，"尽管"的语气要比"虽然"强一些。不过，"尽管$_2$"替代"只管$_2$"应该跟后者作为连词先天不足有关：连词既可以出现在主语之前，也可以出现在主语之后。但"只管$_2$"只能出现在主语之后，因此只能算准连词。而"尽管$_2$"在取代"只管$_2$"之后，虽然大多数时候也是位居主语之后，但很快发展出居于主语之前的用法。例如：

(19) a 日本人尽管会横行霸道，可是不能拦住外孙子结婚和生儿养女。（《四世同堂》）

b 这些无知识的小军阀尽管新陈代谢，打来打去，除洪江商人照例吃点亏，与会同却并无关系（《沅水上游几个县份》）

(20) a 尽管发怒，他可是没法干涉他们。（《四世同堂》）

b 当他一这么思索的时候，尽管写不出诗来，他却也能得

到一些快乐。（同上）

（21）a 尽管他连连声称厨房不许外人插手，还是为他把一切洗
得干干净净。（《友情》）

b 尽管他想飞腾，可是连动也动不得。（《四世同堂》）

"尽管"居于主语之前的用法在现代文学作品里大量存在，它很可能是居于主语之后的"尽管"在主语省略的情况下发展出来的结果，如例（20）。

前面说过，"只管"的连词用法是从表示"一味地、一个劲儿地（做）"这一副词用法发展而来的。"尽管$_2$"初见于"五四"时期，但此前并没有既可以理解为"尽管$_2$"又可以理解为"尽管$_{1a}$"的"尽管"。不过，在连词用法已然形成之后，现代汉语语料却可以见到这样的用法。例如：

（22）a 她娘尽管把她说得不成人，外头人尽管把她说得不成人。
她管不了这许多。（《金锁记》）

b 大哥你尽管这么说，可是老拦着我走！（《四世同堂》）

c 带着各色纹缕的倭瓜，碧绿的西葫芦，与金红的西红
柿……可是尽管生产，卖给谁去呢？（同上）

这种现象表明，"尽管$_2$"在意义上跟"尽管$_{1a}$"而不是"尽管$_{1b}$"有关。也许可以这么说，对"只管$_2$"的替代是"尽管$_2$"产生的一个捷径，就算替代现象没有发生，"尽管$_2$"也会产生，只不过要晚上很久。从另一个角度看，处于虚化链后端的某一用法可能会因为近义替代而提前产生，但该语法化过程很可能仍会重现。

有了上面的讨论做基础，我们就可以讨论来看"尽管"的语法化顺序。从语义关联的角度看，"只管"的意义和用法演变顺序是表示"一味地（做某事）"这一用法先发展出"没有条件限制地（做某事）"的副词用法，然后又发展出表示让步这一连词用法。三者的历时发展顺序也是如此。"尽管"的语义关联顺序和历时发展顺序也大致如此，即：

只管$_{1b}$←只管$_{1a}$→只管$_2$／尽管$_2$

尽管$_{1b}$←尽管$_{1a}$（→尽管$_2$）

"尽管$_{1b}$"由"尽管$_{1a}$"发展而来，且具有较强的主观性，其语法化程度应该高于基本上是客观描述的"尽管$_{1a}$"，这是可以肯定的。但"尽管$_2$"的语法化程度较难判断。从历时的角度看，"尽管$_{1b}$"晚清才产生，"尽管$_2$"到现代才有用例，但"尽管$_2$"是对"只管$_2$"的替代，后者在清代中期已经产生。另外，"尽管$_{1b}$"具有很强的主观性，"尽管$_2$"的主要功能是连接小句，主观化程度（"尽管$_2$"较"虽然"有一定的主观性）不如"尽管$_{1b}$"，但意义的抽象化程度却更高。

我们在第6章和第7章中都曾遇到过抽象化程度和主观化程度在判断语法化程度时的冲突问题。第6章提出的假设认为，主观性比抽象性在判断语法化程度高低时更为重要，在描述语法化程度顺序时可以主要基于主观化程度。这一假设在第7章的讨论中已经得到验证。如此，则可以认为"尽管$_2$"的语法化程度低于"尽管$_{1b}$"，兼类虚词"尽管"的各个意义和用法之间的语法化程度顺序大致是：

尽管$_{1a}$ > 尽管$_2$ > 尽管$_{1b}$

按照我们关于语法化顺序和习得顺序基本一致的假设，这一顺序很可能就是"尽管"各个意义和用法之间可能的习得顺序："尽管$_{1a}$"处于虚化链的前端，应该比较容易习得或者说先习得，"尽管$_2$"是比较典型的连词，习得难度不高或者说也应该比较容易习得，"尽管$_{1b}$"的主观化程度很高，习得难度也因此很大，应该较晚习得。

8.3 "尽管"的习得情况考察

先看输出情况。我们对120万字的中介语语料中的"尽管"进行了穷尽性检索，共发现76个输出用例，其中副词用法即"尽管$_1$"6例，连词用法即"尽管$_2$"70例。例如：

（23）a 有什么不懂的东西时，尽管问老师。

   b 妈妈对我常常说："你想学什么就尽管学，学习是最有
    用的。"

   c 男孩子很简单，他们要说什么就尽管说，而女孩子说的
    话和所说的意思常常是相反的。

   d 那时侯尽管问别的人也是一个问题。

  (24) a 我高兴地告诉她，尽管我住在八楼，但是不怕一个人
    睡觉。

   b 可是到走的时候，我知道我尽管是在美国长大的，可是
    我的遗产是在中国。

   c 尽管那时候我还小，但是我从来没有忘记这件事。

   d 尽管我的口带里有钱，但是我对他们说我忘了带来钱。

  从绝对输出的角度看，中介语语料中"尽管"的连词用法的习得
明显好于副词用法。但为了考察"尽管"的输出情况，我们又对 100
万字的本族语语料中的"尽管"进行了穷尽性检索和分类统计，并把
统计结果和中介语"尽管"的输出情况进行了对比，结果得到表
8－2：

表 8－2　　　　　　　　　　　"尽管"的输出情况

意义和用法	中介语输出及比例（%）		本族语使用及比例（%）		比例差（%）	
尽管$_{1a}$	1	1.3	0	0	+1.3	+1.9
尽管$_{1b}$	5	6.6	7.9	6	6	6	+0.6
尽管$_2$	70	92.1	94	94	−1.9	
合计/频次	76/0.06‰		100/0.1/‰			

  从表 8－2 中可以看出，中介语语料中"尽管"的频次略低于本族
语，这说明从总体上看，"尽管"的输出还略显不足，习得情况还不能说
很好。不过两者的共性很强：都是连词用法占压倒性优势。具体来说，在
中介语语料中的副词用法所占的比例高于本族语，连词用法所占比例低于
本族语，不过比例相差并不大。因此我们只能从绝对输出的角度得出一个
大致的习得情况等级顺序：

顺序 1A：尽管$_2$ > 尽管$_1$

顺序 1B：尽管$_2$ > 尽管$_{1b}$ > 尽管$_{1a}$

值得指出的是，本族语里未出现"尽管$_{1a}$"，说明这一用法在现代汉语里已很少使用。但中介语语料中却有一个用例，即例（23d）。这让我们很感兴趣。为了确认，这里把上下文转引如下：

(25) 一天我跟我的朋友去了上海。那天在火车上我们丢了钱包。我觉得那时侯我们没有丢了钱包，但是小偷偷了。我现在也记得一个人上了火车然后他马上下去了。那时侯我们两个都觉得很难受。我们都脸红了。<u>那时侯尽管问别的人</u>也是一个问题。那时侯我也想下车以后给民警打电话，其实我觉得这个也不是美好的。一个人知道了我们的问题，所以他接着来帮助我们。然后我们说他我们的问题。他说他能帮助我们。

从上下文来看，上例中的"尽管"不可能是连词，也不大可能是"尽管$_{1b}$"，理解为"尽管$_{1a}$"（一个劲儿地）则是可以的。

再看正确率情况。在"尽管$_1$"的 6 个输出用例中，有 1 例存在语义上的偏误，正确率为 83.3%（5/6）。偏误用例如下：

(26) 到南京后我才觉得轻松了。我以为从学校会有老师们来接我，不料，我发现没人来接我。当时我很着急，而且别人说话我一点也听不懂。我突然想起来了，给一个陌生的人看我学校的通知书。他<u>尽管</u>把我送到我的学校。我永远不会忘记那位热心的人，也永远不会忘记这件事。

上例中的"尽管"应该是"尽管$_{1b}$"，不过学习者只知道它可以表示"没有条件限制地做"，但却不知道它主要用于表示"建议"。

如果分开来看的话，中介语语料中"尽管$_{1b}$"有 5 个用例，其中 1 例偏误，其正确率只有 80%，习得情况只能说是中等。而如果我们上面对（25）的理解成立，那么"尽管$_{1a}$"没有偏误，正确率为 100%。但这是一个孤例，统计学的意义并不大。

在"尽管$_2$"的 70 个输出用例中，有 7 个存在与之有关的偏误，正确率为 90%（63/70），其习得情况可以视为良好。连词"尽管"的偏误在句法、语义方面都有表现：

(27) a 听了我的话她说，尽管我们来在别的商店，都可以买东西。

b 我跟我家人住在农村，尽管我住的地方不太方便，真的漂亮。

c 尽管天气很冷，他身上有很少衣服。

d 因为我也以前没去过很多地方，所以我也用这个机会看看南京是怎么样。尽管是一天，我感到兴奋而舒服。

e 我还记得是爷爷对我说，你忍一下快到了，其实还有很长时间。我尽管相信他，忍了好长时间，但最后我还吐了起来。

(28) a 尽管我走到天涯海角，我也永远想念顺化，我的家乡！

b 尽管她提出来什么滋味，我都感到难受了。

例（27a－d）的问题在于与"尽管"所在小句呼应的后一小句没有表示转折的关联词语，例（27e）的问题则是"尽管"的语序偏误；例（28a）中的"尽管"为表示让步的"即使"等的误代，而（28b）中的"尽管"则是"不管"的误代。

上面的讨论表明，从正确率的角度看，"尽管"的各个意义和用法之间的习得情况等级顺序是：

顺序 2A：尽管$_2$ > 尽管$_1$

顺序 2B：尽管$_{1a}$/尽管$_2$ > 尽管$_{1b}$

最后看初现情况。我们对南师大和复旦两个子语料库中的"尽管"分别进行了分级考察（初级部分和中级部分各 40 万字），结果得到表 8－3：

意义和用法	初级部分		中级部分	
	南师大	复旦	南师大	复旦
尽管$_{1a}$	1	0	0	0
尽管$_{1b}$	2	1	0	2
尽管$_2$	22	10	4	15

表 8 – 3　　　　　　　　　　"尽管"的初现情况

从表 8 – 3 中可以看出，在 40 万字的初级语料（南师大和复旦语料各 20 万字）中，"尽管$_2$"的输出完全达到了初现标准，但"尽管$_{1a}$"只有 1 个用例，"尽管$_{1b}$"在两个子语料库中表现不同，但都没有达到初现标准，即使加在一起，也刚刚达到初现的最低数量。在 40 万字的中级语料（南师大和复旦语料各 20 万字）中，"尽管$_2$"仍有足够的输出，但南师大语料中"尽管$_{1b}$"又表现为零输出。因此，从初现的角度看，兼类虚词"尽管"各个意义和用法的习得顺序是：

顺序 3A：尽管$_2$ > 尽管$_1$
顺序 3B：尽管$_2$ > 尽管$_{1b}$ > 尽管$_{1a}$

8.4　讨论

在上一节中，我们分别从输出、正确率和初现三个角度考察了"尽管"的习得情况，得出了两组不尽相同的习得情况等级顺序，即：

顺序 1A：尽管$_2$ > 尽管$_1$
顺序 2A：尽管$_2$ > 尽管$_1$
顺序 3A：尽管$_2$ > 尽管$_1$
顺序 1B：尽管$_2$ > 尽管$_{1b}$ > 尽管$_{1a}$
顺序 2B：尽管$_{1a}$/尽管$_2$ > 尽管$_{1b}$
顺序 3B：尽管$_2$ > 尽管$_{1b}$ > 尽管$_{1a}$

很显然，无论是输出、正确率还是初现，"尽管$_2$"的习得表现都好于"尽管$_1$"，两者之间的客观习得顺序"尽管$_2$ > 尽管$_1$"。具体到小类来说，"尽管$_{1b}$"在输出和初现两个方面都好于"尽管$_{1a}$"，"尽管$_{1a}$"的正确率虽高，但因为只有1个用例，不具有统计学的意义。因此，综合来看，兼类虚词"尽管"的各个意义和用法的客观习得顺序是：

$$尽管_2 > 尽管_{1b} > 尽管_{1a}$$

　　这一顺序和本章第2节中构拟的习得顺序并不一致。差别在于"尽管$_{1a}$"的位置。基于语法化程度顺序，它在习得顺序中应该是最前面的一个，但在客观习得顺序中，它却位居最后。不过这是可以解释的：语法化程度越低，其使用频率也就越低。前面对本族语料的统计分析就是一个明证——在100万字的本族语料中，"尽管$_{1a}$"的出现次数为零。如此低频的用法，教材中一般不会出现，即便在目的语环境下，学习者也很少有机会接触到。如果换一个角度看，中介语语料中能够有1例输出，恰恰能够说明语法化顺序和习得顺序基本一致的关系：语法化程度较低的意义和用法，即使没有机会接触到，学习者也能凭借认知机制推导出来。这也许能够在一定程度上证明那句话，"成人二语习得者的习得顺序就是重复该语言的历时发展过程"（参见第2章）。

　　"尽管$_{1b}$"和"尽管$_2$"之间的客观习得顺序再次证明了我们在第6章中提出的假设。可见，对于副连兼类虚词来说，如果副词用法的主观化程度很高，那么它比连词用法更难习得。因为典型连词的主要功能是连接小句，其意义主要是小句之间的逻辑关系意义。逻辑意义在人类语言中是相通的，因此基本上属于客观的事理意义。反过来推理，兼类虚词的语法化程度的判定不能仅仅从词类得出简单的看法，如副词和介词的语法化程度低于连词。语法化的单向性在主观性和抽象性两个方面可能是矛盾的。在语义演化过程中，抽象性总是越来越强，但主观性却不是如此。

　　就兼类虚词"尽管"来说，"尽管$_2$"和"尽管$_1$"之间的习得顺序应该不是教学安排影响的结果。因为在国家汉办编制的《教学大纲》中，"尽管$_1$"和"尽管$_2$"都属于初等阶段语法项目，编号分别为023和080。实际教学虽然可能有先有后，但相隔时间不会太远。因此除了主观化程度外，另一个可能的解释是频率影响的结果：高频词比低频词更容易习得。在本族语料中，"尽管$_2$"的使用频率远高于"尽管$_{1b}$"，这种差异自然也会反映在二语教学之中。不过，我们在中介语语料中竟然发现 1 例本族语料没有的"尽管$_{1a}$"，这似乎又说明，频率影响并不是决定性的因素。

9

"就是"的语法化顺序和习得顺序

9.1 "就是"的意义和用法分类

在现代汉语中,"就是"有很多意义和用法。例如:

(1) a 不管怎么说,他就是不同意。

　　b 王老师的水平就是高!

(2) a 走过去就是一脚。

　　b 一玩就是四个小时。

(3) a 别人都不这样,就是你傻。

　　b 这孩子挺聪明,就是有点淘气。

(4) a 就是遇到天大的困难,我们也要想办法克服。

　　b 他们俩长得一模一样,就是家里人有时也分不清。

(5) a 不是你去,就是他去,反正你们两个人得去一个。

　　b 他不是日本人,就是韩国人。

(6) a 我一定办到,你放心就是(了)。

　　b 就是,就是,您的话很对。

例(1)中的"就是"用于动词性或形容词短语之前,一般的工具书如《八百词》《现代汉语常用虚词词典》和《现代汉语规范词典》等认为它是副词,表示强调肯定;例(2)中的"就是"只有《八百词》和《现代汉语常用虚词词典》等少数辞书列为副词,《八百词》认为它的作用是"强调动作果断"或"说话人认为数量多",《现代汉语常用虚词词典》则认为它"起关联作用,相当于'就'";例(3)中的"就是"在意义上相当于"只有"或"只是",可以理解为限制范围,《八百词》把它们都看作副词,但《现代汉语常用虚词词典》却把例(3b)中的"就是"看作"表示轻度的转折关系"的连词;例(4)中的"就是"一般都看作连词,不过有些辞书如《八百词》和《现代汉语常用虚词词典》对它们进行了进一步的细分,认为例(4a)中的"就是"表示假设兼让步,例(4b)不表示假设,只表示"一种极端的情况";例(5)中的"就是"只有《现代汉语虚词词典》和《现代汉语常用虚词词典》等部分辞书认为是表示不相容的选择关系的连词;例(6a)中的"就是"一般看作助词,例(6b)则被《八百词》和《现代汉语词典》等工具书看作是"单用、表示同意"的副词。

我们认为,上述各例"就是"组合中的"就"尽管有表示强调、关联、限制和承接的区别,但它们都是副词性的,这一点应该没有问题。然而"是"的性质就比较复杂了。从来源上看,"是"在古代汉语中有形容词(正确)、代词(此/这)和判断动词三种词性。例(1)至例(5)中"就是"的"是"尽管虚化程度不同,但都是由判断动词发展而来的,由它们参与构成的"就是"虽然兼属副词和连词两个不同的词类,但意义之间存在一定的联系,属于我们研究的副连兼类虚词。例(6)"就是"中的"是"应该是从形容词用法发展而来的,不属于我们的研究对象。

另外,很多工具书都注意到了"就是"和"就"的关系,如例(1a)例(2a)和例(3a)中的"就是"可以换成"就"。这在一定程度上意味着"就是"中的"是"意义非常虚,可以看作一个词内成分甚至是一个词缀。但例(1b)中的"就是"不能换成"就"并不表示它和例(1a)中的"就是"有本质的不同,而是跟形容词的性质有关。例(2)中的"就是"后面是名词性成分,"就是"确实不像是一个典型的副词——如果认为"就"有承接作用,那么"是"就可以看作一个动词,不过它只有句法作用,意义非常虚,考虑到它们共同参与构成表示迅速或短时多量这种特殊格式,也不妨把它们当作副词。例(3b)中的"就是"其实介于副词和连词之间:从表示限制的角度看,它是副词;从前后小句的语义关系看,它有一定的关联作用,不过这种意义是语境影响的结果,我们更倾向于把它看作副词。例(5b)中的"就是"后面是纯粹的名词,"他就是韩国人"如果作为一个孤立的句子,"是"肯定是动词。但在"不是X,就是Y"这种结构中,"就是"很明显是作为整体起连接作用的，因此也可以看作连词。

本章把副词"就是"记为"就是$_1$"，同时接受《八百词》的看法，把例（1）、例（2）和例（3）中的"就是"都看作副词，分别记为"就是$_{1a}$""就是$_{1b}$"和"就是$_{1c}$"。把连词"就是"记为"就是$_2$"，但对例（4a）和（4b）中的"就是"不作是否表示假设的区分，都看作表示让步的连词，记为"就是$_{2a}$"，把例（5）中的"就是"看作表示选择关系的连词，记为"就是$_{2b}$"。

9.2　"就是"的语法化顺序和习得顺序构拟

无论是副词还是连词，"就是"的语义主要取决于"就"。"就"的意义和用法很多，而且从历时的角度看，有些用法是从"即""便"那里继承来的，有些则是它自身发展出来的（高顺全，2012）。"是"也经历了从判断动词到强调标记再到词内成分（后缀）的虚化过程，这方面的因素导致副词"就是"和连词"就是"的几个小类用法之间的语义关联在共时平面上很难判断。换句话说，要评判"就是"的语法化程度顺序，主要得依靠对其历时发展顺序和主观化程度的考察。

9.2.1　历时发展顺序

"就"本来是一个动词，意为"接近"。"就 + VP"结构在汉代已经出现，但副词"就"在元代以前还用得很少（李宗江，1999）。原因是在"就"之前，汉语中已经另有别的副词表达副词"就"意义，这就是"即"和"便"。李宗江（1999）经过对大量的历时语料统计后认为，在汉语史上，"即"与"便"、"便"与"就"分别存在历时替换关系。"即"在先秦时期已经语法化为副词，"便"在汉代尚不多见，但南北朝时期已经超过"即"，唐五代时期用量更高。到了宋代，"便"对"即"的替换已经完成。而"就"在明代发展很快，到了明代中叶，其用量已大大超过了"便"。现代汉语口语中已经只用"就"而不用"便"。

根据我们的历时语料考察，李宗江的观点是可信的。这就意味着，副词"就"的各种意义和用法在很大程度上是对"便"的副词用法的继承，而"便"的副词用法则包含着对"即"的副词用法的继承。当然，三者之间的相互继承关系并不是简单的替换："便"在"即"的基础上发展出了一些新用法，而"就"的副词用法又较"便"更为丰富。

　　"就"表示加强判断语气的用法是在继承"即"和"便"同类用法的基础上发展而来的。"即"在先秦就可以用来表示判断，由于此时判断动词"是"尚未产生，"即"直接联系判断句的两个部分，直到西汉时期，情况还是如此。例如：

　　　　（7）a 通维四夷，而天下莫不宾，焉袭汤之绪，此即武王之所以诛纣也。（《墨子》）
　　　　　　　b 十三年孺子见我济北，谷城山下黄石即我矣。（《史记》）
　　　　　　　c 其季父项梁，梁父即楚将项燕，为秦将王翦所戮者也。（同上）
　　　　（8）a 民死亡者，非其父兄，即其子弟。（《左传》）
　　　　　　　b 天下未尝无事也，非从即横也。（《战国策》）

　　例（8）中的"非 X 即 Y"如果用现代表达，就是"不是 X 就是 Y"。不过，在先秦时代，它还有一个同义格式"非 X 则 Y"。例如：

　　　　（9）然而语而不舍，非愚则诬也。（《庄子》）

　　吕叔湘（1982）最早就注意到这"非 X 则 Y"和"不是 X 就是 Y"之间的关联，他把"不是 X 就是 Y"放在"非甲则乙"格式下讨论；太田辰夫（1958）更是明确提出：在古代汉语中用"非""不"代替"不是"，用"即"代替"就是"。在用"就是"之前多用"便是"。席嘉（2006）则全面研究了"不是 X 就是 Y"的历时发展过程。席文的考察表明，六朝时判断词"是"已和"即""则"连用，稍后"便"替代了"即/则是"中的"即/则"，到元明开始，"就是"逐渐取代了"便是"。下面是席嘉（2006）举的例子：

　　　　（10）a 若非金谷满园树，即是河阳一县花。（《枯树赋》）
　　　　　　　　b 天下岂有此少年！若非鬼魅则是狐狸。（《搜神记》）
　　　　（11）a 风拂拂地，不是南风，便是西北风。（《碧岩录》）
　　　　　　　　b 不是上天堂，便是下地狱。（《林间录》）

（12）a 不是磕碎脑袋，就是抢了鼻凹。（《薛仁贵衣锦还乡》）

b 无事坐在炕上，不是描眉画眼，就是弹弄琵琶。（《金
瓶梅》）

前文把"不是 X 就是 Y"中的"就是"记为"就是$_{2a}$"。关于它的语法化机制，太田辰夫（1958）曾指出，它本来不是连词，是因为这种呼应形式而连词化了的。张谊生（2002）认为它由判断动词虚化为连词，是和它由肯定或否定词或词组发展到可以用在小句主语之前这一组合功能的变化相联系的。席嘉（2006）则从结构式的语法化角度出发，认为"不是 X 就是 Y"来源于先秦的假设句式"非 X 则 Y"。"不是"替换"非"、"则/即是"替换"则/即"以及"便是"替换"则是/即是"、"就是"取代"便是"都是词汇兴替。

我们同意席嘉的看法。这样一来，"不是 X 就是 Y"的产生年代就不再是元明时期，而是可以上溯到先秦时期。即便考虑到"是"的因素，也可以认为至晚在六朝时期，表示不相容选择关系的格式已经出现。

"即"在先秦时已经虚化出表示让步的连词用法。例如：

（13）a 即有军役，未尝倍太山，绝清河，涉渤海也。（《战国策》）

b 桀、纣即厚于有天下之势，索为匹夫而不可得也。
（《荀子》）

到唐宋时期，"便"也产生了此类用法。例如：

（14）a 便与先生应永诀，九重泉路尽交期。（杜甫诗）

b 画工着色饶渠巧，便有此客无此资。（杨万里诗）

至晚在宋代，"便是"开始取代"便"。例如：

（15）a 残睡觉来人又远，难忘。便是无情也断肠。（晏几道词）

b 便是千圣出头来，也安一字不得。（《五灯会元》）

元明时期以"便是"为多,但"就是"开始出现。例如:

(16) a 飞曰:"便是曹操自来,也杀他片甲不回!"(《三国演义》)

b 便是黄花女儿,刚刚扯的一把,也不消这等使性。(《窦娥冤》)

c 休道是三条计,就是千条计,亦近不的他。(《全元曲》)

d 他就是普贤菩萨,我也不让他。(《全元曲》)

表示让步的"就是"取代"便是"大约是清代以后的事情——我们对《儿女英雄传》进行了穷尽性考察,共发现表示让步的"便是"有36例,而同样用法的"就是"只有15例,还不及前者的一半。

"是"的判断动词用法产生之后,"即"就用于"是"前表示加强判断语气,这种用法当不晚于东汉;六朝时期,"便"也可以用于"是"前,表示加强判断语气。例如:

(17) a 子今乐知天地之常法,阴阳之明证,此即是也。(《太平经》)

b 近在君帐北十数步水侧枯杨树下,即是吾也。(《搜神记》)

c 何处觅庾吴郡?此中便是。(《世说新语》)

d 凡理之所在,东便是东,西便是西,何待信?(《河南程氏遗书》)

e 帝时为太子,好养武士,一夕中作池,比晓便成。今太子西池便是也。(同上)

"就"至晚在宋代时就已经继承了这一用法。例如:

(18) a 方才开得铺三两日,一个汉子从外面过来,就是那郭排军。(《错斩崔宁》)

b 原来王保就是王秀,浑名"病猫儿"。(《宋四公大闹禁魂张》)

　　"就"取代加强判断、肯定语气的"即"和"便"之初，主要是用于"是 + NP"之前。当这种加强语气被"就"吸收以后，"就"用于动词性短语前也可以表示强调肯定语气。这种用法始见于明代。例如：

> （19）a 我就猜没别人，就知道是玳安这贼囚根子，替他铺谋定计。（《金瓶梅》）
>
> b 真个由他，我就不信了！（同上）
>
> c 吴大妗子道："我就不信。李大姐好个人儿，他怎肯说这等话。"（同上）
>
> d 象你怎么也不算在里头？我心里就不服。（《红楼梦》）

　　另一方面，表示强调确认的"就"也意味着肯定唯一、排除其他，这样"就"就产生了表示限制的用法。例如：

> （20）a 你这多少时初生的小人芽儿，就知道你妈妈。（《金瓶梅》）
>
> b 就剩下了这一件，你遭塌了也再没了。（《红楼梦》）

　　这种用法的"就"可以用在"是"的前面，构成的"就是"用于前一小句中相当于副词"只是"，用于转折语境的后一小句中，可以表示"轻度的转折"。这就是本章的"就是$_{1c}$"。该用法在明代时已经出现，清代更多。例如：

> （21）a "只是五娘和二娘悭客的紧，俺每莫不赔出来！"傅伙计道："就是你大娘还好些。"（《金瓶梅》）
>
> b 他罪不至死，就是赖了公子的钱，可恼，但我父子都曾得他钱。（《型世言》）
>
> c 事到其间不得不成，就是难为了媒人，女儿已失所了，故此要慎重。（同上）
>
> d 举止外像一些不差，就是神色里边，有些微不象处。（《初刻拍案惊奇》）

（22）a 猛一瞧倒象是宝兄弟的，就是多两个坠子。（《红楼梦》）

b 刘姥姥道："还都好，就是今年左边的槽牙活动了。"（同上）

"就"作为限制副词不仅可以限制范围，也可以表达数量。表达数量多、速度快的用法明代已见。例如：

（23）a 对身一抖，跳将起来，一筋斗就有十万八千里路哩。（《西游记》）

b 大仙与明月、清风纵起祥光，来赶三藏，顷刻间就有千里之遥。（同上）

c 岂有此理！你一人就占我三个女儿不成！（同上）

表达动作迅速的"就是"（本章的"就是$_{1b}$"）明代已经可以见到用例，例如：

（24）a 那应伯爵与谢希大拿起箸来，只三扒两咽就是一碗。（《金瓶梅》）

b 那贱人回马就是一石，故此未及防备。（《封神演义》）

c 由分说，走上去，一把扯掉了他的方巾，劈脸就是一个大嘴巴。（《儒林外史》）

表示一次动作涉及的动量、名量大的"一V+就是+数量短语"（本章的"就是$_{1b}$"）出现稍晚，清代语料里可以见到很多用例。如：

（25）a 串街道，走胡同，一去就是半日。（《醒世姻缘传》）

b 不等我开口，一捐就是一万。（《官场现形记》）

c 不要说别的，但是香水，一买就是一百瓶；雪匣烟，一买就是二百匣。（同上）

d 一喝酒就是一天，那里能逛。（《品花宝鉴》）

可能因为"就是"经常连用，加上"是"本身也可以表示强调，"就是"用于动词性短语前面也表示强调肯定语气，这就是"就是$_{1a}$"。晚清语料中可以见到此类用法。这种"就是"用于形容词前应该是现代才有的现象。例如：

(26) a 他一定要抚台答应他才肯买，我就是不肯折这口气！
（《官场现形记》）

b 你这不要脸的东西！冒了人家的官还要打人！我就是不服你的管！（同上）

c 样样都是好的，人家就是不要你。（《白雪遗音》）

d 部队同志就是好！（《柳树井》）

9.2.2　"就是"的语法化顺序和习得顺序构拟

上一小节表明，"就是"的大量使用是元明之后的事情。但"就是"各个意义和用法的来源并不相同。"就是$_2$"的两个用法都是"即/便"同类用法的替代，"就是$_1$"的三个用法则基本上跟"就"在元明以后自身发展出来的新用法有关。也就是说，"就是$_2$"先于"就是$_1$"产生。

具体来看，"就是$_{2b}$"的产生年代可以上溯到先秦，最晚也该是六朝；"就是$_{2a}$"的产生年代也可以上溯到先秦，至晚也应该是宋代。从这个角度看，可以认为"就是$_{2b}$"先于"就是$_{2a}$"产生。"就是$_{1a}$"直到晚清才出现为数不多的用例，但它可以看作表示强调确认语气的"就"的双音化形式，而"就"的这种用法明代已经出现；"就是$_{1b}$"和"就是$_{1c}$"源自表示限制的"就"（此类用法源自表示强调确认语气的"就"），不过后者在明代已经出现，前者表示动作迅速的用法出现较早，但表示数量多的用法到清代才以一种特殊格式的形式出现。因此，大致说来，"就是"的各个意义和用法之间的历时发展顺序应该是：

就是$_{2b}$ > 就是$_{2a}$ > 就是$_{1c}$ > 就是$_{1a}$/就是$_{1b}$

"就是$_2$"的两个用法在语义上存在关联，它们可以看作"就是（即是/便是）"表示加强判断向不同的假设方向发展出来的结果：用于让步假设是"就是$_{2a}$",用于一般假设并和否定对举(选择)是"就是$_{2b}$"。前者的强调语气因为用于让步而变得更强,因此带有很强的主观性;后者的判断语气因为用于选择而减弱,主观化程度不高。因此,综合语义关联、历时发展和主观化程度三个方面的因素来看,可以认为,"就是$_{2a}$"的语法化程度高于"就是$_{2b}$",即:就是$_{2b}$ > 就是$_{2a}$。

"就是$_1$"的三个用法之间的语义关联体现在"就"上:表示限制和数量的"就"源自表示强调的"就"(高顺全,2012)。但表示限制的"就"意义相当于"只",具有较强的主观性,但意义却比较具体,因此其语法化程度低于表示强调语气的"就"。由此发展出来的"就是$_{1c}$"用于后一小句,具有一定的关联作用,语义的抽象化程度有所增强,但主观化程度却也因此减弱。如果把主观化程度作为重要的判定依据,两者之间的顺序应是"就是$_{1c}$ > 就是$_{1a}$";表示速度快、数量多的"就"虽然也源自表示限制的"就",但它的语义指向却跟表示限制的"就"相反:"一V + 就(是)+ 数量"的"就"指向"一",表示数量是语用推理的结果,因此其主观化程度很高。考虑到它产生的年代较晚,可以认为三者之间的语法化程度高低顺序应该是:就是$_{1c}$ > 就是$_{1a}$ > 就是$_{1b}$。

"就是$_1$"和"就是$_2$"之间很难说存在语义关联。如果一定要比较它们之间的语法化程度,从历时发展顺序的角度看应该是"就是$_2$ > 就是$_1$"。具体来说,"就是$_{2b}$"产生很早,且主观性程度较低,"就是$_{1c}$"虽然产生较晚,但主观性明显较低(特别是用于后一小句表示补充作用的时候)两者的语法化程度相仿;"就是$_{2a}$"虽然产生较早,但主观性很强,"就是$_{1a}$"产生较晚,而且主观性也很强,两者之间的语法化程度应是后者更高一些;"就是$_{1b}$"产生最晚,主观化程度也很高,其语法化程度应该是最高的。因此,综合来看,可以认为"就是"的各个意义和用法之间的语法化程度顺序等级大致是:

$$就是_{1c}/就是_{2b} > 就是_{2a} > 就是_{1a} > 就是_{1b}$$

根据我们语法化程度顺序和习得顺序基本一致的理论假设,上面的顺序很可能就是"就是"各个意义和用法之间的习得顺序:"就是$_{2b}$"和"就是$_{1c}$"的语法化程度较低,应该容易习得或者说先习得;"就是$_{2a}$"的语法化程度中等,习得顺序也相应靠前;"就是$_{1a}$"和"就是$_{1b}$"的语法化程度都很高,习得难度较大或者说应该后习得。

9.3 "就是"的习得情况考察

先看输出情况。我们以"就是"为关键词对 120 万字的中介语语料库进行了穷尽性检索,人工剔除动词性短语"就是"和"就是说"等,共得到属于本章研究对象"就是"46 例。其中"就是$_1$"24 例,"就是$_2$"22 例。除了"就是$_{1b}$"为零输出外,"就是"的其他几个意义和用法都有用例。下面具体来看。

"就是$_{1a}$"共有 10 个输出用例。如:

(27) a 我就是喜欢南京的"绿色",还是南京好!

b 我就是这么想:学习比上课要多得多。

c 就是因为还剩下一个重要的考试,这个考试的重要性比期末考试还大。

d 一天里只去了泰山,但是泰山就是令人感动!

"就是$_{1c}$"共有输出用例 14 个,例如:

(28) a 那时候,我的韩国朋友都找到自己的辅导老师。但是就是我找不到。

b 巴黎的饮食很适合我们的口味,就是有点贵。

c 从那时起再开始困难的生活,但奶奶不抱怨他,就是责备自己。

d 让那时候的我说,学习就是为了考试罢了。

"就是$_{2a}$"共有 8 个输出用例,如:

(29) a 现在呢,别说养狗,就是我养牛的话也没人管我了。

b 我来中国以后看看,别说是遍地都有自行车,就是汽车也很多。

c 不用说"地狱的高考",就是"考高中"也很辛苦。

　　d 那种时候我对她说的话，就是现在回想起来，也觉得太
过分了。

"就是$_{2b}$"共有输出用例 14 个，例如：

（30）a 以后每天起得很晚，不是看电视，就是玩电脑。
　　　b 它们不是吃竹子，就是玩儿，要不就是睡觉。
　　　c 一般人认为广告不是卖东西的手段，就是不可信的短
　　　　片子。
　　　d 它制造时好多次失败了，不是声音不够好，就是撞钟时
　　　　会开裂。

　　我们的语料统计表明，"就是$_1$"和"就是$_2$"非常接近。具体到小类
来说，"就是$_{1c}$"和"就是$_{2b}$"最多，都是 14 例；"就是$_{1a}$"和"就是$_{2a}$"
输出较少。"就是$_{1b}$"根本没有输出。因此，从绝对输出的角度看，除
"就是$_{1b}$"外的其他几个意义和用法的习得情况依次是：

就是$_{1c}$／就是$_{2b}$ ＞ 就是$_{1a}$／就是$_{2a}$

　　我们判断输出情况还有一个标准，那就是相对输出。我们对 100 万字
的本族语料进行了同样的穷尽性检索，分类统计之后和中介语料的输出情
况进行了对比，结果见表 9-1：

表 9-1　　　　　　　　　　"就是"的输出／使用情况

意义和用法	中介语输出数量（例）及比例（%）			本族语使用数量（例）及比例（%）			比例差（%）	
就是$_{1a}$	10	21.8		78	39.8		-18	
就是$_{1b}$	0		52.2	5	2.5	62.7	-2.5	-10.5
就是$_{1c}$	14	30.4		40	20.4		+10	
就是$_{2a}$	8	17.4		56	28.6		-11.2	
就是$_{2b}$	14	30.4	47.8	17	8.7	37.3	+21.7	+10.5
合计／频次	46/0.04‰			196/0.2‰				

从表 9 - 1 中可以看出，在 120 万字中介语语料中，我们研究的
"就是"只有 46 例输出，远低于 100 万字的本族语料中的 196 个。这
表明中介语料中"就是"的输出明显不足。具体来说，中介语料和本
族语料都是"就是$_1$"多于"就是$_2$"，但两者在中介语料中比例相差
不大，但本族语中并非如此。也就是说，中介语料中"就是$_1$"的相
对输出明显不足，"就是$_2$"的相对输出情况却很好。即"就是$_2$ >
就是$_1$"。

具体到小类来说，"就是$_{1a}$"和"就是$_{2a}$"相对输出明显不足（前者
甚至可以说是严重不足），"就是$_{1c}$"和"就是$_{2b}$"的相对输出情况良好
（后者甚至表现出输出过度的倾向）。可见，从相对输出的角度看，"就
是$_2$"的整体习得情况好于"就是$_1$"，具体到小类来说，"就是$_{2b}$"和"就
是$_{1c}$"的习得情况看成良好，"就是$_{2a}$"和"就是$_{1a}$"的习得情况只能说较
差。即：就是$_{2b}$/就是$_{1c}$ > 就是$_{2a}$/就是$_{1a}$

这一等级顺序和前面的绝对输出顺序基本一致。"就是$_{1b}$"根本没有
输出，可以视为尚未习得。因此，从输出的角度看，"就是"的各个意义
和用法的习得情况等级顺序是：

顺序 1A：就是$_2$ > 就是$_1$
顺序 1B：就是$_{1c}$/就是$_{2b}$ > 就是$_{1a}$/就是$_{2a}$（> 就是$_{1b}$）

再看正确率情况。我们结合语境对 46 个输出用例进行了逐个考察，
共发现 5 个用例存在与"就是"有关的偏误，其正确率为 89.1%（41/
46）。其中"就是$_1$"的 24 个用例中只有 1 例存在偏误，正确率为 95.8%
（23/24），"就是$_2$"的 22 个用例中有 4 例存在偏误，正确率为 81.8%
（18/22）。

具体到小类来说，"就是$_{1c}$"和"就是$_{2a}$"没有偏误，两者的正确率
都高达 100%。"就是$_{1a}$"的 10 个用例中有 1 例疑似偏误，正确率为
90%。偏误用例如下：

（31）别人都说她很可爱，可爱就是可爱，我还不喜欢她。

"就是$_{1a}$"表达的是说话人的强调肯定语气，但在例（31）中，"可爱"更多的是别人的看法，"可爱就是可爱"后面也没有"不是喜欢"等内容，当属语用偏误，或者是对"X 是 X"格式中"是"的误代使用。

"就是$_{2b}$"的 14 个用例中有 4 例偏误，正确率只有 71.4%。偏误句如下：

> （32）a 我还没有中国朋友。可我认识一位中国人。他不是我的朋友，就是我爸爸的朋友。
>
> b 我只记得爸爸，下班以后在家里不是帮助妈妈，就是看电视，从来不做家务。
>
> c 那天中午我看他跟平时一样的样子，才松了一口气，还安慰了他，可其实那天真正吃惊的人不是他，就是我。
>
> d 我认为很可惜。因为来中国的最重要原因之一不是进步我们的英语水平，就是常常见面中国人。

"不是 X，就是 Y"格式表达的是不相容的选择关系。从内容上看，上面 4 例都是明确地肯定后项，否定前项，当是"不是 X，而是 Y"格式的误代使用，属于语义偏误。

按照正确率标准，某一语言项目的正确率如果在 90% 以上，其习得情况就可以视为良好，在 80% 以上视为一般，低于 80% 则视为较差。这样，从正确率的角度看，"就是"的各个意义和用法的习得情况等级顺序应该是：

> 顺序 2A：就是$_1$ > 就是$_2$
>
> 顺序 2B：就是$_{1c}$ / 就是$_{2a}$ / 就是$_{1a}$ > 就是$_{2b}$（> 就是$_{1b}$）

最后看初现情况。我们对南师大和复旦中介语语料库的初级部分（各 20 万字）和中级部分（各 20 万字）做了分级检索，对得到的"就是"进行了分类统计，结果得到表 9-2：

表 9 - 2 　　　　　　　"就是"的初现情况　　　　　（单位：例）

意义和用法	初级部分		中级部分	
	南师大	复旦	南师大	复旦
就是$_{1a}$	0	0	3	3
就是$_{1b}$	0	0	0	0
就是$_{1c}$	0	0	5	4
就是$_{2a}$	0	0	2	4
就是$_{2b}$	3	2	2	3

从表 9 - 2 中可以看出，在合计 40 万字的初级语料中，只有"就是$_{2b}$"有输出用例，该用法在南师大初级语料中有 3 例输出，基本达到了初现标准；在复旦语料之初级部分中只有 2 例输出，虽然尚未达到初现标准，但可视为已经开始习得。在 40 万字的中级语料中，这一情况有了很大的改变，除了"就是$_{1b}$"仍为零输出（高级部分仍是如此）外，其他几个用法都基本达到了初现标准。因此，从初现的角度看，"就是"的各个意义和用法之间的习得顺序是：

顺序 3A：就是$_2$ > 就是$_1$

顺序 3B：就是$_{2b}$ > 就是$_{1a}$/就是$_{1c}$/就是$_{2a}$（ > 就是$_{1b}$）

9.4　讨论

我们在上一小节中分别从输出、正确率和初现三个角度对 120 万字的汉语中介语语料库中的"就是"的习得情况进行了详细的考察，得出了两组不尽相同的顺序。现在我们把三方面的情况综合起来，对兼类虚词"就是"的习得情况等级进行一个全面的评判。

先看大类用法，本章 9.3 节中得到的三个习得情况等级顺序分别是：

顺序 1A：就是$_2$ > 就是$_1$

顺序 2A：就是$_1$ > 就是$_2$

顺序 3A：就是$_2$ > 就是$_1$

"就是$_2$"在输出和初现两方面的表现都好于"就是$_1$",虽然正确率相差较远,但也在 80% 以上,可以视为基本习得。因此综合来看,两者之间的客观习得顺序应该是"就是$_2$＞就是$_1$"。这一顺序和我们在 9.2.2 小节中根据语法化顺序和习得顺序基本一致这一假设构拟的习得顺序是一致的。

再看小类用法。9.3 节得到的三个习得情况等级顺序分别是:

顺序 1B: 就是$_{1c}$／就是$_{2b}$＞就是$_{1a}$／就是$_{2a}$＞(就是$_{1b}$)
顺序 2B: 就是$_{1c}$／就是$_{2a}$／就是$_{1a}$＞就是$_{2b}$＞(就是$_{1b}$)
顺序 3B: 就是$_{2b}$＞就是$_{1a}$／就是$_{1c}$／就是$_{2a}$＞(就是$_{1b}$)

不难看出,"就是$_{1c}$"在输出和正确率两个顺序中都居于前列,"就是$_{2b}$"则在输出和初现两个顺序中居于前列(正确率偏低);"就是$_{1a}$"和"就是$_{2a}$"在三个顺序中都居于同一等级("就是$_{1a}$"的正确率较低),"就是$_{1b}$"根本没有输出,可以视为没有习得。因此,综合输出、正确率和初现三个标准评判的话,可以认为,"就是"的各个意义和用法的客观习得顺序是:

就是$_{1c}$／就是$_{2b}$＞就是$_{1a}$／就是$_{2a}$＞就是$_{1b}$

我们在 9.2.2 小节中根据语法化顺序和习得顺序基本一致这一理论假设构拟的习得顺序是:

就是$_{1c}$／就是$_{2b}$＞就是$_{2a}$＞就是$_{1a}$＞就是$_{1b}$

比较以后可以发现,这两个顺序基本上是一致的。区别在于,在我们构拟的习得顺序中,"就是$_{1a}$"的位置在"就是$_{2a}$"之后,但在客观习得顺序中,它的习得情况和"就是$_{2a}$"非常接近,很难分出孰先孰后。不过这与我们对习得等级的划分比较粗疏有关。本章第 3 节中的习得情况考察表明,"就是$_{1a}$"的相对输出严重不足,正确率也不及"就是$_{2a}$",说明其客观习得情况确实不如后者。

本章的讨论也表明,对于副连兼类虚词来说,不能简单地认为连词用法的语法化程度高于副词用法。因为从历时的角度看，意义相近的实词可能会有相同的语法化路径，但语法化的年代并不一致。后语法化的词语会继承或替代早先的近义词语法化后所产生的意义和用法，同时也会通过自身的语法化产生新的用法。此时评判语法化的标准应该不是历时的先后，而是主观化程度的高低。从这个角度来看，连词的语法化程度不一定都比副词高。

另外，本章讨论的"就是$_{2b}$"在语法化方面具有特殊性，它属于结构式的语法化。尽管其主观化程度不高，习得难度也不大，再加上教学安排靠前（在《教学大纲》中，"就是$_{2b}$"作为连词被安排在初等阶段），因此会较早习得。我们的中介语料考察发现，这一用法存在明显的过度使用倾向，但正确率却很低，其偏误突出表现在学习者错误地把它当作具有转折功能的连词"而是"使用。这说明学习者没有很好地掌握该结构式的意义，也说明经由结构式语法化而来的语法成分的习得难度可能会比较大，我们第 6 章的相关研究已经指出了这一问题。

"还是"的语法化顺序和习得顺序

10.1 "还是"的意义和用法

在现代汉语中，"还是"可以是一个动词性短语"还+是"，也可以是一个副词，还可以是一个连词。为了方便起见，我们把副词"还是"记为"还是$_1$"，把连词"还是"记为"还是$_2$"。下面分别讨论"还是$_1$"和"还是$_2$"的意义和用法。

10.1.1 "还是$_1$"

关于副词"还是"，语法学界的研究并不太多。张谊生（2000）把"还是"归入评注性副词，齐沪扬（2002）认为"还是"是语气副词；胡孝斌（1997）重点讨论了"还是"表示"比较后选择"的用法，彭小川（2009）则着重考察了转折句中副词"还是"的主观性；周娟（2005）把副词"还是"分为表类同用法和表非类同用法，吴颖（2010）则认为"还是"可以表示"择定""延续""反预期"和"添加"等多种意义。

《八百词》把副词"还是"分为两个义项：1）表示行为、动作或状态保持不变，或不因上文所说的情况而改变；2）表示经过考虑，有所选择，用"还是"引出所选择的一项。例如：

（1）a 洗完一看还是脏，又洗了一遍。

　　　b 这次还是他做向导。

（2）a 虽然走了一些弯路，试验还是获得了成功。

　　　b 已经立秋了，还是那么闷热。

（3）a 我看还是去颐和园吧，十三陵太远。

　　　　b 还是你来吧，我在家等你。

　　《八百词》把例（1）和例（2）中的"还是"都归入第一个义项，因为"保持不变"和"不因上文所说的情况而改变"其实都是"不变"，从这个意义上说，《八百词》把两者合二为一是有道理的。不过，如果"还是"所在小句的前面出现一个甚至多个句子（分句），那么"还是"所在的小句和前面的句子之间就会形成一种逻辑语义关系，因此有的虚词词典（如《现代汉语常用虚词词典》）就会认为"还是"可以起关联作用，是一个关联副词。换一个角度看，说话人先把各种"情况"说出来，然后再用"还是"表示"不变"，这中间其实包含了说话的一定的主观认识、态度或者情感，有学者如周娟（2005）认为这类"还是"具有"终极性""周折性"和"排他性"之类的语义语用特征，这种看法也是有一定道理的。《现代汉语虚词词典》和《现代汉语常用虚词词典》把"保持不变"和"不因上文所说的情况而改变"分立为"还是"的两个义项，应该也是注意到了它们之间存在一些区别。例（3）中的"还是"和例（1）、例（2）中的"还是"区别十分明显，作为一个独立的义项是完全没有问题的。

　　出于上述考虑，我们认为《八百词》所设副词"还是"的第一个义项可以分成两个，这样一来，副词"还是"就可以分为三个义项，分别记为"还是$_{1a}$""还是$_{1b}$"和"还是$_{1c}$"。其中"还是$_{1a}$"用于简单句，表示动作、行为或状态等不因时间的变化而改变，可以理解为"情况不变"，它一般都是对客观事实的陈述，句子中的"时间"可以是具体的"事件时间"，如例（1a），也可以是"惯常时间"，如例（1b）；"还是$_{1b}$"用于复杂句，表示动作、行为或状态等不因上文所说的情况的变化而改变，"上文所说的情况变化"可以理解"过程"，"还是"所在的小句表示的则是结果或结论，因此可以认为"还是$_{1b}$"表示的是"结果/结论不变"。它所在的句子和前面的句子之间往往存在逻辑上的转折、让步或假设关系，如例（2）；或者前面有"最后""终于"等表示终极意义的时间副词。例如：

　　（4）a 晚上谈判时老马反复强调马家军千万不能此时捅出乱子，
　　　　　谈得口干舌燥，最后，还是出事了！

b 我野狼似的转悠一年多，终于还是决定要走。

"还是$_{1c}$"的作用是引出经过考虑、比较后的选择，表示的是"看法、选择不变"，如例（3）。

副词"还是"由表示"不/没变"的副词"还"和判断动词"是"过程的动词性短语凝固而成。在"还是$_{1a}$"和"还是$_{1b}$"中，"还是"的意义以"还"为主，因此，"是"有时可以省略。例如：

（5）a 这个问题老师讲了三遍，他还是没听懂。

　　　b 这个问题老师讲了三遍，他还没听懂。

《现代汉语八百词》认为"还是"在动词性短语前面可以省略为"还"，其实不尽然。例如：

（6）a 尽管我说得非常含蓄，但他还是听懂了我的意思。

　　　b *尽管我说得非常含蓄，但他还听懂了我的意思。

（5b）成立而（6b）不成立，说明"还是"省略为"还"是有条件的。因为"听懂了"可以是一个"从不懂到懂"的变化过程，这一变化和副词"还"表示"不/没变"在语义上不相容。"听懂了"也可以作为某种情况下的结果，即"说得非常清楚，他听懂了"；在情况变化时，这一结果仍然没有改变，即"说得非常含蓄，他还是听懂了"。也就是说，"听懂了"这一结果可以不因情况变化而变化，是一种"性质"，而"是"的作用就在于判断动作行为的性质，因此不能省略。

需要说明的是，尽管（5b）成立，而且它和（5a）的区别，本族人也不甚清楚，但我们不认为它是"还是"省略的结果，换句话说，我们只考察那些没有省略的"还是"。

由于副词"还"经常直接修饰判断动词"是"构成的短语，因此"还是"到底是一个副词还是一个短语很容易导致误判。其结果就是认为副词"还是"还存在上述三种以外的意义和功能。请看下面两组例子：

A 组：

（7）a 你们也不要给我灌米汤了。我虽上了年纪，可脑子并不糊
　　　涂，好话歹话还是听得出的。（周娟例）
　　　b 想起乐团刚成立时，只有八个同学略识简谱，用的钢鼓还
　　　是从外面借来的，不禁发出了一阵赞叹。（同上）
　　　c 西北是恒祥商场，大买卖，二姐嫁人时的缎子红被面还是
　　　在那儿买的呢。（吴颖例）
　　　d 这个孩子还是一个人来的。（同上）

B 组：

（8）a 长这么大，我这还是头一回让三轮给欺负了。（周娟例）
　　　b 贾玲陪我到科里找了部电话，我甚至不知道她姨妈家的电
　　　话号码，还是贾玲告诉我的。（同上）
　　　c 两人尽管吵了一架，可是吵完后还是朋友。（吴颖例）

　　先看 A 组。周娟（2005）把（7a）和（7b）中的"还是"看作一个
词，认为前者表示"舒缓语气"，后者表示"强调语气"；吴颖（2010）
把（7c）和（7d）中的"还是"也看作一个词，认为前者表示"添加
义"，后者表示"反预期"。在我们看来，A 组中的"还"在句法上是一
个独立的副词，"是"则和后面的"的"组成一个焦点结构"是 X 的"
（"X"是动词或形容词性短语），它可以理解为一个判断动词，也可以理
解为焦点标记。所谓"语气""添加"或者"反预期"都是副词"还"
的意义和功能。实际上，（7b）和（7c）中"还"的意义基本相同，周
娟侧重语用，因此认为它表示强调语气，吴颖则侧重句法和语义，因此认
为它表示"添加"（补充，和前面的句子存在递进关系）。

　　再看 B 组。周娟（2005）把（8a）和（8b）中的"还是"看作副
词，认为它们表示"强调语气"；吴颖（2010）把其中的"还是"看作
副词，表示"反预期"。实际上，类似（8a）和（8b）这两种情况下的
"是"都还有相当强的判断动词性质，最多可以认为它是一个焦点标记，
但绝对没有虚化成词内成分——最直接的证据（8a）和（8b）中的
"还"都可以省略。因此，我们认为这两种情况下的"还是"都是短语而
非副词。（8c）中的"是"的判断动词的句法属性非常明显，没有理由把
它和前面的"还"看成一个副词。

　　我们认为，导致误判的原因除了"还"和"是"句法位置紧邻之外，

另一个更重要的原因可能是由于焦点标记"是"已经虚化，语音形式弱化，有依附于前面的"还"的倾向，因此在韵律上"还是"好像是一个词。韵律词不是句法词，我们也不把此类情况中的"还是"看作副词。

10.1.2 "还是₂"

连词"还是"的意义和用法要比副词"还是"简单一些。《现代汉语八百词》只是简单地把它解释为"用于选择"，相当于"或者"。并把它们分成两个小类，一类是"（是）……，还是……"或者"（还是）……，还是……"结构，另一类是"无论（不论、不管）……还是……，都（总）……"结构。并认为后者中的"还是"表示不受所说的条件的影响。《现代汉语常用虚词词典》和《现代汉语虚词例释》则认为跟"无论""不论""不管"搭配使用的"还是"表示周遍性。其实这两种解释都值得商榷，"不受影响"也好，"周遍性"也好，都是"不论/无论/不管……，都……"格式的意义，这个格式"不论"等后面还可以是别的成分。

我们认为，连词"还是"一般以"是 X，还是 Y"格式的形式存在，其中 X 和 Y 可以是词、短语，也可以是小句。这个格式可以单独成句，构成选择问句，也可以充当句子或结构成分，此时疑问语气变得很弱，所在句子一般是陈述句。例如：

（9）a 您这是代表组织啊还是代表个人？

b 一个老爷们不爱看足球偏喜欢看女排，是看人呢还是看球？

c 也不知是咱们误了他们还是他们误了咱们？

d 他抚摸着儿子脸上那一块块光滑凸起的疤痕，"这块还是这块？"

（10）a 无论是革命还是建设，都要注意学习和借鉴外国经验。

b 计划多一点还是市场多一点，不是社会主义与资本主义的本质区别。

c 不知是李作鹏忘了还是怎么了，他们到了舒兰，电台马驮人挑还未到。

我们把例（9）一类看作连词"还是"的疑问用法，记为"还是$_{2a}$"，把例（10）一类看作连词"还是"的非疑问用法，记为"还是$_{2b}$"。

10.2 "还是"的语法化顺序和习得顺序构拟

10.2.1 语义关联顺序

先看"还是$_1$"内部。前面说过，"还是$_{1a}$"表示"情况不/没变"，"还是$_{1b}$"表示"结果、结论不/没变"，"还是$_{1c}$"表示"看法、选择不/没变"。可见，"还是$_1$"的核心意义就是表示"不/没变"，其内部各个意义和用法之间在语义上存在密切的关联。

"还是$_{1a}$"是"时间变化"观照下的"不变"。《现代汉语八百词》等一些虚词词典都指出这个"还是"相当于"仍旧""仍然"这两个时间副词，正说明它的意义是表示动作、状态等情况"不因时间变化而改变"；"还是$_{1b}$"是"情况变化"观照下的"不变"，即"不因情况变化而改变"，"情况变化"当然也蕴含着"时间变化"，但此时"时间变化"只是"过程"，"还是$_{1b}$"用在结果小句中，说话人想表达的重点不是"过程"而是结果，"过程"和"结果"之间的逻辑关系（往往是转折关系），是隐含着的，凸显的部分则是逻辑关联意义；"还是$_{1c}$"是比较考虑之后的"不变"，自然也隐含着"时间变化"，只不过是"时间变化"终结点即当前时间，或者说，跟"还是$_{1c}$"相关的时间只是"当前时间"。此外，"还是$_{1c}$""比较考虑"的内容也包括情况的变化与否，它跟"还是$_{1b}$"在语义上也有联系。可以认为，"还是$_1$"的各个意义和用法之间的语义关联顺序是：

$$还是_{1a} \rightarrow 还是_{1b}$$
$$\searrow \swarrow$$
$$还是_{1c}$$

再看"还是$_2$"内部。"还是$_{2a}$"参与的结构是独立的疑问句，"还是$_{2b}$"参与的结构作为句子成分，疑问语气虽然减弱，但并没有完全消失。因此两者的语义关联顺序当是：

$$还是_{2a} \rightarrow 还是_{2b}$$

"还是$_1$"和"还是$_2$"之间没有语义上的关联呢？从共时平面上很难作出判断，至少"还是$_{1a}$"和"还是$_{1b}$"跟"还是$_2$"之间没有直接的关联，因为"还是$_2$"跟"时间"几乎没有关系。不过，"还是$_{1c}$"跟"还是$_2$"之间可能有关——它可以看作是对"还是$_{2a}$"的回答。例如：

(11) A：咱们是坐火车去还是坐飞机去？
　　　B：还是坐飞机吧。

《现代汉语虚词例释》在"还是"词条下面只讲"连词"，但义项却包括我们说的"还是$_{1c}$"。也就是说，它其实是把"还是$_{1c}$"看作连词的。这样处理也有一定的道理。因为从"不变"的角度看，"还是$_{1c}$"跟"还是$_1$"（主要是"还是$_{1a}$"）有关，但从"选择"的角度看，"还是$_{1c}$"跟"还是$_{2a}$"有关。即：

还是$_{1c}$←还是$_{2a}$→还是$_{2b}$

10.2.2　历时发展顺序

从历时的角度看，"还是"的语法化跟"还"和"是"的语法化有密切的关系。"还"本来是动词，义为"返回""还原"，大约在六朝时期虚化为表示时间概念的副词，意思相当于"仍然"，这一用法在唐代时得到大量的使用（杨荣祥，2005）；"是"本来是个指代词，六朝时开始经常用作判断动词，后来又进一步虚化为焦点标记和词内成分。（董秀芳，2004）

在"还"之前，表示"时间变化但动作行为或状态延续不变"的副词主要是"犹"，在"是"之前，汉语的判断动词主要是"为"。"犹＋为"组合先秦已有，六朝时还能见到。"是"替代"为"之后，就产生了"犹＋是"，这一组合六朝语料中不乏用例。如：

(12) a 三者不除，虽日用三牲之养，犹为不孝也。(《孝经》)
　　　b 宋沙门慧和者，京师众造寺僧也。宋义嘉难，和犹为白衣，隶刘胡部下。(《古小说钩沉》)
　　　c 至于彭老，犹是人耳。非异类而寿独长者，由于得道，

　　非自然也。(《抱朴子》)

　　d 所留之剑,忽于其怀跃出落水,初犹是剑,后变为龙。
　　(《水经注》)

　　"还"在产生之初,即开始替代"犹"。"还+是"最早见于六朝时期,但用例不多。我们在梁朝诗歌中共发现4例,其中3例为"还+是+NP",1例为"还+是+VP"。例如:

　　(13) a 不信巫山女,不信洛川神。何关别有物,还是倾城人。
　　　　　(刘缓诗)
　　　　　b 飘飘似云度,亭亭如盖浮。熟看波不动,还是映高楼。
　　　　　(王台卿诗)

　　类似例(13a)的"还+是+NP"在唐代语料中大量存在。例如:

　　(14) a 今日归时最肠断,回江还是夜来船。(元稹诗)
　　　　　b 楼上明年新太守,不妨还是爱花人。(白居易诗)

　　例(13b)是一个孤例,因此还不能断言副词"还是"在六朝时已经产生,不过,唐五代时期的语料中有很多可以明确为副词的例子。如:

　　(15) a 今据度支河阴匹段十乘估价……令府司还是据户科配。
　　　　　(《全唐文》)
　　　　　b 增养曰。有如此人依地而活。王遂心疑作如是念。增养
　　　　　此言见讥于我。唯我一人依国地活……复于行路见鹊鸰
　　　　　鸟。当道生卵象脚踏碎。鸟见悲叫。增养见已便作是语。
　　　　　此不应作致有忧悲。王复生念。此言还是见讥于我。
　　　　　(《义静译经》)
　　(16) a 若执心住空,还是有所,非谓无所。(《全唐文卷》)
　　　　　b 岁后青龙伏,中平并可求。秋冬虽有旱,还是得全收。
　　　　　(杜光庭诗)

例（15）中的"还是"表示动作行为或状态性质不变，是"还是_{1a}"，例（16）中的"还是"分别用于假设句和转折句中，是"还是_{1b}"。

从动词性短语"还是"到副词"还是"，"还"的词性和意义都没有发生变化，"是"在用在 NP 之前时是一个独立的判断动词，但当动词性成分进入"是"后位置时，"是"的动词性减弱，意义也发生虚化，并因此依附于前面的"还"，变成一个词内成分，"还是"最终词汇化。这一过程的实现，关键在于两者句法位置相邻。

唐五代语料中的副词"还是"基本上都是"还是_{1a}"和"还是_{1b}"，个别例子既可以理解为"还是_{1a}"，也可以理解为"还是_{1c}"。例如：

（17）早起烟霜白，初寒鸟雀愁。诗成遣谁和，还是寄苏州。（白居易诗）

这是一个两解的句子：如果作者经常"诗成寄苏州"，那么当是"还是_{1a}"，如果是不知"遣谁和"，经过比较考虑之后决定"寄苏州"，则"还是"当为"还是_{1c}"。尽管对于作者来说只有一种理解，但此例能够说明"还是_{1c}"和"还是_{1a}"之间存在一定的联系。不过和现代汉语"还是_{1c}"完全相同的"还是"，直到元代才出现：元曲中有很多表示经过比较考虑后选择的"还是"，明代小说中更是不乏此类用例。如：

（18）a 为人不要老实，还是说几句谎儿好。就失信便怎的？（《全元曲》）

b 寨主要做，受不得这般疼痛。罢，还是这红帽儿安稳。（同上）

c 官人，还是听奴家言语，收了叔叔回来罢！（同上）

（19）a 奉劝世人，还是存些天理守些本分的好。（《二刻拍案惊奇》）

b 众人俱各欢喜，道："还是杨阿叔有见识。"（《醒世恒言》）

"还是₂"的语法化也跟副词"还"表示"不变"这一时间意义有关。

杨荣祥（2005）认为，用于疑问句、表示时间的"还"在五代时期变成了疑问标记，表示疑问语气。我们赞成这种看法，例如：

> （20）a 师云："说时即听，不说时还听也无？"对曰："听。"（《祖堂集》）
>
> b 雪下之日，仰山置问："除却这个色，还更有色也无？"（同上）
>
> c 师曰："闻说长安甚大闹，汝还知也无？"（同上）

例（20a）中的"还"仍保留表示重复不变的时间意义，例（20b）中的"还"则表示增补或累加（这一由时间意义发展而来），例（20c）中的"还"则只是表示疑问。

例（20）之类可以抽象为"还 VP 也无"句式。梅祖麟（1978，转引自江蓝生）认为它源自五六世纪以"为"做疑问副词的"为 VP 不"一型，即"还 VP 也无"的来源是"为知邪，不知邪？"由于省略或紧缩变成了"为知邪不"，后来"邪"换成了"也"，"不"换成了"无"，"为"换成了"还"，就变成了"还 VP 也无"。江蓝生（2000）进一步解释说，"还"和"为"有几乎完全相同的意义和用法，特别是都能用在选择问中，"为"的这种用法到唐代就不大见到了，"还"的这一用法大约出现在晚唐。两者在时间上接续，"还"替代"为"是同义词替代。"为"作选择问标记来自它的"抑或"义，具体说，上古选择问的关联词"将、且、抑、其"之属皆为抑或义，表示在或为此，或为彼的两种情况中进行推测选择，南北朝时期的选择问标记"为"本来是系动词，由于经常出现在选择问句这一语境中表示不确定的判断，于是就引申出"或是"的意义，"或"在意义上跟"又、复"相同，"为"因此又引申出"又、复"之义，这样"为"就跟"还"有了共同的义项，从而为"还"替代"为"提供了先决条件。

表示疑问的"还"可以用于两个相反的问句，这就构成了选择问句。梅祖麟（1978，转引自江蓝生）指出"还"字最初用作选择问标记是在《祖堂集》里，不过不多。例如：

> （21）古人还扶入门，不扶入门？

　　江蓝生（2000）认为，五代时候用作选择问记号的"还"，后来以复词"还是"的形式一直沿用至今。我们的考察表明，"还是"用作疑问标记和选择问标记都不晚于宋代。下面是《朱子语类》中的例子：

(22) a 问："此还是仁之体否？"曰："此不是仁之体，却是仁之量"。

　　　b 汉臣说"虽曰未学，吾必谓之学矣"。先生曰："此还是已学邪？"

(23) a 设使汤武居之，还是恁地做，不恁地做？

　　　b 闲时也须思量著。圣贤还是元与自家一般，还是有两般？

　　　c 子孙尽其诚敬，则祖考即应其诚。还是虚空之气自应吾之诚，还是气只是吾身之气？

　　　d 亚夫问："此是礼乐之实，还是礼乐之文？"

(24) a 问："动也，正也，出也，不知是心要得如此？还是自然发见气象？"

　　　b 不知沙随见此而为之说，还是自见得此意？

　　根据我们的分类统计，《朱子语类》中既有"还是$_{2a}$"，也有"还是$_{2b}$"。前者有 22 例，后者只有 5 例。前者的形式有"还是 X，Y？（5例）""还是 X，还是 Y？（8 例）"和"是 X，还是 Y？"（9 例）三种，后者只有"不知（是）X，还是 Y？"一种。

　　联系例（22）可以发现，"还是"的选择问用法源自疑问用法，因此较早的选择问形式当是"还是 X，Y？"，由于经常用于两个并列的小句，"还是"吸收了语境的意义，从疑问标记变成选择问标记，因此后一小句也用上了"还是"，这就产生了"还是 X，还是 Y？"；随着选择问标记功能的加强，在经济原则的作用下，这一形式就变成了"是 X，还是 Y？"，后来 X 前的"是"也省略掉了。《朱子语类》中的"还是$_{2b}$"没有前面两种形式，说明它的产生当在"还是$_{2a}$"之后，尽管年代相差可能不会太远。

10.2.3　"还是"的语法化顺序和习得顺序构拟

前面两个小节的讨论表明,从语义关联的角度看,"还是$_1$"内部三个小类之间存在关联,即"还是$_{1a}$"→"还是$_{1b}$"→"还是$_{1c}$";"还是$_2$"内部两个小类之间也存在关联,即"还是$_{2a}$"→"还是$_{2b}$"。从历时发展的角度看,"还是$_{1a}$"和"还是$_{1b}$"是最早产生的,唐代已有不少用例;"还是$_{2a}$"和"还是$_{2b}$"产生的年代相若,都不晚于宋代;"还是$_{1c}$"产生的年代最晚。

从词汇化的角度看,"还是$_1$"和"还是$_2$"都是动词性短语"还+是"凝固的结果,两者在语义上的区别在于,"还是$_1$"中的"还"的意义为其本义"不变","还是$_{1a}$""还是$_{1b}$"和"还是$_{1c}$"的意义都是由这一本义发展而来的;"还是$_2$"中的"还"的意义是表示疑问,由表示追加补充的意义发展而来。因此,"还是$_1$"和"还是$_2$"两者之间并没有语义上的关联。

"还是$_{1a}$"基本上是客观表达,是一种比较具体的"不变";"还是$_{1b}$"具有一定的主观性,同时有一定的逻辑关联作用,有一定的抽象性;"还是$_{1c}$"具有明显的主观性和抽象性。因此,综合语义关联、历时发展、抽象性和主观性等多方面的因素,可以认为,"还是$_1$"内部各个意义和用法的语法化顺序应该是"还是$_{1a}$>还是$_{1b}$>还是$_{1c}$"。

"还是$_2$"在句法上是连词,但在语义上只表示疑问,基本上是客观表达,不过有一定的抽象性。"还是$_{2a}$"和"还是$_{2b}$"的产生时间相若,但从来源上看,应该是先有"还是$_{2a}$",后有"还是$_{2b}$",且后者的疑问意味较弱,抽象性更强。因此两者的语法化顺序应该是"还是$_{2a}$>还是$_{2b}$"。考虑到"还是$_{1c}$"也可能是"还是$_{2a}$"发展而来的,它在历时上也是最后产生的,而且具有非常明显的主观性。因此,三者之间也可能存在一个语法化程度顺序,即"还是$_{2a}$>还是$_{2b}$>还是$_{1c}$"。

根据我们语法化程度顺序和习得顺序基本一致的假设,上面两个语法化程度顺序很可能就是"还是"各个意义和用法之间的习得顺序。也就是说,就"还是$_1$"内部来说,"还是$_{1a}$"的语法化程度最低,因此最容易或者说最先习得;"还是$_{1b}$"的语法化程度中等,习得难度也不会太高,因此也会较早习得;"还是$_{1c}$"的语法化程度最高,因此最难或者说最后习得。就"还是$_2$"来说,"还是$_{2a}$"的语法化程度低于"还是$_{2b}$",习得难度也会低于后者，因此比较容易习得或者说应该较早习得；如果考虑到"还是$_{1c}$"和"还是$_2$"之间的联系，则"还是$_{1c}$"的语法化程度高于"还是$_2$"，习得难度也大于"还是$_2$"，习得时间也会晚于"还是$_2$"。

前面说过，"还是$_{1a}$""还是$_{1b}$"与"还是$_2$"在语义上并没有直接的演变联系，它们并不在一个虚化链上，我们没有办法比较它们之间的语法化程度，也就没有办法构拟它们之间的习得顺序。当然，从历时的角度看，"还是$_2$"的产生年代明显晚于"还是$_{1a}$"和"还是$_{1b}$"，如果考虑到它们都跟动词"还"的本义有关，而且"还"表示增补、累加的意义是在表示"不变"的意义发展而来的，那么它们之间也有一定的联系。另外，从语法化的一般规律看，连词的语法化程度一般高于副词，因此，也许可以勉强得出这样的结论："还是$_2$"的语法化程度高于"还是$_{1a}$"和"还是$_{1b}$"。或者说，"还是$_2$"的语法化程度在总体上高于"还是$_1$"。如果这种推理成立，那么"还是"的各个意义和用法之间也许存在这样的语法化顺序：

还是$_1$ > 还是$_2$

还是$_{1a}$ > 还是$_{1b}$ > 还是$_{2a}$ > 还是$_{2b}$ > 还是$_{1c}$

这一顺序也可能是"还是"各个意义和用法之间的习得顺序。

10.3 "还是"的习得情况考察

先看输出情况。

我们以"还是"为关键词对 120 万字的中介语语料库进行了穷尽性检索，人工排除动词性短语"还 + 是"之后，得到应该视为词的"还是"367 例。但是，在仔细考察上下文语境后发现，中介语料中有相当数量的"还是"既不是"还是$_1$"，也不是"还是$_2$"。例如：

(25) a 去年的七月我来中国的时候我有一个中国人朋友"春梅"。她和她的朋友们帮助我们。<u>还是</u>我们班的同学们和老师们也帮助我。他们都真好。

b 他的家有五口人，有他妈妈二个哥哥一个姐姐。喜欢喝咖啡，<u>还是</u>红茶。

c 我在韩国的时候，很希望去中国。可是，刚刚来的时候，我生病了。<u>还是</u>中国菜也不喜欢。

d 京都菜是口味清淡，还是菜里用野菜很丰富。我感觉京都菜对身体健康很好。

(26) a 我喜欢中国，所以学习汉语。还是喜欢中国旅行。我想去那个地方、这个地方。

b 我们一起去公园玩，<u>还是</u>常去图书馆努力学习。

c 优秀的学生是像她一样的不仅仅是成绩好，还是有别的优点的人。

d 那么冬天呢？12 月到 2 月，韩国的冬天好冷，还有很多下雪。所以冬天的时候经常去滑雪场和滑冰场。我特别喜欢冬天。最大的原因，就是有雪。冬天<u>还是</u>有两个重要的活动，一个是阳历一月一日，还有一个是阴历 1 月 1 日，在韩国两个都重视，我们都准备开始新年。

例 (25) 中的"还是"相当于追加补充功能的连词"还有"或者"而且"，这样的用例共有 37 个。例 (26) 中的"还是"应为"还"，这样的用例有 10 个。这两类误用的"还是"都用于表示追加补充的后续句中，而表示追加补充是副词"还"的主要用法之一（高顺全，2012）。学习者把"还是"用于这种语境，说明他们意识到"还是"中的"是"意义很虚，因此把"还是"当成这类用法的"还"的双音节形式使用。

去掉这 47 个用例之后，仍有 320 个用例属于本章考察的对象。其中227 个用例属于副词用法，93 个用例属于连词用法。

在副词用法中，表示"情况不变"的"还是$_{1a}$"共有 85 例输出。例如：

(27) a 有一次我在图书馆复习时他来了。我只打个招呼了。他没复习，还是看书。

b 第二天，我觉得还是很冷，更糟的是天气变坏了。

c 那天中午天空是一片蓝色，天气还是象前几天一样那么冷。

d 今天的我恐怕还是有点同样的傻，可以说是害了病以后还没有全好。

e 例如，她现在也吃什么时，还是把它蘸番茄酱。

表示"结果、结论不变"的"还是₁ᵦ"共有132个例输出，大多用于转折语境中。例如：

(28) a 我继续上爬，一直走到尽头儿，可还是一棵樱桃树都没看到。

b 虽然穿得很多，但是有的人还是觉得冷，那就是像我这样没有男女朋友的人。

c 我该做的都做到，但还是一点没有消息。

d 我们在一起沟通的语言很少，很多话听不懂，也说不出来，但我们还是成了好朋友。

e 我现在对这里的这话习惯了，可是我还是想家。

f 我虽然早有心理准备，但还是忍不住掉了眼泪。

表示"选择不变"的"还是₁ᶜ"输出最少，共有10个用例。如：

(29) a 我就是喜欢南京的"绿色"，还是南京好！

b 我想写很多跟橄榄球比赛有关系的事情，可是你们应该已经听腻了，所以还是不要写。

c 反正谁都得死，最后还是开心一点好。

d 下次见面时还是弹个古筝或钢琴曲吧，也许这能把问题说得更清楚些。

e 以后我去火锅店的时候，每次点鱼头儿，还是成都的鱼头儿最好吃。

作为连词使用的"还是"共有93个输出用例。但其中有14个用例中的"还是"不是表示选择，而是相当于"或者"的并列连词。例如：

(30) a 但是我不想在保加利亚工作，应该去中国还是日本学习，以后在这工作。

b 有时我给北京外国语大学生写信还是发电子邮件。

c 等公共汽车的人都看杂志还是报纸还是在电话中。

d 比如说，如果有的欧洲还是美国人在一起去一个酒吧玩玩，他们肯定要提出性别的问题。

e 他小的时候，在学习有非常好的成绩，但是我在家里没看过他读书还是预习。

表示疑问用法的"还是$_{2a}$"共有 29 例输出，例如：

（31）a 她们边问着："鱼还是肉？"

b 最后我希望能回答这个主要的问题，网络使我们离得更远还是更近？

c 是指人们的生活状况，还是指人们心目中的感情呢？

d 我每次想她的时候，也想到作为一只狗的她的人生陪我们一起渡过的这 16 年，对他来说是痛苦的还是快乐的岁月？

e 这是感觉还是状态，还是什么？

非疑问用法的"还是$_{2b}$"有 50 例输出。其中大部分是和"不管""不论"和"无论"等搭配使用，也有少数用在"不知道"等动词后面。例如：

（32）a 这个故事在朝鲜不管是大人还是小孩都喜欢听。

b 因此，无论出差的公司的人还是旅行的学生，都带一瓶辣椒酱。

c 我跟我的狗形影不离，无论吃饭，还是睡觉我们都在一起。

（33）a 不知道因为没申请有线，还是电视已经太久了。

b 可是我不知道我爸爸还在世，还是已经去世……

c 不知道是太热还是太好玩，我们一直游了三个小时才回来。

　　前面的讨论表明，从绝对输出的角度看，"还是$_1$"的总量多于"还是$_2$"。但"还是"的各个小类用法输出是不均衡的。为了考察"还是"的相对输出情况，我们对 100 万字本族语料中的"还是"进行了穷尽性检索，并在分类统计后与中介语语料中的情况进行了比较，进而得出表10-1：

表 10-1　　　　　　　　　　　　"还是"的输出/使用情况

意义和用法	中介语输出数量（例）及比例（%）			本族语使用数量（例）及比例（%）			比例差（%）	
还是$_{1a}$	85	23.1		110	28.3		-5.2	
还是$_{1b}$	132	36	61.9	82	21.1	62.7	+14.9	-0.8
还是$_{1c}$	10	2.7		52	13.4		-10.7	
=还有/还	47		12.8					
还是$_{2a}$	29	7.9		75	19.3		-11.4	
还是$_{2b}$	50	13.6	21.5	70	18	37.3	-4.4	-15.8
=或者	14		3.8					
合计/频次	367/0.3‰			389/0.39‰				

　　从表 10-1 可以看出，在 120 万字中介语语料中，作为词输出的"还是"共有 367 例，其中被当作表示追加补充意义的"还有/还"输出的有 47 例，被当作"或者"输出的有 14 例，两者之和占到了全部输出的 16.6%。即使把它们计算在内，中介语语料的 367 例绝对输出也低于本族语料（100 万字）的 389 例，也就是说，中介语语料中"还是"的总体输出不足。从大类的角度看，"还是$_1$"共有 227 例输出，占全部输出的 61.9%，这一比例和本族语中"还是$_1$"的比例相当接近，因此，可以认为"还是$_1$"的输出基本达到了足够的标准；"还是$_2$"共有 79 例输出，只占全部输出的 21.5%，这一比例远低于本族语料相同用法的 37.3%，其相对输出可以视为明显不足。具体到小类来说，中介语语料中"还是$_{1a}$"的比例低于本族语语料超过 5%，其相对输出可以看作不足；"还是$_{1b}$"的所占比例高出本族语料将近 15%，其相对输出足够甚至可以说是过度；"还是$_{1c}$"的比例低于本族语料超过 10%，其相对输出明显不足；

"还是$_{2a}$"的所占比例低于本族语料同一用法超过10%，其相对输出明显不足，"还是$_{2b}$"的所占比例低于本族语料同一用法接近5%，其相对输出也可以视为不足。

基于上述统计分析不难发现，从输出的角度看，中介语料中"还是"的总体习得不算很好。从大类的角度看，"还是$_1$"的情况好于"还是$_2$"。具体"还是$_1$"内部来说，"还是$_{1b}$"的绝对输出最多，相对输出也表现出过度输出的情况，其习得情况是最好的；"还是$_{1a}$"的绝对输出位居第二，但相对输出略嫌不足，其习得情况可以视为中等；"还是$_{1c}$"的绝对输出最少，相对输出则明显不足，三者之中习得情况较差。就"还是$_2$"内部来说，"还是$_{2b}$"的绝对输出最多，不过相对输出略显不足；但"还是$_{2a}$"的绝对输出不多，而相对输出更是明显不足，可以认为两者的习得情况是"还是$_{2b}$"好于"还是$_{2a}$"。如果把"还是$_{1c}$"和"还是$_2$"放在一起比较的话，可以发现它的相对输出和"还是$_{2a}$"比较接近，都属于明显不足，但"还是$_{2a}$"的绝对输出明显多于"还是$_{1c}$"，其习得情况可以视为略好于后者。"还是$_{1a}$"和"还是$_{2b}$"的输出情况比较接近，因此把这两个顺序合并为一个。再把大类用法的输出情况考虑进来，可以认为"还是"的各个意义和用法之间存在这样两个顺序：

顺序1A：还是$_1$ > 还是$_2$
顺序1B：还是$_{1b}$ > 还是$_{1a}$/还是$_{2b}$ > 还是$_{2a}$ > 还是$_{1c}$

再看正确率情况。前面说过，在中介语料的全部367例输出中，有16.8%属于误用的"还是"。也就是说，"还是"的总体正确率肯定在84%以下，其习得情况只能说是一般。跟"还有"和"还"误用的很难说完全是副词"还是$_1$"的偏误，但跟"或者"误用的"还是"应该属于连词用法即"还是$_2$"的偏误，由于"还是$_{2a}$"用于选择问句，基本上不会和"或者"发生误代，因此14例和"或者"的误用应该是"还是$_{2b}$"的偏误。

具体到小类用法来说，在"还是$_{1a}$"的85个输出用例中，有1例存在跟"还是$_{1a}$"相关的偏误，正确率为98.8%。偏误句如下：

（34）过两个月了，秀珍还是日记写得很认真。

"还是$_{1a}$"是副词，应该用在动词前面，这例偏误属于句法偏误。

在"还是$_{1b}$"的 132 个输出用例中，有 5 例存在跟"还是"有关的偏误，正确率为 96.2%。偏误句如下：

（35）a 如果努力学习，还是考试不通过，来中国没有意思。

b 我最近越来越喜欢读英文书，可是还是英语的成绩不太好。

c 即便在上海这么文明的城市，还是很多人乱穿马路。

（36）a 为了这种感受，多么难还是爬上去。

b 大家担心我。他们把我赶快送到医院去了，我还是很疼了。

（35）的 3 个例子都属于语序偏误，因为作为副词，"还是$_{2b}$"应用于动词之前；（36a）中的"还是"后面的动词性短语中缺少助动词"得"或者"要"，因为"还是$_{2b}$"表示结论不变，"爬上去"自身不能表示结果；（36b）句末的"了"和"还是"不相容。

在"还是$_{1c}$"的 10 例输出中，有 2 例存在偏误。正确率为 80%。偏误句如下：

（37）a 准备听力考试的办法还是多听就是最好的。

b 用语言有可能表达不足他的味道，还是有机会你来试喝吧。

（37a）中，由于"还是$_{1c}$"的意义就是表示合适的选择，后面不应再有判断动词"是"，因此"还是"显得多余，如果保留"还是"，后面就不应该用"就是……的"；（37b）则属于语序偏误。

"还是$_{2a}$"共有 29 个输出用例，没有 1 个用例存在跟"还是$_{2a}$"有关的偏误，其正确率为 100%。

"还是$_{2b}$"共有 50 个输出用例，有 3 例存在偏误，偏误句如下：

（38）a 现在我应该决定如果我想在中国过生活还是回法国。

b 最后，你别担心如果说得好还是不好。

　　　　　　c 不管大还是小事我觉得很难受。

　　（38a）和（38b）是同类偏误："还是"表示选择时，跟"如果"在语义上不相容；"（是）X 还是 Y"结构中的 X 和 Y 一般是对称的，（38c）却不是如此。

　　如果单从非疑问用法来看，"还是$_{2b}$"的正确率为 94%。但前面说过，误代"或者"的连词"还是"跟"还是$_{2a}$"关系不大，跟"还是$_{2b}$"则有很大的关系。因为疑问用法表示的"选择"，即只有 1 项是合适的；而非疑问用法表示的两项都可能是合适的，和"并列"比较接近，更容易理解为"或者"。如果把这 14 个用例计入"还是$_{2b}$"的话，那么其正确率应为 73.5%（47/64）。考虑到学习者把"还是"理解为"或者"也可能是受母语迁移或者教材翻译影响，不完全是对"还是$_{2b}$"本身意义和用法的误解造成偏误，因此一个折中的办法是减半计算，则"还是$_{2b}$"的正确率应为 82.5%（47/57）。

　　在"还是$_1$"的 227 个用例中，有 8 例存在与"还是$_1$"有关的偏误，其正确率为 96.5%（219/227），"还是$_2$"的总量若按 79 计算，其偏误用例有 3，正确率为 96.2%（76/79），若把 14 例相当于"或者"的"还是$_2$"减半计算，其正确率为 88.4%（76/86）。

　　前面的讨论表明，"还是$_{1a}$""还是$_{1b}$"和"还是$_{2a}$"的正确率都非常高，它们的习得情况都可以视为良好，"还是$_{1c}$"的正确率仅为 80%，习得情况只能视为一般，如果把误代"或者"的偏误归入"还是$_{2b}$"的话，其习得情况也只能是一般，不过略好于"还是$_{1c}$"。这样，从正确率的角度看，"还是"各个意义和用法之间的习得情况等级顺序大致是：

　　　　顺序 2A：还是$_1$ > 还是$_2$
　　　　顺序 2B：还是$_{1a}$/还是$_{1b}$/还是$_{2a}$ > 还是$_{2b}$ > 还是$_{1c}$

　　最后来看初现情况。我们对南京师大中介语语料和复旦中介语语料库中的初级部分和中级部分中的"还是"进行了分类统计，得到表 10 - 2：

表 10 - 2	"还是"的初现情况			（单位：例）
意义和用法	初级部分		中级部分	
	南师大	复旦	南师大	复旦
还是$_{1a}$	13	12	14	15
还是$_{1b}$	9	8	25	26
还是$_{1c}$	0	0	3	4
还是$_{2a}$	0	0	3	7
还是$_{2b}$	1	2	9	11
＝还有	17	14	2	1
＝还	1	1	1	2
＝或者	2	4	2	4

从表 10 - 2 中可以看出，在初级语料中，只有"还是$_{1a}$"和"还是$_{1b}$"有比较充分的输出用例，达到了初现标准（输出最多的是相当于"还有"的"还是"）。到了中级阶段，除了前面两种用法外，"还是$_{2b}$"的输出最多，在两个子语料库中都完全达到了初现标准，而"还是$_{1c}$"和"还是$_{2a}$"在南师大语料中只是基本达到初现标准，在复旦语料库中的情况要好一些。因此，从初现的角度看，"还是"的各个意义和用法的习得顺序大致是：

顺序 3A：还是$_1$ ＞还是$_2$

顺序 3B：还是$_{1a}$／还是$_{1b}$＞还是$_{2b}$／还是$_{2a}$／还是$_{1c}$

10.4 讨论

在前一节中，我们分别从输出、正确率和初现三个方面讨论了"还是"的习得情况，并得出了三组不同的习得等级顺序。现在我们把三个方面情况结合起来，作一个综合评判。

先看大类用法，前面得出的三个顺序如下：

顺序 1A：还是$_1$ ＞还是$_2$

顺序 2A：还是$_1$ ＞还是$_2$

顺序 3A：还是$_1$＞还是$_2$

这三个顺序完全一致，也就是说，"还是$_1$"在输出、正确率和初现三个方面的总体表现都好于"还是$_2$"，两者之间的客观习得顺序自然是"还是$_1$＞还是$_2$"。这一顺序跟我们在本章第 2 节中构拟的顺序完全一致。

再看小类用法。10.3 节得出的三个顺序分别是：

顺序 1B：还是$_{1b}$＞还是$_{1a}$/还是$_{2b}$＞还是$_{2a}$＞还是$_{1c}$
顺序 2B：还是$_{1a}$/还是$_{1b}$/还是$_{2a}$＞还是$_{2b}$＞还是$_{1c}$
顺序 3B：还是$_{1a}$/还是$_{1b}$＞还是$_{2b}$/还是$_{2a}$/还是$_{1c}$

"还是$_{1a}$"在三个顺序中都位居前列，其习得情况最好；紧随其后的是"还是$_{1b}$"，它在正确率和初现两个方面都和"还是$_{1a}$"难分轩轾，只是在输出方面稍逊。这两个小类用法应该是 5 个小类用法中最先习得的两个；"还是$_{2b}$"在输出和初现两方面的表现都好于"还是$_{2a}$"，但过低的正确率影响了它在习得顺序中的位置，可以认为它和"还是$_{2a}$"也处于同一习得阶段。至于"还是$_{1c}$"，它在三个顺序中都位居最后，应该是最晚习得的。因此，如果把习得顺序大致分为三个阶段的话，可以认为"还是"的各个意义和用法之间的客观习得顺序应该是这样的：

还是$_{1a}$/还是$_{1b}$＞还是$_{2a}$/还是$_{2b}$＞还是$_{1c}$

关于"还是"各个意义和用法的整体习得顺序，我们在本章第 2 节中构拟的顺序是：

还是$_{1a}$＞还是$_{1b}$＞还是$_{2a}$＞还是$_{2b}$＞还是$_{1c}$

对比上面的客观习得顺序可以发现，两者在总体上是基本一致的。区别在于我们对"还是$_{1a}$"和"还是$_{1b}$"以及"还是$_{2a}$"和"还是$_{2b}$"之间的先后顺序的区别在客观习得顺序中没有得到具体的体现。这可能跟我们对中介语语料的分级不够细致有关（我们的中介语语料只作了初级、中级和高级三级区分），也可能和教学安排有关。

　　关于"还是",《教学大纲》语法项目表中只有五个地方有所涉及。其中初等阶段语法项目（一）中有四处,分别是"连接词或短语的连词"（编号031）,"连接分句或句子的连词"（编号032）,这两处所举连词都是既有"还是",也有"或者";"选择问"（是,还是? 编号061）,"选择复句"（是VP1,还是VP2,编号091）,初等阶段语法项目（二）有一处,即"表示语气"（编号023）。

　　从"大纲"的处理可以看出,"还是"的连词用法在教学中得到了充分的强调,副词用法则只提到了"表示语气"（相当于我们讨论的"还是$_{1c}$"）,但实际上,"还是"的连词用法在中介语语料中绝对输出远远少于副词,相对输出也明显不足,而且出现了很多和"或者"混淆的用例。而副词用法"还是$_{1a}$"和"还是$_{1b}$"虽然没有作为语法项目教学,中介语语料中却有大量的输出,绝对输出和相对输出情况都好于得到教学却可能因为具有主观性而较难习得的"还是$_{1c}$"。这一事实说明,语法化程度较低的用法比语法化程度较高的用法更容易习得,教学安排并不能改变教学顺序（中介语语料中"还是$_2$"和"还是$_{1c}$"的初现时间晚于"还是$_{1a}$"和"还是$_{1b}$"也是一个很好的证明）。

　　"还是$_{1a}$"和"还是$_{1b}$"的习得顺序靠前这一事实不但能证明语法化程度较低的用法更容易习得,也对我们的教学安排有所启示。一方面,语法化程度较低的意义和用法可以不需要专门的教学而自然习得,这样我们在语法教学的时候就可以有更多的时间对语法化程度较高的用法进行难点和重点教学。但另一方面,如果不对语法化程度较低的意义和用法进行教学,学习任务完全由学习者完成会造成这样的结果:学习者要经历一个摸索阶段。我们的中介语调查表明,在40万字的初级水平的中介语料中,"还是$_1$"的输出共41例,"还是$_2$"的输出仅有3例,两者之和不过44例,而既不是"还是$_1$"也不是"还是$_2$"的"还是"（相当于"还有""还"和"或者"）竟多达39例（见表10-2）。我们相信,如果在初级阶段对"还是$_{1a}$"和"还是$_{1b}$"进行专门的教学,这种偏误肯定会大大减少。

　　当然,我们构拟的"还是$_{1a}$>还是$_{1b}$"和"还是$_{2a}$>还是$_{2b}$"这两个小类习得顺序在客观习得顺序没有清楚地反映出来可能还有一些原因:"还是$_{1b}$"具有关联作用,学习者更倾向于把它作为一个关联副词使用。因此在书面语料里,它的输出情况自然会好于"还是$_{1a}$"。"还是$_{2a}$"的相对输出情况和初现时间影响了它在习得顺序中的位置，原因在于"还是$_{2a}$"多用于对话语体，而我们的中介语语料库由学习者的书面作文组成，不能很好地反映学习者该用法的实际输出。如果是基于口语语料进行研究，它的输出和初现情况应该会好于"还是$_{2b}$"。因此，我们仍然相信基于语法化顺序构拟出的习得顺序。不过由于我们目前没有口语语料，这一观点只能留待以后证明。

"同时"的语法化顺序和习得顺序

11.1 "同时"的意义和用法分类

在现代汉语中，"同时"主要有三种典型的句法分布。例如：

(1) a 他俩同时进了屋，脸一下都阴了下来。

　　b 他在家里一直是同时扮演上帝和护法金刚这两个角色的。

(2) a 马锐每睹此状总是又难受又同情，同时还挺感动。

　　b 马林生是个苦出身，一辈子没有作威作福过，同时他又觉得起码是拿中级知识分子的标准要求自己。

　　c 首先要确定党的军委主席，同时也是确定国家军委主席。

(3) a 我们在制定对内经济搞活这个方针的同时，还提出对外经济开放。

　　b 可就在他们走开的同时，有个家伙蓦地勃然大怒，说马锐"看"他了。

例（1）中的"同时"用在动词前面，作用是强调动作行为在同一时间发生，动词的主语往往是"表示不止一个的名词性成分"，如（1a）；如果不是，则宾语部分是"不止一个"的名词性，如（1b）。例（2）中的"同时"用于两个小句之间，后一小句往往有"还""也""又"等关联副词，主语如果出现，"同时"在主语之前，如（2a）；如果不出现，"同时"在"还""也""又"等关联副词之前，如（2b）。例（3）中的"同时"和介词"在"构成"在……的同时"结构（"在"和"的"偶尔可以省略），整个结构可以出现在主语和动词之间，如（3a），也可以单独出现在句首位置，如（3b）。

如果根据句法分布来判断词性的话，上述三类用法的"同时"应属于不同的词性：例（1）中的"同时"应为副词，例（2）中的"同时"应为连词，例（3）中的"同时"应为名词。但事实上，一些词典和工具书对"同时"的词性处理各不相同。《现代汉语规范词典》和《现代汉语常用虚词词典》认为"同时"兼属名词、副词和连词三个类别；《现代汉语词典》（第5版）在"同时"词条下面只设了名词和连词两个类别，没有副词用——它把"我们俩是同时复员的"中的"同时"处理为名词；《八百词》的"同时"词条下则只设了副词和连词两个类别——它认为"在……的同时"格式中的"同时"是副词，因为"整个格式在句中作状语"；而《现代汉语虚词例释》"同时"词条下面只设了副词一个类别，例句则包括上述例（2）同类的用例。

我们认为，"同时"的三种主要句法分布是现代汉语的客观语言事实，它们有可能属于不同的词类范畴。为了方便，我们把类似例（1）中的"同时"记为"同时₁"，把类似例（2）中的"同时"记为"同时₂"，把类似例（3）中的"同时"记为"同时₃"。除了这三类用法之外，现代汉语中还有一个固定短语"与此同时"，例如：

> （4）a 过去很长一段时间，我们忽视了发展生产力，所以现在我们要特别注意建设物质文明。与此同时，还要建设社会主义的精神文明。
>
> b 这几年进行的农村的改革，是一种带革命意义的改革。与此同时，我们开始了城市改革的试验。

"与此同时"用于小句和句子之间，如果从短语的内部结构来看，其中的"同时"是一个动词性短语。但这一短语主要起连接作用，其整体功能和连词相近。因此我们也把它作为研究对象，记为"同时₄"。

11.2　"同时"的语法化顺序和习得顺序构拟

"同时₁"用在动词之前，表示不同主体在同一时间进行了同一动作，或者同一主体在同一时间进行了不同的动作。"同时₃"的意思也是"同一时间",但它指的是两个事件发生的时间相同。"同时$_4$"和"同时$_3$"在表示"同一时间"方面非常接近。

"同时$_2$"的基本功能是连接句子,表示并列或者递进关系。但进一步观察就可以发现,有些"同时$_2$"有较强的时间意义,仍可以理解为"同一时间";而有些"同时$_2$"的时间意义较弱,不能理解为"同一时间"。例如:

(5) a 他感到更加空虚,同时陷入了一种深深的迷惘,他不知今后该怎么对待孩子。

b 审判员示意马林生可以走了,同时请那母子俩就座。

(6) a 这是真正的达观和"无执",同时也是真正的浮猾和随意。

b 外国的侵略、威胁,会激发起中国人民团结、爱国、爱社会主义、爱共产党的热情,同时也使我们更清醒。

我们把它们分别记为"同时$_{2a}$"和"同时$_{2b}$"。前者既有连接作用,同时还保留着较强的时间性,后者则基本上只起连接作用,表示小句之间的并列或递进关系。不过,两者时间意义的强弱其实跟句子的动词有关,"同时$_{2a}$"所在句子的动词一般是具体的动作动词,而"同时$_{2b}$"所在句子的动词则一般是性质或状态动词。"同时$_{2b}$"也可以看作是"同时$_{2a}$"使用范围扩大的结果,表现在"时间"上,前者是具体的时间即动作或状态发生的时间,而后者表示泛时或者说话时间。因此可以认为,两者之间的语义关联顺序是"同时$_{2a}$ > 同时$_{2b}$"。

从历时的角度看,"同时"本来是一个动词性短语,其中"同"是动词,"时"是名词。由于"同"这一特殊的动词要求它的主语是"不止一个"的名词性成分,因此,作为动词性成分,"同时"早期是以"X 与 Y 同时"的形式存在的。例如:

(7) a 吾非与之并世同时,亲闻其声,见其色也。(《墨子》)

b 上读子虚赋而善之,曰:"朕独不得与此人同时哉!"(《史记》)

早期的动词性短语"同时"与另外一个动词性短语并列使用时，中间用并列连词"而"连接。例如：

(8) a 晋郤克与臧孙许同时而聘于齐。(《公羊传》)

　　b 今夫此人以为与己同时而生，同乡而处者，以为夫绝俗过世之士焉。(《庄子》)

　　c 季孙行父秃，晋郤克眇，卫孙良夫跛，曹公子手偻，同时而聘于齐。(《穀梁传》)

　　d 三年而后葬者必再祭，其祭之间不同时而除丧。(《礼记》)

至晚在汉代，"同时"摆脱了"X 与 Y"单独使用，它和后面的动词短语之间不再用"而"，构成"同时 VP"。没有了"而"，"同时"和"VP"之间从并列关系变成修饰关系，"同时"的作用在于表示"动作在同一时间发生"，"同时"也就从动词性短语变成了一个副词，并一直沿用到今天。这应该就是"同时₁"。例如：

(9) a 秦坑赵卒于长平之下，四十万众，同时俱陷。(《论衡》)

　　b 初，太子有三男一女，女者平舆侯嗣子尚焉。及太子败，皆同时遇害。(《汉书》)

　　c 又岳州徐君宝妻某氏，亦同时被虏来杭，居韩斩王府。(《南村辍耕录》)

　　d 你的爹娘同时害病，势甚危笃。昨晚我只得住下，看了他一夜。(《喻世明言》)

　　e 到十五岁的时节，王招宣死了，潘妈妈争将出来，三十两银子转卖与张大户家，与玉莲同时进门。(《金瓶梅》)

　　f 你大爷现在出外，你二位大奶奶同时遇喜，不便坐车远行。(《儿女英雄传》)

六朝以后，动词性短语"同时"产生了居于名词性成分之前的用法，例如：

（10）a 赴者裁十余人，皆同时知名士也，哭之，感动路人。
（《三国志裴注》）

b 汝见萧曹张陈诸公侯，吾同时人，倍年于汝者，皆拜。
（《古小说钩沉》）

c 呜呼！同时之人，零落向尽；鼓杨李贺，冥寞何之？
（《全唐文》）

d 白首故情在，青云往事空。同时六学士，五相一渔翁。
（白居易诗）

这种用法的"同时"可以看作名词，它应该也是短语"同时"词汇化后转类的结果，其意义虽然和"同时₁"一样，但并不是从副词演变而来的。这种名词性的"同时"甚至可以出现在句子前面。例如：

（11）a 又世俗率贵古昔而贱当今，敬所闻而黩所见。同时虽有追风绝景之骏，犹谓不及伯乐之所御也。（《抱朴子》）

b 景德三年，韩崇训自枢密都承旨、四方馆使，以检校太傅为之；同时，马正惠公知节自枢密都承旨、东上阁门使，以检校太保为之。（《却扫编》）

c 尝为陈州防御使，累迁御史大夫，使北朝。崔立之变，自缢死。同时户部尚书完颜仲平亦自杀。（《归潜志》）

d 文潞公归洛日，年七十八。同时有中散大夫程煦、朝议大夫司马旦、司封郎中致仕席汝言，皆年七十八。（《梦溪笔谈》）

e 在下处岑寂，央媒妁下本京白家之女为妻，生下一个女儿，是八月中得的，取名丹桂。同时，白氏之兄白大郎也生一子，唤做留哥。（《二刻拍案惊奇》）

f 可怜马德称衣冠之胄，饱学之儒，今日时运下利，弄得日无饱餐，夜无安宿。同时有个浙中吴监生，性甚硬直。（《警世通言》）

上面各例中的"同时"主要表示"同一时间"这一具体、实在的意义，但由于它经常用于两个并列的小句之间，逐渐具备了连接功能。可以看作是"同时$_{2a}$"。"同时$_{2a}$"在宋代以前很少见到，不过宋代语料及明代白话小说中用例颇多。清代语料里用例不多，"五四"时期的白话语料里则有不少例子。如：

> （12）a 所以我希望我们中国大兴教育，同时我又希望我们中国
> 　　　　教育家要明白读几本历史洋文学一点理化博物算不得是
> 　　　　真正的近代西洋教育。（陈独秀：《近代西洋教育》，《新
> 　　　　青年》第三卷五号）
> 　　　b 英国拿了印度，在英国不但有了利益，同时也得了名
> 　　　　誉的。（鲁迅译：《一个青年的梦》，《新青年》第七卷
> 　　　　二号）

"同时$_{2b}$"产生的年代很晚，较早的例子出现在"五四"时期的现代白话语料里。例如：

> （13）a 他们是富有能力的人，同时亦是富有特权的人。（崔载
> 　　　　阳：《野人的生与死》，《民俗汇刊》）
> 　　　b 社会主义之运动为国民的，同时而为万国的，此不可不
> 　　　　知也。（渊实：《社会主义史大纲》，《民报》）
> 　　　c 凡有机物的生命，全靠各部分各有特别的构造机能，
> 　　　　同时又互相为用。（胡适：《不朽》，《新青年》第六卷
> 　　　　二号）
> 　　　d 分工的利益固然可使专门的技术发展，同时也可以使社
> 　　　　会生活互相赞助。（《杜威博士讲演录》，《新青年》第七
> 　　　　卷三号）

"同时$_3$"产生年代更晚，北大语料库现代部分里几乎还找不到用例，当代部分则有相当多的例子，在小说、政论文章、说明文等文体中都可以见到。

最后看"同时$_4$"。先秦时期的"X与Y同时"结构中的"X"因为语境关系省略后就变成了"与Y同时"，Y的位置后来被代词"之"或"此"代替，例如：

（14）a 况自元和以后，公侯冢嗣，卿士子孙，与之同时，历然可数。（《全唐文》卷七百七十七）

b 方其知时，即是今日，中间年岁，亦与此同时，元非先后。（《梦溪笔谈》）

不过，（14b）中的"与此同时"是动词性短语，它没有连接功能，并不是整体相当于连词的"与此同时"即"同时₄"。后者在北大语料库现代部分里还几乎找不到例子，其大量使用应该是当代的事情。我们推测，它的兴起一方面跟"同时"的连接功能有关，另一方面则很可能是因为它多用于书面语，是对古汉语已有格式的直接借用。

前面我们对"同时"的历时演变作了一个大致的梳理。概括来说，"同时"在先秦时期是一个动词短语，主要存在于"X 与 Y 同时"这一结构之中，汉代开始因为语境关系，"X 与 Y"省略，"同时"开始作为一个独立的词使用，常见的情况是用在另一动词前面，逐步演变成一个副词。这一过程既是词汇化，也是语法化；六朝以来，"同时"可以用在名词性成分前面，具有名词性质，这种用法的"同时"后来用在两个句子之间，逐渐具有了连接作用，进一步演变为连词。从总体上看，在五四以前的漫长时期，"同时₁"占优势，"五四"时期以后，"同时₂"逐渐占了上风。"同时₃"和"同时₄"应该都是只有几十年使用历史的新用法。简而言之，"同时"各个意义和用法的历时发展顺序是非常清楚的，即：

$$同时_1 > 同时_{2a} > 同时_{2b} > 同时_3 / 同时_4$$

不过，历时产生顺序并不等同于语法化程度顺序。判断语法化程度顺序时，还要看不同用法之间的语义关联以及意义的抽象化程度。从这方面来看，"同时"的情况比较特别："同时₂ₐ"和"同时₂ᵦ"之间的语义关联是比较清楚的，但"同时₁"和"同时₂ₐ"、"同时₃"和"同时₄"之间似乎是同一个意义的不同表现形式——"同时₁"和"同时₃"都只表示"同一时间"这一具体的时间意义，"同时₂ₐ"也可以表示具体的时间意义，只是其功能则转为连接两个并列的小句。"同时₄"在时间意义上和"同时$_3$"比较接近，在连接功能上则和"同时$_{2a}$"相似。因此，"同时$_3$"和"同时$_{2a}$""同时$_4$"之间存在着一定的变换关系。例如：

> （15）a 这人可称之为检举揭发专业户，在揭发苏东坡的同时，
> 　　　他还揭发了另一个人。
> 　　　b 这人可称之为检举揭发专业户，他揭发了苏东坡，同时
> 　　　他还揭发了另一个人。
> 　　　c 这人可称之为检举揭发专业户，他揭发了苏东坡，与此
> 　　　同时，他还揭发了另一个人。

结合前面的历时考察来看，"同时$_1$"来直接自于动词性短语"同时"，"同时$_2$"则是由名词"同时"语法化的结果（名词"同时"的源头也是动词短语"同时"）。"同时$_3$"直到今天仍具有名词性质，它参与构成的"在 VP 的同时"结构只是在居于主语前时有一定的连接功能，但这一功能属于整个结构而非"同时$_3$"，"同时$_4$"本身仍是动词，连接动能属于"与此同时"整体。也就是说，"同时$_3$"和"同时$_4$"本身的意义还相当具体、实在，其抽象化程度并不高。

"同时$_{2b}$"则只表示抽象的关系意义，不表示时间意义。因此，从意义的抽象化程度角度来看，"同时"的各个意义和用法的语法化程度顺序是：

$$同时_3/同时_4 > 同时_1 > 同时_{2a} > 同时_{2b}$$

不过，"同时$_3$"的意义和"同时$_1$"一样比较具体，但它只能存在于"在……的同时"结构中，是一个"结构内成分"，有一定的黏着性。其句法功能既和"同时$_1$"有相似之处（充当状语），又和"同时$_{2a}$"有相同之处（存在一定的变换关系），再考虑到它很晚出现这一因素，可以认为，它的语法化程度应该高一些。"同时$_4$"它参与构成的是一个具有词汇性质的固定短语，且保留有动词短语性质，语法化程度并不高，但它产生的年代是最晚的。考虑到这些因素，"同时"的各个意义和用法的语法化程度顺序可以调整为：

同时$_1$ > 同时$_{2a}$/同时$_3$/同时$_4$ > 同时$_{2b}$

按照我们语法化程度顺序和习得顺序基本一致的假设，这一顺序应该就是"同时"各个意义和用法的习得顺序。也就是说，"同时$_1$"的语法化程度较低，应该比较容易习得或者说先习得，"同时$_{2a}$""同时$_3$"和"同时$_4$"的语法化程度中等，习得难度也在中等，应该在"同时$_1$"之后习得；"同时$_{2b}$"的语法化程度最高，习得难度最大或者说应该是最后习得的。

11.3 "同时"的习得情况考察

先看输出情况。我们对 120 万字的中介语语料中的"同时"进行了穷尽性检索，共发现 134 个输出用例。经过分类统计后发现，"同时"的各个意义和用法都有输出。其中"与此同时"共有 4 例。如：

(16) a 但与此同时，我还是希望因她对我们有感情而愿意跟我们一起生活。
　　 b 与此同时，在外务省研究所教过几十年的汉语。

"同时$_1$"共有 27 例输出。如：

(17) a 到我们的房间才叹气，马上我们俩同时哈哈大笑了。
　　 b 我已经丢了我的手机四次，一次我丢我的手机，同时丢好几个朋友。
　　 c 电影的内容是这样。在一个朋友的圈，同时发生几个都跟爱情有关系的事情。有人结婚，有人分手，然后有悲哀的感觉。
　　 d 京都是日本人和外国人都可以享受的地方。同时给人现代和古代的日本气氛。

"同时$_2$"共有 88 例输出，其中"同时$_{2a}$"52 例，　"同时$_{2b}$"36

例。如：

（18）a 他跟妻子离婚后没有钱租房子，同时他也失业了。

　　　b 毕业后到美国进修英文，同时还选修了计算机专业和商业管理。

　　　c 他的去世给我很大的打击，同时我学到了很重要的东西。

　　　d 我非常感谢老师的帮助，同时我也知道了结交朋友的重要。

（19）a 在瑜伽的动作中，呼吸是最重要的，同时也是很难的动作。

　　　b 片假名是外国语的略字，同时也可以说是日本语的特点。

　　　c 我在中国的经验使我更加欣赏意大利的一些优点和长处，同时也对意大利的缺点和问题有了一定的认识。

"同时$_3$"共有 15 例输出。如：

（20）a 比如，有些公司规定，在妻子休产假的同时，父亲也可以享受休假的待遇。

　　　b 在发展的同时，南京还不忘记保留着自己的美好传统文化。

　　　c 我还想再说说骑车旅游的好处。骑车旅游，在旅游的同时，还可以锻炼身体。

　　　d 保持自己的主张的同时，尊重对方的主张，这就是无论如何也不变的原则。

　　从总量上看，中介语语料中输出最多的是"同时$_{2a}$"，其次是"同时$_{2b}$"和"同时$_1$"，再次是"同时$_3$"，"同时$_4$"的输出最少。但按照我们的观点，作为判定习得标准之一的输出包括绝对输出和相对输出。为了考察学习者"同时"的相对输出情况，我们对 100 万字的本族语料中的"同时"进行了穷尽性检索，经分类比较后得出表 11 -1：

表 11-1 "同时"的输出/使用情况

意义和用法	中介语输出数量（例）及比例（%）			本族语使用数量（例）及比例（%）			比例差（%）	
同时$_1$	27	20.1		72	35.8		-15.7	
同时$_{2a}$	52	38.8	65.7	39	19.4	43.3	+19.4	+22.4
同时$_{2b}$	36	26.9		48	23.9		+3	
同时$_3$	15	11.2		33	16.4		-5.2	
同时$_4$	4	3		9	4.5		-1.5	
合计/频次	134/0.11‰			201/0.2‰				

从表 11-1 中可以看出，在 120 万字的中介语语料中，"同时"的全部输出只有 134 例，频次为 0.11‰；而在 100 万字的本族语语料中，"同时"共出现了 201 次，频次为 0.2‰。也就是说，在中介语中，"同时"的绝对输出明显低于本族语，其整体习得情况并不算太好。

具体到小类用法来说，"同时$_1$"在中介语料中绝对输出居于中等，占到全部用法的 20.1%，但这一比例远低于本族语语料中的 35.8%，说明其相对输出明显不足，其习得情况应该视为一般；"同时$_2$"在中介语料中绝对输出总量最多，所占比例为 65.7%，远远超过本族语中的 43.3%，其中"同时$_{2a}$"占全部输出的 38.8%，是本族语中相同用法的一倍，相对输出可以说是过度，其习得情况应视为良好；"同时$_{2b}$"的输出比例也略高于本族语料，相对输出足够，习得情况也可以视为良好；"同时$_3$"在中介语料中所占比例为 11.2%，在本族语料所占比例为 26.4%，其相对输出不足（比例差超过 5%），其习得情况最多可以看作一般；"同时$_4$"的绝对输出最少，不过相对输出居于中等，其整体习得情况也可以视为一般。因此，从输出的角度看，可以认为"同时"的各个意义和用法之间存在这样的习得顺序：

顺序 1：同时$_{2a}$ > 同时$_{2b}$ > 同时$_1$/同时$_3$/同时$_4$

再看正确率情况。我们对除 4 例"与此同时"外的全部 130 个含有"同时"的用例进行了分析，共发现跟"同时"有关的偏误 11 例。正确率为 91.5%（119/130）。

"同时$_1$"的 27 个用例中有 1 例存在偏误，正确率为 96.3%（26/27）。偏误句如下：

　　（21）而且我弟弟当兵完时，我同时来了中国。

"同时$_1$"要求所在句子的主语为表示"不止一个"的名词性成分，此例当为语义偏误。

"同时$_{2a}$"的 56 个用例中有 3 例存在偏误，正确率为 96.4%（53/56）。偏误句如：

　　（22）a 她在日本进入三年后，她终于得到名声了。她同时在韩
　　　　　国第二次的唱片也有很大的反应。
　　　　　b 为了防止"地球温室效应"，人们应该开发代替能量和
　　　　　二氧化碳的固定化技术，而且更重要的是每个人都要努
　　　　　力节约能量，同时国家之间的协助。

（22a）为语序偏误，（22b）中"同时"后面不是动词性短语或小句，也属于句法偏误。

"同时$_{2b}$"的 36 个用例中有 8 例存在偏误，正确率仅为 77.8%（28/36）。其偏误以句法偏误居多。例如：

　　（23）a 这次游行真美好的记忆，同时真难忘的记忆。
　　　　　b 我觉得这个就是她的优点，同时她的缺点。
　　　　　c 鲁迅是在中国近代文学史上最伟大的作家，同时当思
　　　　　想家。

作为连词，"同时$_2$"后面应该是小句或者动词性短语，但（23a）和（23b）中的"同时"后面却是名词性成分。这两例均属于句法偏误。

另外 3 例句法偏误则表现为"同时"和关联副词"也"的位置偏误。偏误句如下：

　　（24）a 大家都知 10 月 1 日是中国的中庆节，也同时是"旅游节"。

　　b《圣经》是基督教的经典，也同时是基督教徒的生活标
　　　准书。

　　c 比方说，一些推出一种药的产品会夸大药的能力，但是
　　　也同时不给观众说明药的副作用，结果让许多人相信药
　　　的好处，而忽略药的副作用。

　　"同时"连接小句时可以表示递进关系，学习者会把它和同样表示递进
关系的"而且"混淆，进而造成语义偏误。下面这三个用例就属于此类：

　　（25）a 2001 年劳动节的时候同事一起去北京，因为北京是中国
　　　　　的首都，同时有很多遗产。
　　　　b 京族人不能用手拍背人，也不能用脚指物，同时也不能
　　　　　用手对着人。
　　　　c 灵光不仅邻接着海，同时日照量也很丰富，所以对于产
　　　　　生食盐，可以算是具有有利的条件。

　　"同时$_3$"共有 15 个用例，其中 2 例存在偏误。正确率为 86.7%
（13/15）。偏误句如下：

　　（26）a 所以大家都集合的同时，我们还在逛街。
　　　　b 如果在《海伦凯勒》的故事里只有她的痛苦和忍耐的
　　　　　话，那么她的人生就没意思了。但她一直挣扎自己的身
　　　　　体条件同时，艰苦奋斗地努力学习而成了伟大的人物。

　　"同时$_4$"的 4 个用例均不存在偏误，其正确率高达100%。
　　上面的讨论表明，从正确率的角度看，"同时$_1$""同时$_{2a}$"和"同
时$_4$"的习得情况最好，它们的正确率都非常高；"同时$_3$"的正确率也接
近90%，其习得情况可以视为较好，"同时$_{2b}$"的正确率在80%以下，其
习得情况可以视为较差。如果单纯按照正确率高低排序的话，可以认为
"同时"的各个意义和用法之间存在以下习得顺序：

　　　　顺序2：同时$_1$/同时$_{2a}$/同时$_4$>同时$_3$>同时$_{2b}$

最后来看初现情况。我们对南师大和复旦中介语语料库之初级部分（各 20 万字）和中级部分（各 20 万字）中的"同时"进行了检索和分类统计，结果见表 11 - 2：

表 11 - 2　　　　　"同时"的初现情况　　　　（单位：例）

意义和用法	初级部分		中级部分	
	南师大	复旦	南师大	复旦
同时$_1$	1	1	6	7
同时$_{2a}$	4	3	15	16
同时$_{2b}$	2	2	7	8
同时$_3$	2	1	3	3
同时$_4$	0	0	1	0

从表 11 - 2 中可以看出，在 20 万字的南师大初级阶段中介语料和同为 20 万字的复旦初级阶段中介语料中，只有"同时$_{2a}$"完全达到了初现标准，可以视为已经习得。"同时$_1$"在两个语料库初级阶段中均只有 1 例输出，"同时$_{2b}$"也都只有 2 例；"同时$_3$"在南师大语料（初级）中有 2 例输出，在复旦语料（初级）中只有 1 例输出。这说明它们在初级阶段还没有被习得。在分别为 20 万字的南师大和复旦中级阶段中介语语料中，"同时$_1$"各有 6 例和 7 例，"同时$_{2b}$"各有 7 例和 8 例，两者都达到了初现标准；"同时$_3$"则各有 3 例，基本符合初现标准，这说明三者在中级阶段已经基本习得。"同时$_4$"仅在南师大语料中有 1 例输出，明显未达到出现标准，说明它在中级阶段仍未被习得。因此，从初现的角度看，"同时"的各个意义和用法的习得顺序应该是：

顺序 3：同时$_{2a}$ > 同时$_1$/同时$_{2b}$/同时$_3$ > 同时$_4$

11.4　讨论

在上一节中，我们分别从输出、正确率和初现等三个角度考察了"同时"各个意义和用法的习得情况，并得出了 3 个不尽相同的习得顺序。即：

顺序 1：同时$_{2a}$ > 同时$_{2b}$ > 同时$_1$/同时$_3$/同时$_4$
顺序 2：同时$_1$/同时$_{2a}$/同时$_4$ > 同时$_3$ > 同时$_{2b}$
顺序 3：同时$_{2a}$ > 同时$_1$/同时$_{2b}$/同时$_3$ > 同时$_4$

比较以后可以发现，"同时$_{2a}$"在输出和初现这两个顺序中都位居第一，在正确率顺序中也属于第一梯队，因此其习得情况可以说是最好的。"同时$_1$"的表现很是特别：在正确率顺序中居于前列，在初现顺序中属于中等，但在输出顺序中却居于末流。综合来看，其习得情况可以视作中等偏上。"同时$_{2b}$"在输出和初现这两个顺序中居于中流，但正确率是最低的，其习得情况应视作中等。"同时$_3$"在输出顺序中居于末流，在正确率和初现顺序中也只是处于中游位置，其习得情况和"同时$_{2b}$"一样，也应视为中等。"同时$_4$"在输出和初现两个顺序中都位于最后，只是正确率最好——其原因可能是固定短语，一般不会出现偏误，其习得情况应该视为较差。因此，综合输出、正确率和初现三方面的情况，可以认为"同时"各个意义和用法的客观习得顺序应该是：

同时$_{2a}$ > 同时$_1$ > 同时$_{2b}$/同时$_3$ > 同时$_4$

也就是说，"同时$_{2a}$"是最先习得的，然后应该是"同时$_1$"，接着是"同时$_{2b}$"和"同时$_3$"，"同时$_4$"是最后习得的。

我们在本章第 2 节中根据语法化程度顺序构拟的习得顺序是：

同时$_1$ > 同时$_{2a}$/同时$_3$/同时$_4$ > 同时$_{2b}$

比较以后发现，这两个顺序似乎是异大于同。差异主要表现在"同时$_1$""同时$_{2b}$"和"同时$_4$"几个用法的位置。先看"同时$_1$"，按照我们的假设，它的语法化程度较低，习得难度也应该不大，应该先于其他几个用法习得。但在客观习得顺序中，它位居"同时$_{2a}$"之后。不过我们也注意到，它只是在输出方面的表现不如"同时$_{2a}$"，这很可能于二语学习者存在过度使用连词的倾向有关。再看"同时$_{2b}$"，根据我们的理论预测，它应该是最难习得的。但在客观习得顺序中，它的位置在"同时$_3$"和"同时$_4$"之前。决定它的这一位置两个因素是输出和初现，如果提高正确率顺序的权重的话，"同时$_{2b}$"应该尚未达到习得标准（其正确率仅为77.8%），这说明我们对其习得难度和习得顺序的分析基本上是正确的。它在综合顺序中排位靠前仍然跟学习者在书面表达中倾向于过度使用连词有关。至于"同时$_4$"，它的100%的正确率证明其习得难度并不高，输出不足和初现时间最晚这两个不足应该跟教学安排有关：由于它的书面语色彩很浓，教学安排很可能靠后。

我们对《教学大纲》的考察证明了这一推测。"大纲"把"同时"处理为初等阶段次常用词，且标注了名词和连词两个词性。"同时$_2$"初现时间最早，也应该跟大纲的安排有关，本章第3小节关于偏误的讨论表明，早期"同时$_{2b}$"所在的句子往往存在一些基本的句法问题，表明学习者此时的语言水平尚不够高，换句话说，"同时$_{2b}$"的习得顺序靠前，很可能是教学安排影响的结果。

如果考虑到"同时$_3$"和"同时$_4$"在本质上还是实词，那么我们研究的对象就只有"同时$_1$"和"同时$_2$"，根据我们的理论假设，它们之间的习得顺序应该是"同时$_1$ > 同时$_{2a}$ > 同时$_{2b}$"，本章的中介语考察表明，三者的客观习得顺序是"同时$_{2a}$ > 同时$_1$ > 同时$_{2b}$"，两者显然存在差异。不过这是可以解释的：我们考察的教学环境下的习得顺序，教学安排对习得顺序可能存在一定的影响。因为《教学大纲》中没有对"同时$_1$"作出要求，所以"同时$_1$"的初现时间晚于"同时$_{2a}$"，相对输出数量也严重不足。但这也在一定程度上表明，对于学习者来说，"同时$_1$"很可能是自然习得的。换句话说，如果是在非教学环境下的自然习得，"同时$_1$"的习得顺序也许应该在"同时$_{2a}$"之前。同样，"同时$_{2b}$"尽管在教学上得到了强调，但它仍然比"同时$_1$"后习得。这也在一定程度上证明，教学安排对习得顺序有一定的影响，但不能从根本上改变习得顺序——它可以改变语法化程度较低的意义和用法之间的习得顺序，如"同时$_1$"和"同时$_{2a}$"，但不能改变语法化程度低的用法和语法化高的用法之间的习得顺序，比如"同时$_1$"和"同时$_{2b}$"。

12

"甚至"的语法化顺序和习得顺序

12.1 "甚至"的意义和用法

在现代汉语中，"甚至"大致有以下几种分布：

(1) a 其中有不少问题，世纪初的有识之士来不及细想，甚至来不及发现。

b 这里有点冷，有点野，甚至有点残忍。

c 大人物凭借权势捞点什么，不但能够容忍，甚至可以给予理解。

(2) a 行政上的事他未必内行，可以少管甚至不管为好。

b 他苦恼、焦虑甚至暗地里饮泣。

c 要用两代人、三代人甚至四代人来实现这个目标。

d 除了身体不好的同志，凡是还能做点工作的，可以联系一个基层单位，比如联系一个工厂，一个学校，一个科学研究机关，一个地委或者县委，甚至一个农村基层组织，深入地了解情况。

(3) a 时间久了，我甚至连他的名字都忘了。

b 这块大石头甚至四五个小伙子也搬不动。

c 体育教师是真正的贫困者，日子过得甚至还远不如正在脱贫的正宗农民。

在例（1）中，"甚至"后面是动词性短语在句法上是一个独立的小句（有时本身就是一个小句），它前面有一个意义相类的动词性短语（句法上也是一个小句），前后两个小句之间存在递进关系，"甚至"所在的小句比前面的小句在语义上更进一层。

　　例（2a）和例（2b）中的"甚至"前后虽然也是动词性短语，但没有资格作为独立的小句，其功能和例（2c）、例（2d）中的"甚至"是一样的，尽管后者的前后都是名词性短语。

　　例（1）和例（2）其实是有共同点的。它们的结构可以抽象为"X，（Y），甚至 Z"。X、Y、Z 在结构上相似，意义上类同。"甚至"在句法上起连接作用，因此一般的工具书都把它们看作连词。为了行文方便，我们把它记为"甚至$_1$"，考虑到连接小句的"甚至"和连接短语的"甚至"存在一定的区别，因此把前者记为"甚至$_{1a}$"，把后者记为"甚至$_{1b}$"。

　　"甚至$_1$"一定连接两项或多项成分，成分之间在句法上是并列的，但在语义上却存在程度或数量等方面的差异。它们之间构成一个极差序列（scale），可以是从深（强）到浅（弱）或从多（大）到少（小），也可以是正好相反，即"X >（Y）>Z"或"X <（Y）<Z"两种可能中的一种，但绝不是平等的并列关系。表现在句法上，就是前后两项的位置不能互换。例如：

　　　　（4）a＊大人物凭借权势捞点什么，不但可以给予理解，甚至能
　　　　　　　够容忍。
　　　　　　b＊行政上的事他未必内行，可以不管甚至少管为好。
　　　　　　c＊一个地委或者农村基层组织，甚至一个县委。

　　例（3）中的"甚至"则和"甚至$_1$"有所不同。从语义上看，这种"甚至"主要表示一种程度义，如（3a）的意思是"关于他，我忘了很多"，（3b）的意思是"大石头很重"，（3c）的意思是"日子过得很差"。从句法上看，这类副词一般出现在主语之后，一般的工具书都把它看作副词，我们暂时也接受这种看法，把它记为"甚至$_2$"。

　　本章讨论"甚至"各个意义和用法之间的语法化程度顺序和习得顺序之间的关系。需要说明的是，"甚至"还有几个变体："甚至于""甚而至于"和"甚而"。其中"甚至于"和"甚至"的差异很小（《八百词》认为"甚至于"同"甚至"），我们对两者不做区别。"甚而至于"和"甚而"基本上只有连词用法，且多用于书面语。由于我们研究的目

的是考察"甚至"的二语习得情况，因此把"甚而"和"甚而至于"排除在外。

12.2　"甚至"的语法化顺序及其习得顺序构拟

12.2.1　语义关联顺序

前面说过，"甚至$_1$"参与构成的结构可以抽象为"X，（Y），甚至Z"，其中 Z 在极差序列上的位置或者在 X（Y）之上，或者在 X（Y）之下。

"甚至$_2$"的作用是"强调突出的事例"（《现代汉语八百词》）。"突出的事例"也就是在量度等级序列中处于更高或高低的一项，或者说，说某一事例"突出"实际上蕴含着存在不突出或相对不突出的其他事例，从这个意义上说，"甚至$_2$"后面的"突出事例"相当于"甚至$_1$"后面的 Z。两者的区别在于，在"甚至$_1$"所在的上下文中，极差序列至少显示出两项（其前项是对比项），因此是具体的、显性的。这一极差序列是一个客观存在，或者是符合生活常识或逻辑事理。例如：

> （5）a 不少被流放的清朝官员与反清义士结成了好朋友，甚至到了生死莫逆的地步。
> 　　 b 有了十几万、几十万甚至上百万奖金，功成名就，她们是不是想再练了？

在例（5）中，"生死/莫逆之交"显然要比"好朋友"交情更深，"上百万"也比"十几万""几十万"数量更多。也就是说，"甚至$_1$"虽然引出量度等级更高的 Z，但它本身的作用只是客观表达，不具有主观性。例如：

> （6）a 他的病不但没有好转，甚至比以前更严重了。
> 　　 b 他的病不但没有好转，反而比以前更严重了。

（6a）和（6b）的差别在于，用"甚至"重在叙述客观事实，用"反而"重在表达客观事实与主观预期相反。

在"甚至₂"所在的上下文中，前项或对比项没有出现，因此极差序列是隐性的。不过在说话人和听话人共有的背景知识甚至百科知识里，这一序列是存在的，很多时候也是可以补出的。例如：

（7）a 她甚至不愿意拿正眼看我。
　　　b 说什么"交交心"啊，她甚至不愿意拿正眼看我。

因为前项出现，"甚至₁"的作用就主要表现在句法上，即连接两项或者多项成分，把它看作连词是没问题的。因为没有前项或者说前项不出现，"甚至₂"失去了连接的功能，也就不能再看作是连词。

前项为什么省略或者隐含？选择哪一项、为什么选择该项作为"突出的事例"？这应该跟说话人的主观因素和语境中的表达需要有关——当说话人没必要说出或者较难说出对比项的时候，或者只想凸显某一项的时候，就直接使用"甚至₂"。

认为"甚至₂"背后蕴含着一个极差序列也就意味着它和"甚至₁"之间存在着演变关系。从道理上说，应该是先有"甚至₁"，然后才有"甚至₂"。按照语法化的一般规律，副词和连词之间的演变关系应该是"副词→连词"，如果认为"甚至₂"是副词，就得上述规律存在例外现象。不过，连词是可以演变为介词的（参见第 4 章），我们因此猜测，"甚至₂"具有一定的介词性质，其功能是引介强调的部分。例如：

（8）a 这一点，现在甚至我们的敌人也不怀疑了。
　　　b 这一点，现在连我们的敌人也不怀疑了。
　　　c 这一点，现在甚至连我们的敌人也不怀疑了。

"甚至₂"经常和"都/也"配合使用，有时可以替换"连"，有时则可以和"连"同现。而"连……都/也……"格式中的"连"虽然可以看作强调（焦点）标记，但在词性上仍是介词（从汉语史的角度看，"连"经历了"动词→连词→介词"的发展过程）。"甚至₂"可以与之互换，说明它也具有一定的介词性质。

不过，用在谓语部分前面的"甚至"不能用"连"替换。例如：

（9）a 我甚至忘了有这回事儿了。

　　　b＊我连忘了有这回事儿了。

　　　c 我连有这回事儿都忘了。

　　这类"甚至₂"往往表示一种跟说话人主观看法相关的某种"程度"，这似乎不是介词而是副词的功能。张谊生（2000）把它归入评注性副词，应该也是考虑到了"甚至₂"的这种主观性。

　　"甚至₂"的这种特殊性可能分别与其构成要素"至（于）"和"甚"有关，但无论把它看作介词还是副词，都不影响它跟"甚至₁"之间的联系。即"甚至₁→甚至₂"。

　　"甚至₁ₐ"和"甚至₁ᵦ"之间的先后关系在共时平面很难判断，但历时考察也许能帮助我们搞清这一问题。

12.2.2　历时发展顺序

　　较早论述"甚至"历时发展过程的是周静（2004）。她认为"甚至"本来是一个短语，意义比较实在，是"非常而至于"即"甚而至于"的意思，后凝固为副词，意为"达到极点"，经词汇意义虚化，由副词又发展为主要起连接作用的连词。这一过程在宋代开始萌芽，明代加快，清代中后期完成。方一新、姜兴鲁（2009）则认为，"甚至"一词在古代有连词和副词两种用法，但连词"甚至"并非直接由副词"甚至"虚化而来，二者各有其词汇化过程。前者是由同义并列的短语凝固而成，后者则主要是通过跨层结构的重新分析而形成。

　　我们认为，自六朝至清，汉语史上确实存在两个"甚至"，一为副词，一为连词。前者在现代汉语里已经消亡，后者也不是前者发展的结果。现代汉语的副词"甚至"不同于古代汉语的"甚至"，它是由连词"甚至"发展出来的用法。下面在周文和方文的基础上大致整理一下"甚至"的历时发展过程。

　　在汉代之前，"甚至"可能作为一个组合的例子并不多。下面3例出自东汉文献：

　　（10）a 孔子葬母于防，既而雨甚至，防墓崩。（《论衡》）

　　　　　b 既得合葬，孔子反，门人后，雨甚至。孔子问曰："何

迟也?"曰:"防墓崩。"(同上)

c 肾者水也,而生于骨,肾不生,则髓不能满,故寒甚至
骨也。(《素问》)

例(10c)的"甚至"不在一个结构层次上,连短语的资格都没有。例(10a)和(10b)都出自《论衡》,周静(2004)根据前者认为"甚至"作为一个短语始于汉代。不过《论衡》的这两段话的出处则是《礼记》:

(11) 孔子先反,门人后,雨甚至,孔子问焉曰:"尔来何迟
也?"曰:"防墓崩。"孔子不应。(《礼记》)

方一新、姜兴鲁(2009)据此例认为"甚"和"至"在先秦时期已开始连用。但从上下文关系看,此例断为"孔子先反,门人后,雨甚;至,孔子问焉曰……"似乎也是可以的。真正的"甚至"组合到六朝时期才出现。例如:

(12) a 阮思旷奉大法,敬信甚至。(《世说新语》)
b 兖州刺史沛国宋处宗,尝买一长鸣鸡,爱养甚至。(《古
小说钩沉》)
c 镇西谢尚所乘马忽死,忧恼甚至。(《搜神记》)
d 孔君平疾笃,庾司空为会稽,省之,相问讯甚至,为之
流涕。(《世说新语》)

方、姜两位学者认为中古时期的"甚至"是双音副词,类似例(12a~c)中的用法是程度副词,意为"非常";类似(12d)中的用法意为"很周全"。方文认为这种"甚至"是同义连用,因为经常互文对举而形成的,它还有一个语义相同的同素异序形式"至甚"。

上面的这种"甚至"从六朝到明清,一直都用在形容词或动词性短语之后。方一新、姜兴鲁(2009)认为它不会发展出连词用法,因为无法解释它在句子中位置的变化。我们赞成这一观点。

宋代出现了一种用于小句之前的"甚至"组合。例如:

（13）a 方大驾南渡，典章一切扫荡无遗，甚至祖宗谥号亦皆忘
　　　　失。（《老学庵笔记》）

　　　b 若或父母坚不从所谏，甚至怒而挞之流血，可谓劳苦，
　　　　亦不敢疾怨。（《朱子语类》）

　　　c 敢立定某日见客，某日不见客，甚至月十日不出，不知
　　　　甚么条贯如此。（同上）

　　　d 近有为乡邑者，泛接部内士民，如布衣交，甚至狎溺无
　　　　所不至。（同上）

　　上面各例中的"甚至"所在的小句与前面的小句用在后项之前，起
连接作用。不难看出，它跟今天的"甚至$_{1a}$"基本上是同一性质的东西，
完全可以看作连词。但这种"甚至"跟中古已有的充当程度补语的副词
"甚至"显然没有直接的关系。方一新、姜兴鲁（2009）的研究发现，在
宋代之前的很长一段时间里，"甚"和"至"分属不同句法层次搭配使用
的情况比较普遍。下面是方文举的例子：

（14）a 九月，太后临朝，淫放日甚，至逼幸清河王怿。（《魏
　　　　书》）

　　　b 师古曰："言惧之甚，至于股脚战栗也。"（颜师古《汉
　　　　书注》）

　　　c 士卒渴甚，至刺马血而饮，死者十二三。（《北史》）

　　　d 为君吟所寄，难甚至忘筌。（《全唐诗》）

　　方文认为，"甚"和"至"就像一对关联词语一样搭配使用，"甚"
表示上文所述情况程度加重，而"至"连接下文，表示更进一层。这样
的"甚，至"是董秀芳（2002）所说的"跨层结构"，即"由不构成一
对直接成分而是分属于不同句法层次但在线性顺序上邻接的两个成分组成
的结构""在语句的理解过程中，两个邻近的单位如果被聚合为一个组块
而加以感知，二者之间的分界就可能被取消，造成结构的重新分析"。从
时间上看，这一重新分析的过程主要发生在唐代，在宋代完成，结果就产
生了连词"甚至"。

我们赞成方文的解释，并对自宋至清语料中的"甚至"进行了检索分析，发现宋代语料中的"甚至₁"基本上只连接小句，元典章中也是如此。元曲中未见连词"甚至"，明代白话小说只有少数"甚至₁ₐ"（《西游记》和《水浒传》中未见）。例如：

> （15）a 若使捻酸吃醋，甚至争闹打骂，叫他四顾无亲，这苦怎了。（《型世言》）
>
> b 所以公卿大夫都有信着他的，甚至朝廷宫闱之中有时召用。（《初刻拍案惊奇》）
>
> c 自此以来，常在门首成两价拿银钱，买剪截花翠汗巾之类，甚至瓜子儿四五升量进去，分与各房丫鬟并众人吃。（《金瓶梅》）

倒是明人笔记（明末清初）中用例颇多，如：

> （16）a 三司官畏怯过甚，闻言震色。人民喧噪，甚至出言骂詈。（《北窗琐语》）
>
> b 有终日唱此曲，终年唱此曲，甚至一生唱此曲，而不知此曲所言何事，所指何人。（《闲情偶寄》）
>
> c 今山东北畿大家，亦不能家自凿井，民家甚至令妇女沿河担水。（《菽园杂记》）
>
> d 本朝无其恩礼，而法亦不行，甚至败军之将，可以不死。（《谷山笔麈》）

例（16b）中的"甚至"前面的对比项是名词性成分"终日"和"终年"，连接的"突出项"也是名词性成分，可以看作"甚至₁ᵦ"，但不太典型；例（16d）中的"甚至"前面没有对比项，"败军之将，可以不死"这一突出的事例是为了说明"法亦不行"，基本可以看作"甚至₂"。但这样的例子明代还很少见，清代开始多了起来。例如：

> （17）a 里外屋里甚至地窨子里搜了个遍，那有个凶手的影儿？（《儿女英雄传》）

　　b 就不分书吏、班头、散役、件作，甚至连跟班、轿夫，
　　　大家动起手来。(同上)

　　c 断非十八日可成，少也得一月两月，甚至三月半年都
　　　难预定。(同上)

(18) a 过了几天，宝玉更糊涂了，甚至于饭食不进，大家着急
　　　起来。(《红楼梦》)

　　b 贾环贾蔷等愈闹的不象事了，甚至偷典偷卖，不一而足。
　　　(同上)

　　c 后来荐头来得多了，刁迈彭同他熟惯了，甚至无话不谈。
　　　(《官场现形记》)

　　(17) 各例的"甚至"和现代汉语的"甚至1b"已经非常接近；
(18) 各例则完全可以看作是"甚至2"。

　　上面的历时语料考察表明，连词"甚至"产生于宋代，但元明时期书面语中的用例远比口语语料多，这一事实能够支持"甚至"由跨层结构重新分析而来的说法。因为重新分析发生在对语句的理解过程中，"……甚，至……"是一种特殊的跨层结构，它们分属于不同的小句，如果是口语的话，两者之间有较大的语音停顿，聚合成一个语块加以整体感知然后重新分析的可能性比较小；古代汉语的书面语没有标点符号或者说没有停顿标记，阅读时就很容易发生重新分析。在此之后，随着连接小句的"甚至1a"使用次数的增多，其极差序列模式得以确定，同样能构成极差序列的两个或更多的名词性短语之间也用"甚至"连接，这就是"甚至1b"，与此同时，也产生了不需要对比项、直接使用"甚至"引出"突出的事例"的表达方法，这就是"甚至2"。

12.2.3　"甚至"的语法化顺序及其习得顺序构拟

　　前面分别从语义关联和历时发展两个角度对"甚至"进行了讨论。我们认为，"甚至1"参与构成的结构可以抽象为"X，(Y)，甚至1 + Z"，X、Y、Z 在量度方面构成一个显性极差序列，"甚至1"用在量度最高的序列终端项 Z 前面，句法上起连接作用。当说话人认为没有必要或者不需要说出对比项 X、Y 的时候，就会直接使用"甚至 Z"；此时听话人可以根据语境或者常识推知 X、Y 的存在，同时也能推知 Z 是一个"突出的

事例"。由于 X、Y 省略或隐含，"甚至$_1$"失去连接作用，在句法上就不再成其为连词，从而演变成具有一定引介功能的"甚至$_2$"。说话人把某一事例 Z 作为突出的一项推出，实际上是直接而非通过对比的方式表达说话人对该事例的主观态度、认识或评价。换句话说，"甚至$_2$"具有"甚至$_1$"所不具备的主观性，直接使用"甚至$_2$"是一种主观化表达手段。"甚至$_1$"宋代已经产生，而"甚至$_2$"始见于明代，清代才发展成熟。因此，无论从主观化程度顺序还是从历时发展顺序的角度看，"甚至$_2$"的语法化程度都高于"甚至$_1$"，两者之间的语法化程度顺序是：

甚至$_1$ > 甚至$_2$

从汉语史上看，"甚"和"至"本来分属于前后两个不同的小句，连词"甚至"是跨层结构重新分析的结果，因此它在产生之初是用在小句而不是词或短语之间的。但由于它的句法功能是连接一个极差序列的两项或多项成分，当两个或更多的词或短语之间能够构成一个极差序列时，也会使用"甚至"连接。这样一来，连词"甚至"的功能就从连接小句扩大到连接词或短语。"甚至$_1$"也就分化为"甚至$_{1a}$"和"甚至$_{1b}$"。"甚至$_{1a}$"宋代已经产生，"甚至$_{1b}$"明代才开始萌芽，两者历时先后差别非常明显。可以认为它们之间的语法化程度顺序是"甚至$_{1a}$ > 甚至$_{1b}$"。至于"甚至$_{1b}$"和"甚至$_2$"，两者产生的年代相若，都在明清之间，但"甚至$_{1b}$"基本上也属于客观表达，主观性程度低于"甚至$_2$"。从这个意义上说，可以认为"甚至$_{1b}$"的语法化程度低于"甚至$_2$"。这样一来，"甚至"各个意义和用法之间的语法化程度顺序应该是：

甚至$_{1a}$ > 甚至$_{1b}$ > 甚至$_2$

根据我们语法化程度顺序和习得顺序基本一致的理论假设，上面两个顺序应该就是"甚至"各个意义和用法之间的习得顺序。

12.3　"甚至"的习得情况考察

先看输出情况。我们以"甚至"为关键词，对 120 万字的汉语中介语语料库进行了穷尽性检索，共发现 117 个含有"甚至"的输出用例，分类统计后发现，"甚至"的各个意义和用法都有输出。下面分别说明。

"甚至$_1$"共有 102 个输出用例，其中 86 例为"甚至$_{1a}$"。例如：

(19) a 这些孩子对我不太友好。不听我说的话，随便聊天，有的甚至走出教室。

b 他到地里干活，甚至到别人的地里干活养家。

c 不过还没修好房子，甚至土地也还没买好。

d 随着广告竞争地激烈，有的夸张，有的甚至吹牛。

e 阿宝为了不伤到爸爸的心，他就假装喜欢做面的生意，甚至跟他爸说他做了做面的梦。

f 但是对我来说，她是不仅仅是朋友，而且是姐妹，甚至也可以说是我的妈妈。

另外 16 个输出用例为"甚至$_{1b}$"。例如：

(20) a 不但星期一到五，甚至星期六和天他也努力工作。

b 我的班里的同学都从很多不同的国家来的，比如德国、韩国甚至斯洛文尼亚！

c 每个国家，每个民族甚至每个地方都有一个风俗、习惯。

d 听说我来上班之前，这里常常发生抢劫甚至流血事件。

e 因为他们只是担心许俊的成功，所以很多医生都不相信甚至反对他的治疗方法。

f 偶尔观众之间发生吵架，甚至打架。

"甚至$_2$"只有 15 个输出用例。如：

(21) a 我们认为食堂甚至比教学楼更重要。

b 有语言学家说，汉语是世界最难学的语言之一，甚至对中国人来说也很难学。

c 爸爸很着急，甚至责骂了妹妹一顿。

d 他累得很，甚至连饭也没吃，马上进入梦乡，做了个梦。

e 体育馆里太挤了，甚至很多人在台阶上坐着。

从绝对输出的角度看，"甚至$_1$"的数量明显多于"甚至$_2$"，具体说来，"甚至$_{1b}$"和"甚至$_2$"输出数量接近，两者都远不及"甚至$_{1a}$"。

绝对输出只是考察某一语言项目输出情况的一个方面。要全面评判输出情况，还得看相对输出。我们对 100 万字的本族语语料中的"甚至"进行了穷尽性检索和分类统计，并把它和中介语语料中的情况进行了对比，结果如下：

表 12 - 1　　　　　　　　　　"甚至"的输出/使用情况

意义和用法	中介语输出数量（例）及比例（%）			本族语使用数量（例）及比例（%）			比例差（%）	
甚至$_{1a}$	86	73.5	87.2	134	68.4	87.3	+ 5.1	+ 0.1
甚至$_{1b}$	16	13.7		37	18.9		− 5.2	
甚至$_2$	15	12.8		25	12.7		+ 0.1	
合计/频次	117/0.09‰			196/0.19‰				

从表 12 - 1 中可以看出，在 120 万字的中介语语料中，"甚至"只有 117 个输出用例，频次为 0.09‰；而在 100 万字本族语语料中，"甚至"共有 196 个用例，频次为 0.19‰，差不多是前者的两倍。也就是说，中介语料中"甚至"的相对输出明显不足。其习得情况并不太好。不过中介语语料和本族语料都是"甚至$_1$"占压倒性优势，其比例非常接近。

综合绝对输出和相对输出两方面的情况，可以认为，从总体上看，"甚至$_1$"的习得情况好于"甚至$_2$"。就"甚至$_1$"内部来说，"甚至$_{1a}$"的绝对输出多于"甚至$_{1b}$"，相对输出足够；"甚至$_{1b}$"相对输出低于本族人 5 个百分点，应视为输出不足。两者的习得情况明显是"甚至$_{1a}$"好于"甚至$_{1b}$"。如果把"甚至$_{1b}$"和"甚至$_2$"放在一起比较的话，两者的绝对输出相当，但后者的相对输出和本族语比较接近。其习得情况略好于前者。这样，从输出的角度看，"甚至"各个意义和用法的习得情况大致是：

顺序 1A：甚至$_1$ > 甚至$_2$
顺序 1B：甚至$_{1a}$ > 甚至$_2$ > 甚至$_{1b}$

再看正确率。我们结合上下文对"甚至"的 117 个输出用例进行了分析,只发现了 5 个用例存在和"甚至"有关的偏误。偏误句如下:

(22) a 他上课的时候不说话,也不听话,觉得课文很无聊,没有意思,甚至睡觉了!

b 医院急救以后,我的脸色慢慢地好起来。妈妈和爸爸都看我以后,松了一口气。确实我的病是很小的。可虽然很小病,但是父母非常担心,很害怕。而且我才几岁,<u>小时候发生的事,甚至家里有我一个人</u>。

c 我一下子想方计法地考虑回去上海的办法。既然在这样的情况下,就只有一个办法。唯一的办法就是坐飞机回上海。<u>甚至这时我的手机快没电了</u>。

d 刚结婚时互相很爱的男女也结婚以后发现彼此的缺点,<u>每次吵架,甚至离婚</u>。

e 有人说,成功成为自己的信心。过大的失败让人失去自信,<u>甚至的话</u>,有的人选择自杀。

(22a ~ d)都属于语义偏误。因为"甚至"所在的小句在语义上和前面的小句衔接不上,或者被别的小句阻断,或者没有"更进一层"的意思:(22a)"甚至"所在小句应接在"也不听话"后面;(22b)的"甚至"小句和前一小句被"小时候发生的事"阻断,且属于"甚至"和"而且"的误代;(22c)"甚至"所在的小句和上下文之间也没有更进一层的意思(用"而且"比用"甚至"好一些);(22d)"甚至离婚"和前面的"每次吵架"之间也无法衔接。例(22d)中"甚至的话"当属于学习者生造的组合。

上面 5 例偏误中的"甚至"都是"甚至$_{1a}$"。因此,如果计算正确率的话,"甚至$_1$"为 95.1 (97/102),"甚至$_1$"为 100%。分开计算的话,"甚至$_{1a}$"的正确率为 94.2% (81/86),"甚至$_{1b}$"则为 100%。这样,从正确率的角度看,"甚至"各个意义和用法的习得顺序大致是:

顺序 2A:甚至$_2$ > 甚至$_1$

顺序2B：甚至$_{1b}$／甚至$_2$ > 甚至$_{1a}$

最后看初现情况。我们对本书使用的两个子语料库（南师大和复旦语料库）中的"甚至"进行了分级检索分类统计，得到表12-2：

表12-2　　　　　　　"甚至"的初现情况　　　　（单位：例）

意义和用法	初级部分		中级部分	
	南师大	复旦	南师大	复旦
甚至$_{1a}$	6	5	10	11
甚至$_{1b}$	0	2	3	4
甚至$_2$	0	0	2	3

从表12-2中可以看出，在40万字的初级语料中，"甚至$_{1a}$"共有11个输出用例，其中南师大语料库（20万字）中有6例，复旦语料库（20万字）中有5例，都达到了初现标准，说明它在初级阶段已经被习得。"甚至$_{1b}$"一共只有2例输出（均见于复旦语料库），尚未达到初现标准；"甚至$_2$"在两个子语料库中都未见用例，说明它尚未被习得。在40万字的中级语料中，"甚至$_{1a}$"仍保持较多的输出，"甚至$_{1b}$"在两个子语料库中分别有3例和4例输出，基本上达到了初现标准，说明它基本上已被习得；"甚至$_2$"在复旦语料库中有3个用例，但南师大语料库中级部分只有2个用例，尚未达到初现标准，只能算是开始习得。因此，从初现的情况看，"甚至"的各个意义和用法之间的习得顺序应该是：

顺序3A：甚至$_1$ > 甚至$_2$
顺序3B：甚至$_{1a}$ > 甚至$_{1b}$ > 甚至$_2$

12.4　讨论

上一节分别从输出、正确率和初现三个方面考察了"甚至"各个意义和用法的习得情况，得到了三组不尽相同的顺序。现在我们把三方面的情况结合起来，对"甚至"的习得顺序作一个综合评判。

先看"甚至$_1$"和"甚至$_2$"，上一节得出的三个顺序分别是：

顺序 1A：甚至$_1$ > 甚至$_2$

顺序 2A：甚至$_2$ > 甚至$_1$

顺序 3A：甚至$_1$ > 甚至$_2$

"甚至$_1$"在输出和初现两个方面的表现都明显好于"甚至$_2$"，只是在正确率方面不如"甚至$_2$"，不过，"甚至$_1$"的正确率也高达95%以上，按照习得顺序研究的一般做法，正确率在90%以上就可以视为已经习得，因此综合来看，两者之间的习得顺序应是"甚至$_1$ > 甚至$_2$"，即"甚至"的连词用法先于副词用法习得。这一顺序和本章第 2 节中构拟的顺序是一致的。

再看小类。上一节得出的三个顺序分别是：

顺序 1B：甚至$_{1a}$ > 甚至$_2$ > 甚至$_{1b}$

顺序 2B：甚至$_{1b}$ / 甚至$_2$ > 甚至$_{1a}$

顺序 3B：甚至$_{1a}$ > 甚至$_{1b}$ > 甚至$_2$

"甚至$_{1a}$"的输出表现最好，初现时间也最早，94.2%的正确率也相当高，因此它应该是最先习得的；"甚至$_2$"在输出方面的表现略好于"甚至$_{1b}$"，但在初现方面却差一些，可以认为两者的习得情况在伯仲之间。如果加大初现时间在习得顺序研究中的权重的话，可以认为"甚至$_2$"略微晚一些。如此，则"甚至"的各个意义和用法之间的客观习得顺序大致应该是：

甚至$_{1a}$ > 甚至$_{1b}$ > 甚至$_2$

这一顺序跟本章第 2 节中构拟的习得顺序也是一致的。

"甚至"各个意义和用法之间的客观习得顺序与其语法化程度顺序一致这一案例再次表明根据语法化程度顺序构拟或预测习得顺序的可靠性。更值得一提的是，在现代汉语的兼类虚词中，"甚至"是极其特殊的一个：它的连词用法并非由副词或用法虚化而来。这说明虚词的演化途径并不一律。承认从"甚至$_1$"到"甚至$_2$"是汉语史的一个语法化事实，就意味着承认连词可能演变为介词或者副词，也意味着不能笼统地认为连词的语法化程度高于介词或副词。换一个角度看，无论把"甚至$_2$"看作副词还是介词，都得承认它具有强于"甚至$_1$"的主观性。也就是说，主观化程度的高低在很大程度上意味着语法化程度的高低。反映在二语习得方面，就是主观化程度的高低在习得顺序方面往往更具决定作用。

13

"那么"的语法化顺序和习得顺序

13.1 "那么"的意义和用法

在现代汉语中,"那么"可以用形容词、动词和数量成分之前,也可以用在小句甚至段落的前面。例如:

(1) a 家乡那么贫困,那么拥挤,怎么办呢?
　　b 大概齐怀远也过于相信她那双幽怨的眼睛的威力,进了屋始终那么盯着他。
　　c 在眼镜里他的家舒适宜人,儿子也不再是那么一副惹他生气的倔强嘴脸。

(2) a 如果是这样,那么,故事中的骆宾王就成了一大批中国文学天才的"共名"。
　　b 既然学生死得像个学生,那么教师也就更应该死得像个教师。

例(2)中的"那么"主要起连接作用,一般都看作连词。但是对(1)中"那么"的词性,语法学界有不同的看法。有的认为这种"那么"是指示代词,如吕叔湘(1985)、《八百词》《现代汉语虚词词典》等;有的则把它看作副词,如《现代汉语常用虚词词典》和《现代汉语虚词例释》等。

指示主要是代词的功能,修饰则主要是副词的功能。用于形容词、动词和名词性成分前的"那么"既有指示功能,又有修饰功能。"那么"虽然由"那"衍生而来,但却具备了指示代词"那"所没有的句法语义功能，如可以和形容词、动词组合，可以和"不"组合，可以表示程度，有时可以表示语气等，这些功能和副词比较接近，或者说，这种"那么"具有一定的副词性质。因此我们采取太田辰夫（1958）的说法，把这种"那么"看作指示副词。

既然"那么"兼属指示副词和连词两个类别，副词属于虚词，因此我们把"那么"作为研究对象之一。为了行文方便，我们把指示副词"那么"记为"那么$_1$"，把连词"那么"记为"那么$_2$"。

13.1.1　"那么$_1$"

后接成分的性质不同，"那么$_1$"的意义也不尽相同。《八百词》把我们说的"那么$_1$"定性为指代词，并设了三个大的义项，即表示程度、指示方式和指示数量。其分类描写基本上是细致合理的。因此我们主要参考它的做法，并把主要用于形容词前面的"那么"记为"那么$_{1a}$"，把用于动词前的"那么"记为"那么$_{1b}$"，把用于数量成分前的那么记为"那么$_{1c}$"。

"那么$_{1a}$"可以表示程度，相当于一个程度副词。例如：

(3) a 您说得那么好，我都听呆了。
　　b 他坚持认为他当时要比马锐现在质朴，肚子里没那么多坏水儿。
　　c 是一代代人登攀的虔诚，把这条山道连接得那么通畅，踩踏得那么殷实，流转得那么潇洒自如。

"那么$_{1a}$"可以"不"构成否定结构"不＋那么＋形容词"，其意义也相当于一个程度副词。例如：

(4) a 这个真理，有些同志已经不那么清楚了。
　　b 这房子现在是显得不那么入眼了。

"那么$_{1b}$"的作用主要是指示动作的方式。例如：

(5) a 可上级就那么讲，换了你，能不那么讲吗？

　　b 总之她基本上没有什么反应，就那么木木地听着。

　　c 建中长跑基地，当时那么说说，也是万幸，如今还真的都
　　　给实现了。

　　d 马林生本来是随口那么一说，意在使夏太太对马锐的看法
　　　不要那么偏激。

"那么$_{1c}$"用于含有数量成分的名词性成分前面时，其作用主要是指示。但可能是虚指，这时"那么"在句法上是一个冗余成分。例如：

　　（6）a 不要以为搞点市场经济就是资本主义道路，没有那么
　　　　　回事。

　　　　b 他就那么个人，嘴上没把门的，我都习惯了。

　　　　c 你已经在他们面前装了那么些年了，把他们的趣味都灌输
　　　　　出来了。

　　　　d 她扫了眼奄头坐在一边的马锐，"就是有那么几个害群
　　　　　之马。"

（6d）中的"那么"在句法上就是一个冗余成分。

13.1.2　"那么$_2$"

连词"那么"的主要用法是表示承接关系，"那么"前面的小句一般表示假设、前提或者原因等，"那么"后面则大多是说话人的推论、判断等。例如：

　　（7）a 齐女士轻松地说，"不就是自信么？好改。那么，既然问
　　　　　题已经解决了，下礼拜咱们是不是该恢复礼尚往来了，把
　　　　　你欠我那顿饭补上……"

　　　　b 我转让了配方，那么一千万就是我的了，我可以拿出来办
　　　　　学，别人谁也动不了这笔钱。

　　　　c 他立即得出结论：既然 3 纵主力不能阻止一个团的攻击，
　　　　　那么一个新 22 师就能击破北进路上任何共军。

　　　　d 我们可以把"有功人员"理解为教练员和主要工作人员，

即使这样理解正确无误，那么，运动员和有功人员的分配比例又该如何定夺？

e 如果说辽阳塔子岭的大山是马俊仁赖以成长的老根，那么，鞍山体坛就是马俊仁登台亮相的舞台。

13.2　"那么"的语法化顺序和习得顺序构拟

13.2.1　语义关联顺序

先看"那么$_1$"内部。和纯粹的指示代词"那"主要指示事物不同，具有副词性质的"那么"指示的是事物的性状、动作的样式和具有性状的事物，因此吕叔湘（1985）把"那么"称为性状（包括样式）指示词。"那么"指示的性状具体体现为程度和数量两个方面。前者是"那么$_{1a}$"，后者是"那么$_{1c}$"。

"那么$_{1a}$"程度的意义主要是通过和形容词组合成一个"那么$_{1a}$ + 形容词"结构表达的。当该结构充当谓语描述事物时，前面可以有用来比较的事物，这时"那么"的意义比较实在；如果前面没有用来比较的事物，"那么"是虚指，有"略带夸张的作用"（《八百词》）。例如：

（8）a 那两棵枣树有碗口那么粗。

b 既然你那么喜欢它，就送给你吧。

当该结构充当定语修饰名词时，"那么"也是虚指。汉语的名词跟数量词有一种天然的关系，如果数量词出现，"那么"可能有两种位置。例如：

（9）a 一个那么纯洁的女孩子失去了一切她所希望的，全部的梦想化为泪水。

b 你相貌这么普通，一个那么出众的女子不会对你有什么印象。

（10）a 我求你了爸爸，您别老那么一副厚颜无耻的样子好不好？

b 那么窄小的一张椅子，她也要和潘佑军挤着坐。

例（9）的"那么"直接修饰形容词，应该是"那么$_{1a}$"；例（10）中的"那么"修饰的是整个"数量词＋形容词＋名词"结构，但它在语义上指向形容词，也可以看作"那么$_{1a}$"。当这种结构中的形容词不出现的时候，就会产生"那么"直接修饰"数量＋名词"的情况。例如：

（11）a 我爸那么一条硬汉，也是当了几年三孙子才咽的气。
　　　b 我求你了爸爸，您别老那么一副样子好不好？

形容词兼具度和量两种属性。形容词不出现，"度"就失去了依托，但"量"却会因为本来属于名词的数量词而得以保留，这时"那么"就从指示程度转为指示数量，其结果就是"那么$_{1a}$"演变为"那么$_{1c}$"。可以认为，两者之间的语义关联顺序是"那么$_{1a}$→那么$_{1c}$"。

"那么$_{1b}$"和"那么$_{1a}$"之间是否有语义关联很难判断。不过"那么$_{1b}$"的用法之一即"那么＋动量"应该跟"那么$_{1c}$"有关——名量是典型的数量，"那么"获得修饰数量的资格之后，也会进一步获得修饰动量的资格。例如：

（12）a 我就看了那么一眼。
　　　b 北京我就去了那么两次。

"那么$_2$"的主要功能是连接小句。在语义上，它是对前一小句表达的命题或事件的回指。最简单的小句形式是一个动词性短语，从这个角度上说，"那么$_2$"跟"那么$_{1b}$"的关系比"那么$_{1a}$"更加密切。

13.2.2　历时发展顺序

关于"那么"的历时演变，太田辰夫（1958）和吕叔湘（1985）都曾有过讨论。太田氏认为，指示副词"那么"是很特殊的东西，而且在用法上有不好理解之处，可能是"那"后面加上"们"或"懑"而产生的。明代似乎还不太发达，仅仅表示状态方法，清代用得多起来，还产生了不用数词直接把"那么"放在量词前的用法。而连词"那么""大约是很新的，清代多说'那么着'，现代只说'那么'就作为连词，可能是受江南方言的影响"。

吕叔湘（1985）对"那么"的研究最为细致深入。他认为指示词
"那么"是后起的形式，近代汉语早期（宋代）用得最多的是"恁"（兼
有"这么"和"那么"之用，是中性的）。元明时期常见的是"那们"，
"那么"的大量出现应从《红楼梦》时代起。作为性状指示词，"那么"
的作用从指示事物的性状和动作的样式，扩展到具有某种性状的事物。

诚如吕先生所说，《红楼梦》中有大量的"那么"。"那么$_1$"的三种
用法都已出现。例如：

(13) a 罢呀，这倒是什么道理呢。我不信睡得那么安稳！

　　 b 凤丫头病到这地位，这张嘴还是那么尖巧。

　　 c 别说一个丫头，就是那么大的活宝贝，不给老爷给谁？

(14) a 要那么说，他帖儿上只怕倒与你相干呢！

　　 b 只要环老三在大太太跟前那么一说，我找邢大舅再一说，
太太们问起来你们齐打伙说好就是了。

(15) a 又说在这里没着落，终久算什么，说了那么些无情无义
的生分话唬我。

　　 b 你们就弄他那么一个真珠的人来，不会说话也无用。

　　 c 谁知那么个园子，除他们带的花、吃的笋菜鱼虾之外，
一年还有人包了去，年终足有二百两银子剩。

例（13）中的"那么"可以看作"那么$_{1a}$"，例（14）中的"那么"
可以看作"那么$_{1b}$"；例（15a）和（15b）中，"那么"修饰的是整个
"数量+形+名"结构，虽然其语义指向形容词，但还不能算是真正的
"那么$_{1c}$"。类似（15c）那样的例子《红楼梦》中还不多见。《儿女英雄
传》中则有不少真正的"那么$_{1c}$"。例如：

(16) a 还不曾说得三句，倒惹得你道学先生讲《四书》似的合
我叨叨了那么一大篇子。

　　 b 我向来说一是一，说二是二，早间既有那等一句话，此
时再没个说了不算的理，只不合晌午多了那么一层。

可以认为，"那么$_{1c}$"的产生年代晚于"那么$_{1a}$"和"那么$_{1b}$"。"那

么$_{1a}$"和"那么$_{1b}$"孰先孰后呢？吕叔湘（1985）先生对"那么"的溯源可以帮助我们回答这个问题。吕先生指出，在"恁"字盛行以前，从魏晋到唐宋，曾经有过不少作用和"这么""那么"相当的字眼。第一组是"宁"和"能"，大概在来源上跟"若"有关。下面是吕先生举的例子：

(17) a 金壶夜水讵能多，莫持奢用比悬河。
b 得甚能欢能喜？
c 朱唇旖旎，能赤能红，雪齿齐平，能白能净。

第二组是"偌"，很明显是古代汉语"若"的遗留。"偌"字用法有一个特点：只用来表示积极方向的性状。"偌"不用来指示动作，且只有"偌大"，没有"偌小"。例（17）中"能"和"宁"修饰的都是形容词。因此我们推测，"那么"应该先有指示、修饰形容词的用法，然后才发展出指示修饰动词的用法。换句话说，先有"那么$_{1a}$"，后有"那么$_{1b}$"。

从历时语料来看，连词"那么"的产生年代应该最晚，当在《红楼梦》所处的年代之后。关于连词"那么"的产生，吕叔湘先生认为，有许多小句是用一个连词加"那么"组成，这种小句都是复句的第一小句，所用的连词以"既然"和"要是"为最多，连接的作用是由连词来行使的。例如：

(18) 既那么着，快睡去罢。(《儿女英雄传》)

当前面的连词省去之后，"那么"就"兼有连接的作用，甚至不妨本身算是一种连词"（吕叔湘，1985）。《儿女英雄传》里不仅有"那么着"，也有"那么"直接用作连词的例子。如：

(19) a 褚大娘子笑道："那么这是为甚么呢？你老人家不是挑了我了？"
b 一时后悔不来。便听安太太说道："那么咱们娘儿们可更亲香了。"

晚清语料中也可以看到不少例子。如：

(20) a 是了，那么您打算住多少日子回去呢？（《官话指南》）

　　　b 这是甚么话呢？不按批单上说话，那么当初立这批单是干甚么的？（同上）

　　　c 那么您就回去和他商量去罢，他若是愿意就这银数儿办。（同上）

(21) a 额大奶奶说："那们您就请吧，我也不说甚么啦。"（《小额》）

　　　b 善大爷说："没有啦"。王二说："那们我回去啦。"（同上）

例（20）出自《官话指南》，这是清代日本驻清朝公使翻译生在中国人帮助下编写的汉语课本，其基础是北京话；例（21）出自晚清小说《小额》，也是北京话。由此看来，太田辰夫（1958）关于连词"那么"的产生"可能是受江南方言的影响"的说法也许并不可靠。

基于上面的讨论，我们可以得出这样的结论："那么"的各个意义和用法的历时发展顺序应该是：

$$那么_{1a} > 那么_{1b} > 那么_{1c} / 那么_2$$

13.2.3 "那么"的语法化顺序和习得顺序构拟

前面我们分别从语义关联和历时发展的角度讨论了"那么"各个意义和用法之间的语法化顺序。从语义上看，"那么$_{1c}$"源自"那么$_{1a}$"，"那么$_2$"的产生跟"那么$_{1b}$"有关，但"那么$_{1a}$"和"那么$_{1b}$"之间很难说有语义上的关系。

沈家煊（1994）曾经指出，判断语法化程度的一个重要依据是看它在历时上形成的时间先后，因为按单向原则，语法化总是由实变虚，由虚变得更虚。由于"那么"各个意义和用法之间的语义关联不够清楚，我们也把历时顺序作为判断"那么"语法化程度的一个重要的依据。从这个角度看，"那么$_1$"和"那么$_2$"之间的语法化顺序是"那么$_1$ > 那么$_2$"。

"那么$_{1a}$"和"那么$_{1b}$"产生的年代在前，而且"那么$_{1a}$"指示程度，有时前面还有用来比较的事物，是实指，意义比较实在；即使是虚指，"那么"表示的程度意义也是比较具体的意义。"那么$_{1b}$"指示方式，所指方式一般也会在语境中出现，意义也比较具体。因此它们的语法化程度可以视为较低。"那么$_2$"和"那么$_{1c}$"产生的年代相若，前者表示的是分句之间逻辑上的承接关系，意义的抽象性程度较高；但后者指示数量时或强调其多，或强调其少，具有一定的主观性，虽然有时无所谓强调，但往往表现为冗余成分，且更像是一种语用冗余。由于主观化程度也是判断语法化程度的一个标准，可以认为"那么$_{1c}$"的语法化程度高于"那么$_2$"。如此，则"那么"各个意义和用法之间的语法化程度顺序应该是：

$$那么_{1a} > 那么_{1b} > 那么_2 > 那么_{1c}$$

按照我们关于语法化程度顺序和习得顺序基本一致的假设，这两个顺序很可能就是"那么"各个意义和用法之间的习得顺序。也就是说，从总体上看，"那么$_1$"应该先于"那么$_2$"习得。其中"那么$_{1a}$"的语法化程度最低，最容易习得或者说最先习得，"那么$_{1b}$"的语法化程度稍高，习得时间也应晚于"那么$_{1a}$"；"那么$_2$"和"那么$_{1c}$"的语法化程度都很高，是最难习得或者说最后习得的。

13.3 "那么"的习得情况考察

先看输出情况。我们对 120 万字的中介语语料库进行了穷尽性检索，发现"那么"的各种用法都有输出，但数量相差很大。

"那么$_1$"共有输出 473 例。其中"那么$_{1a}$"数量最多，有 464 个输出用例。如：

（22）a 鹦鹉鸟的头部像镜子一样那么光滑。

　　　b 它不像松树那么健壮，却像女孩儿那样温柔。

　　　c 我的国家的人口也没有中国的那么多。

　　　d 以前的生活那么热闹，那么开心，现在可就不同了。

　　　e 以后我可能一辈子不能吃那么好吃的饺子。

（23）a 我参加过几个同学的 18 岁生日晚会，可是总是觉得过得不那么高兴。

　　b 但其实不那么简单，反正非常难。

　　c 中国人的脸很少会露出笑容的，在餐馆的服务态度也不那么好。

　　d 韩国的夏天也很闷热，不过上海的夏天更厉害，所以适应不那么简单。

　　"那么$_{1b}$"共有 8 例输出。例如：

（24）a 其实古人则不是那么认为。

　　　b 如果这样的话，可能她不会那么帮助跟她一样的残疾人。

　　　c 那么说来，以前我和您一起爬上的时候我们迷路了，您还记得这个话吗？

　　"那么$_{1c}$"只有 1 例输出，用例如下：

（25）自己也自然觉得我学得很好，有那么点了不起。

　　"那么$_2$"共有 171 例输出。其中相当一部分用例中含有关联词语，且大多是表示假设关系的。例如：

（26）a 好的，那么，明天下午三点见面吧。

　　　b 一个人的生活中考试有很大的关系，那么为什么考试对一个人很重要呢？

　　　c 我们谈男女平等的时候常常提到的问题就是男女两个人都工作，那么谁来照顾家庭呢？

（27）a 如果我认识的中国朋友多，那么我的汉语水平就会越来越提高了。

　　　b 如果说美国人喜欢甜味，欧洲人喜欢奶酪味，中国人喜欢有点酸的和甜的话，那么韩国人绝对喜欢辣味。

　　　c 假如你去外地旅游，那么入乡随俗最好。

从绝对输出的角度看，"那么$_1$"的总量远多于"那么$_2$"。但"那么$_1$"的小类用法输出极不平均。为了考察"那么"的相对输出情况，我们对100万字本族语料中的"那么"进行了穷尽性检索，分类统计后和中介语料中的情况进行了比较，得出表13-1：

表13-1   **"那么"的输出/使用情况**

意义和用法	中介语输出数量（例）及比例（%）			本族语使用数量（例）及比例（%）			比例差（%）	
那么$_{1a}$	464	72		346	71		+1	
那么$_{1b}$	8	1.2	73.4	33	6.8	85.4	-5.6	-12
那么$_{1c}$	1	0.2		37	7.6		-7.4	
那么$_2$	171	26.6		71	14.6		+12	
合计/频次	644/0.54‰			487/0.49‰				

从表13-1中可以看出，在120万字的中介语语料中，"那么"的输出共有644例，频次为0.54‰。其中"那么$_1$"为473例，"那么$_2$"为171例，分别占全部输出的73.4%和26.6%。而在100万字的本族语语料中，"那么"共出现487例，频次为0.49‰，其中"那么$_1$"为416例，"那么$_2$"为71例，分别占全部用例的85.4%和14.6%。从总体上说，中介语语料中"那么"的输出频次略高于本族语料中的使用频次，即"那么"的绝对输出是足够的。很明显的一点是，中介语语料中"那么$_2$"的绝对数量和相对比例都明显高于本族语，这表明，从输出的角度看，"那么$_2$"的输出足够甚至表现出过度使用的倾向，其习得情况可以视为良好。"那么$_1$"的相对输出明显不足，习得情况不如"那么$_2$"。具体到小类来说，我们发现，无论是中介语语料还是本族语语料，"那么$_{1a}$"的输出都是最多的，两者各自所占的比例也相当接近（只差一个百分点），其输出情况或者说习得情况可以视为良好；"那么$_{1b}$"的输出只有8例，远低于本族语料中的33例，相对输出也较本族语料低了5.6%，可以视为输出不足，习得情况只能说一般；"那么$_{1c}$"只有1个用例，统计学意义不大，相对输出更是明显不足（本族语料中此类用例多达37个），基本上可以认为没有习得。因此，从输出的角度看，有理由认为"那么"的各个意义和用法之间存在这样的顺序：

顺序1A：那么$_2$＞那么$_1$

顺序1B：那么$_{1a}$／那么$_2$＞那么$_{1b}$＞那么$_{1c}$

再看正确率情况。在"那么$_{1a}$"的全部464个用例中，有18个用例中存在和"那么$_{1a}$"相关的偏误。正确率为96.1%（446/464）。其中有13例属于句法偏误，突出表现在搭配方面。例如：

（28）a 中国比我的国家没有那么风景。中国跟我的国家的气温不一样。

　　　b 从图表中，我认为除了北美的出进口差别以外，别的地区的贸易没有那么差别。

　　　c 我自己很喜欢吃用红豆做的甜食，所以在日本看到那么甜食，我连忙很高兴。

　　　d 节日之前，我非常紧张，由于需要说汉语，我对我的发音没有那么自信心。

上面4例偏误可以理解为"那么"和名词之间缺少形容词，结果造成"那么"直接修饰名词。另有5例也属于这种搭配偏误，包括"那么＋副词""那么＋动词"和"那么＋名词"。用例如下：

（29）a 周庄的河中，条条小船交错而过，如同城中车水马龙的街道，但没有那么急忙。

　　　b 难道我从来真的抽不出时间听这类歌吗？啊！至今我为了什么那么百忙地过日子呢？

　　　c 这里的空气也是比北京不是那么污染，街道也比较清洁。

　　　d 但是那么危机的一刹那，他的行动不是大头大脑的样子。他干脆由车子前部撞掉卡车。所以我们5个人中一个人也没受伤。

　　　e 种种树木间看到教学楼，有的建筑用西方设计方法来做的。而有的好像是清代建筑留下来似的，那么古风。

"那么$_{1a}$"句法偏误的另一种表现是语序错误，共有 4 例。偏误句如下：

(30) a 我从来没有遇到过<u>那么性格和我合适</u>的女生。我希望永远跟她在一起。

b 我还大学生时，也没有<u>那么成绩好</u>。回顾那时候，努力学习的话肯定体会了美好的经验。

c 因为<u>我那么小年岁</u>，都不能记住，不能都理解。可是还记得也不少。

d 所以后代政府整修了这寺庙。那时候是已经有很薄的金片也可以贴的技术，所以<u>不那么用多</u>的钱。

另外 5 例属于语义—语用偏误。其中 4 例属于"那么$_{1a}$"和程度副词"很"的误代：

(31) a 欣赏了周围的美丽的环境，就往回走。走下了，心里觉得好像丢失了什么。土地是平的，走路<u>那么容易</u>。在山上有特别好的精神，而下面好像都很普通的。

b 秋天时有许多传统的节日，大都跟摘水果和摘菜有关系。<u>那么可惜</u>，现代人不关心这些传统礼。

c 我们在一个很有名的地方见面：和平饭店。这是因为我们两个很有钱。<u>我们那么富的</u>，我们不要在一个很简单的地方。

d 所以我去商店了，看见了<u>那么多种</u>的肥皂，并我不知道它们的汉语名字。

"那么$_{1a}$"可以表示程度，但它和"很"的区别在于，"那么$_{1a}$"有时含有夸张的意味，多用于感叹句，"很"则主要用于陈述句。上面 4 个例子的上下文都是陈述语境，不应该用"那么$_{1a}$"。

另有 1 例语义偏误是"那么"和"多么"之间的误代。偏误句如下：

(32) 从小到大父母不管工作<u>那么忙</u>，都很关心我，很疼我。

在例（32）中，学习者想表达"很忙"的意思，但没有注意到"不管"的语义要求，结果就造成和"多么"的误代。

"那么$_{1b}$"的8个用例中有3例存在偏误，正确率仅为62.5%（5/8）。偏误句如下：

(33) a 我小的时候那时候越南还没有现在那么发展。
　　　b 每种节目越来越差不多。特别娱乐关系的。内容没有那么改变，只外观花哨了。
　　　c 演唱完了，观众那么鼓掌，通俗乐队回来两个次，唱了一些歌。

"那么$_{1b}$"的作用是指代动作的方式，不表示跟动作有关的量度。根据上下文来看，上面3个例子都跟量度有关，如（33a）应是"那么发达"，（33b）应是"多大/多少/什么改变"，（33c）应是"（那么）热烈地鼓掌"等。这几个偏误句表明，学习者有把"那么"作为表示程度意义标记来使用的倾向。"那么$_{1c}$"没有偏误，其正确率高达100%，但由于只有一个用例，这一正确率也就失去了统计学意义。

"那么$_2$"的全部171个用例中，有21例存在偏误，正确率为87.7%（150/171）。其偏误有一部分属于语义偏误，即把"那么"等同于具有时间性的"然后""于是"等表示承接关系的连接词。此类偏误句共有12例。如：

(34) a 我小的时候也很调皮，常常取笑弟弟。当我折磨的时候，他哭了。那么我就被妈妈打了一顿。
　　　b "我们选对象吧！"一直盯着银珠的最差的一个小伙子开口。"好吧。你们拿出来一个自己的东西，那么我们来选吧。"
　　　c 我们在店铺买了印。那家店铺是说五分就能刻完。可是他们刻一刻，要20分呢！太慢了。我对老板说你要20分，应该打折，那么他40块降价成20块。
　　　d 所以我给她打电话的时候，她在睡觉。那么，我一边笑一边说：您怎么还在睡觉？我们一起出去玩吧！<u>那么</u>她才起床。

上述偏误产生的原因可能在于，学习者知道"那么$_2$"具有承接作用，但却不知道"那么$_2$"作为连词，其主要作用是表示句子之间的逻辑性承接而非时间性承接。

跟"那么$_2$"相关的偏误更多地表现为所在句子前后小句间缺少关联词语或互相呼应的词语，导致前后不太连贯，语言质量不高。这样的偏误有9例。如：

(35) a 成功与失败，这两个词听起来相反。可是，我认为两个词之间没有边界。因为没有失败，<u>那么</u>没有成功。失败是成功的一部分。

b 一天有发生什么跟他有关的事情、发现什么跟他的共同点，<u>那么</u>脸上带着兴高采烈地神气给我讲。

c 我相信，将来我的汉语水平达到了一定的程度，<u>那么</u>很多人来找我帮他干活儿。

d 他们应该想没有钱吃不下的人，还有没有居住地方的人，<u>那么</u>不会这么浪费钱。

e 如果早知道她就到，<u>那么</u>我们作准备。

f 我现在生活很满意，以后我更加努力学习的话，我的愿望是得逞的可能性相当大。<u>那么</u>我每天幸福的人。

在上面几个用例中，"那么"所在的小句跟前面都不太连贯。当然，除了(35f)之外（该句的"那么"后面不是小句，存在句法错误），其他几个句子的"那么$_2$"在语义上都是正确的。

前面的讨论表明，"那么$_1$"共有473个输出用例，其中21例存在偏误，正确率为95.6%（452/473）；"那么$_2$"的正确率只有87.7%。总体上看，"那么$_1$"的习得情况好于"那么$_2$"，但"那么$_1$"内部用法的正确率是不均衡的，"那么$_{1a}$"的正确率非常高，为96.1%，"那么$_{1b}$"很低，只有62.5%，"那么$_{1c}$"只有1个用例，虽然正确率高达100%，但没有统计学意义。因此，从正确率的角度看，可以认为"那么"的各个意义和用法之间的习得顺序是：

> 顺序 2A：那么$_1$ > 那么$_2$
> 顺序 2B：那么$_{1a}$ > 那么$_2$ > 那么$_{1b}$

最后来看初现情况。我们对南师大和复旦两个中介语语料库中的初级部分和中级部分进行了穷尽性检索和分类统计，结果得到表 13 – 2：

表 13 – 2　　　　　　　　　"那么"的初现情况　　　　　　（单位：例）

意义和用法	初级部分		中级部分	
	南师大	复旦	南师大	复旦
那么$_{1a}$	42	52	102	110
那么$_{1b}$	0	1	1	3
那么$_{1c}$	0	0	1	0
那么$_2$	19	17	27	26

从表 13 – 2 中可以看出，"那么$_{1a}$"和"那么$_2$"在两个中介语语料库的初级部分均有足够数量的输出，"那么$_{1b}$"在南师大语料库的初级部分为零输出，复旦语料库的初级部分有 1 例输出，但为偏误句，即（33b），"那么$_{1c}$"在两个语料库的初级部分均为零输出。到了中级阶段，仍然是"那么$_{1a}$"和"那么$_2$"占绝对优势，"那么$_{1b}$"开始有了少量输出，而"那么$_{1c}$"在南师大语料库中有 1 例输出，在复旦语料库中仍为零输出。

从初现的角度看，"那么$_{1a}$"和"那么$_2$"在初级阶段已经达到初现标准，"那么$_{1b}$"到中级阶段才勉强算是具有系统性和能产性的"初现"，"那么$_{1c}$"在中级阶段仍未达到——到高级阶段也未能达到。可以认为，"那么"的各个意义和用法之间存在这样的习得顺序：

> 顺序 3A：那么$_1$／那么$_2$
> 顺序 3B：那么$_{1a}$／那么$_2$ > 那么$_{1b}$ > 那么$_{1c}$

13.4　讨论

在上一节中，我们分别从输出、正确率和初现三个方面考察了"那么"的习得情况，并得出了三组相应的习得顺序。现在把它们结合起来，综合讨论"那么"各个意义和用法的习得顺序。先看大类用法。上一节得到的三个顺序分别是：

顺序 1A：那么$_2$ > 那么$_1$
顺序 2A：那么$_1$ > 那么$_2$
顺序 3A：那么$_1$/那么$_2$

"那么$_1$"的相对输出不如"那么$_2$"，但"那么$_2$"的正确率不如"那么$_1$"，初现方面的表现则差不多。综合来看，我们认为它们的习得情况不相上下，习得时间也难分先后。

再看小类用法。本章第 3 节得到的三个顺序分别是：

顺序 1B：那么$_{1a}$/那么$_2$ > 那么$_{1b}$ > 那么$_{1c}$
顺序 2B：那么$_{1c}$/那么$_{1a}$ > 那么$_2$ > 那么$_{1b}$
顺序 3B：那么$_{1a}$/那么$_2$ > 那么$_{1b}$ > 那么$_{1c}$

比较以后可以发现，"那么$_{1a}$"在三个顺序中的位置都是靠前的。其绝对输出最多，相对输出也达到了足够的标准，初现时间和"那么$_2$"同时，正确率则高出"那么$_2$"很多，其习得情况可以视为最好的；"那么$_2$"在输出和初现两个顺序中位居前列，初现时间也很早，但正确率不到 90%，其习得情况仅次于"那么$_{1a}$"；"那么$_{1b}$"的绝对输出不多，相对输出也明显不足，正确率更是明显偏低，初现时间也较晚。但除了正确率以外，它各方面的表现都好于"那么$_{1c}$"。"那么$_{1c}$"唯一值得称道的就是正确率，但由于只有一个用例，这一高正确率也就失去了意义。因此，综合来看，"那么"的各个意义和用法的客观习得顺序应是：

那么$_{1a}$ > 那么$_2$ > 那么$_{1b}$ > 那么$_{1c}$

关于"那么"各个意义和用法的习得顺序，我们在本章第 2 节中根据语法化程度顺序作出的构拟分别是"那么$_1$ > 那么$_2$"和"那么$_{1a}$ > 那么$_{1b}$ > 那么$_2$ > 那么$_{1c}$"。比较一下可以看出，我们构拟的大类顺序在客观习得顺序中没有得到体现，小类顺序基本上和客观习得顺序是一致的。区别在于"那么$_2$"在客观习得顺序中位于"那么$_{1b}$"之前。不过这是可以解释的。原因之一是频率的影响，本族语以及对外语教材中"那么$_2$"的使用频率明显高于"那么$_{1b}$"，这应该会对学习者的习得有影响。不过我们认为别的原因更加重要：一方面，"那$_{1b}$"的习得情况较差跟学习者的学习策略有关。现代汉语中指示动作方式的词主要有"这样""这么"和"那样"和"那么"四个，其中"这样"和"这么"是近指，"那样"和"那么"属于远指，前者比后者更具现场性，或者说更具体，因此也更容易习得。二语学习者的一个重要学习策略是选择性使用——对于几个功能相同的近义词来说，学习者会倾向于更多地使用其中的一个，且往往是先习得或者容易习得的那一个。这四个词之中，"这样"指示动作是最容易理解和习得的。因此，学习者在习得了"这样 V"之后，很少会尝试使用别的指示方法。这就导致其他几个词语指示动作这一用法的使用不足。为了证明这一点，我们对南京师大汉语中介语语料库初级部分（20 万字）进行了检索，发现"这样 V"有 19 个输出用例，"那样 V"只有 3 例，而"这么 V"和"那么 V"均无一例输出。另一方面，"那么"各个意义和用法的客观习得顺序跟教学安排可能也有一定的关系。在《高等学校外国留学生汉语教学大纲》中，"那么$_1$"和"那么$_2$"都是初级阶段语法教学项目（编号分别为 027 指示代词和 032 连词），两者的教学时间相同。但实际教学中往往只教"那么$_{1a}$"和"那么$_2$"，这是"那么$_{1b}$"和"那么$_{1c}$"的习得情况较差的一个直接原因之一。这在一定程度上表明，习得顺序跟教学安排有一定的关系。

不过，教学安排并不能从根本上改变习得顺序。本章的研究表明，"那么$_2$"可能因为教学安排而先于"那么$_{1b}$"习得，但它并没有超越语法化程度最低的"那么$_{1a}$"。这一事实能够很好地证明我们关于语法化程度顺序和习得顺序之间存在一致性的假设。同时也提醒我们，理想的安排应该是"那么$_2$"在"那么$_{1a}$"之后。因为"那么"用作连词时，需要前后小句之间甚至"那么$_2$"所在的小句内有互相呼应的词语，如此一来，句子的句法复杂度就会较高，也对学习者的语言水平提出了要求。"那么$_2$"的初现时间会因为教学安排提前，但结果却是学生使用"那么$_2$"时由于整体语言水平尚未达到而产生较多的偏误。此外，在初级阶段有意识地强化"那么$_{1b}$"输入也是非常必要的，至于"那么$_{1c}$"，应该在中级阶段的语法教学中为其留下一席之地。

总结:兼类虚词语法化顺序和
习得顺序的共性与个性

本书尝试在语法化框架下开展理论导向的汉语习得顺序研究,在理论和方法上与以往的研究都有很大的不同。为此,我们在第 2 章中专门讨论了判定语法化程度顺序和习得顺序的标准、程序以及理由,提出了虚词不同意义和用法的语法化顺序与习得顺序基本一致的假设,阐述了"构拟—验证"这一在汉语二语习得顺序研究领域较有新意的研究方法以及具体的思路和操作程序。第 3 至 13 章按照这一思路和操作程序分 11 个专题对现代汉语 17 个兼类虚词的语法化顺序和习得顺序及其相关之间的关系进行了研究。发现兼类虚词在语法化顺序和习得顺序方面既有共性,也有个性。下面对此作一简单的总结。

14.1　兼类虚词的语法化模式和语法化顺序

词汇成分意义由实到虚是虚化,由虚到更虚也是虚化。更虚的那个语言成分在类别上可能和较虚的那个有所不同,结果就是一个意义实在的词汇成分可能会演变为分属两个甚至更多类别的虚词,从这个意义上说,兼类虚词是一种特殊的语法化结果。

语法化的表现之一就是语言成分由主要词类范畴如名词、动词、形容词等降类为次类范畴如介词、副词和连词等。现代汉语的兼类虚词主要表现为介词和连词兼类、副词和连词兼类、介词和副词兼类。能不能简单地根据词类判断兼类虚词的语法化模式?比如如果一个词是介词和连词兼类,那么其语法化模式一定是介词先于连词产生;如果一个词是副词和连词兼类，那么其语法化模式一定是副词先于连词产生。与此相关的一个问题是，能不能单凭虚词的类别就能判断两个兼类虚词之间的语法化程度的高低？比如连词的语法化程度一定高于介词或副词？我们的研究对这两个问题的回答都是否定的。

在本书研究的 17 个兼类虚词中，1 个是介词和副词兼类，6 个属于介词和连词兼类，10 个属于副词和连词兼类。研究表明，绝大部分兼类虚词的两个类别之间在总体上存在历时上的先后顺序，只有"和""与"两个介连兼类虚词例外（它们的介词和连词用法由动词分别发展而来，几乎是同时产生的，至少从语料上看不出历时上的先后）。

介词和连词之间的语法化模式不是单一的，既存在"介词 > 连词"模式，也存在"连词/介词"甚至"连词 > 介词"的模式。前者如"跟""同"和"因"，后者如"和""与"和"因为"。大部分副连兼类虚词都是副词用法总体上先于连词产生，但"甚至"和"就是"属于例外，前者的连词用法先于副词用法产生，后者无法根据其自身的历时表现判断先后。不过这是可以解释的："甚至"的连词用法是跨层结构重新分析的结果，其语法化过程具有特殊性；"就是"的连词用法不是其副词用法发展的结果，而是对同义词"即是""便是"相同用法替代和继承的结果。

总的来看，兼类虚词大类用法在历时先后方面可以概括为三种模式：单向模式（某一类别先于另一类别产生），绝大多数均属此类；但也有双向模式（由一个实词同时歧变产生，如"和""与"），还有一种可以称为"快捷模式"（主要指"就是"和"因为"，一个得益于同义替代，一个得益于同义复合）。当然，无论是哪一种模式，其实都是就总体上甚至是其主要用法而言的。因为很多后产生的类别都不是在先产生的类别的所有小类用法全部产生之后才出现。例如，我们的历时考察表明，"和"连接名词性用法的产生早于介词用法，但连接动词性成分这一用法却是在介词用法全部产生之后才出现（"与"应该也是如此）。这并不奇怪，因为实词的虚化网络犹如一颗语义树，主干的下部也可能冒出新枝，这一新枝在时间上可能会与主干的上部分枝同时产生，也可能晚于上部分枝。

尽管历时先后是判定语法化程度顺序的重要依据之一，但上述历时模式的多样性表明，不能简单地只凭虚词的类别判定兼类虚词语法化程度的高低，例如同属介连兼类，"跟"的语法化程度是连词用法高于介词用法，"和"却并非如此；同样是副连兼类，"只是"的副词用法产生在前，连词用法产生于后；"甚至"却正好相反。

介连兼类虚词的语法化程度主要与历时先后有关（4个"和"类连词连接的都是短语，辖域和介词一样；"因"和"因为"的连词用法虽然辖域更大，但意义和介词用法相同），副连兼类虚词的情况则有很大的不同。在本书研究的10个副连兼类虚词中，除了"甚至"和"就是"之外，其他几个都是副词用法先于连词用法产生；10个副词用法中，除了"同时"和"那么"，其他几个都有很强的主观性（副词"还是"有两个小类的主观性较弱）；10个连词用法中，只有"只是""甚至"有很强的主观性（"不过""尽管"连词用法的主观性是相对于"但是"或"虽然"等客观性连词而言的；"就是"表示让步的连词用法有主观性，表示选择的用法没有）。

根据有无主观性和主观化程度的强弱，可以把10个副连兼类虚词大致分为四个类型：

A类：都没有主观性。属于此类的虚词有"同时"和"那么"两个。

B类：都有较强的主观性。属于此类的虚词也有两个："只是"和"甚至"。

C类：副词用法有主观性，连词用法没有或主观性较弱。属于此类的虚词有"不过""可""可是"和"尽管"四个。

D类：既有主观性较强的用法，也有主观性较弱的用法。属于此类的虚词主要是"就是"（其连词的两个小类用法中一个有主观性，一个没有；副词的三个小类用法中两个主观性较强，一个主观性较弱）；另外，副词"还是"的三个小类用法中，两个没有主观性或者主观性较弱，一个用法的主观性很强。

A类副连兼类虚词的历时发展顺序一般就是其语法化程度顺序；B类的历时发展顺序和与其主观化程度顺序是一致的；D类的情况虽然比较复杂，但历时发展顺序和主观化程度顺序基本上是一致的。因此，对这两类兼类虚词来说，历时先后是判断语法化顺序的一个有效或者基本有效标准。C类的历时发展顺序和主观化程度顺序正好相反：副词用法先于连词用法出现，但主观化程度却高于连词用法。

语法化的单向性在语义的抽象化程度方面体现为"具体义 > 较少抽

象义 > 更多抽象义",在主观化程度方面体现为"客观性 > 较少主观性 > 更多主观性"。前者和历时发展顺序是一致的,后者却不一定。一般认为连词比副词的语法化程度更高,主要是从意义抽象化程度的角度出发的。本书的研究表明,现代汉语很多副连兼类虚词的副词用法相较于相应的连词用法来说,都更具主观性(只有"只是"一个例外)。面对这一语言事实,我们赞成具有"更多主观性"的意义比具有"更多抽象义"的意义更虚灵的观点(沈家煊,2004),认为主观性比抽象性在判断语法化程度高低时更为重要,在描述语法化程度顺序时也主要基于主观化程度。不过,这同时意味着汉语的不少副连兼类虚词属于语法化单向性的反例,即主观化程度与其历时先后顺序不一致甚至相反。这种反例突出表现在具有情态意义的副词和转折连词之间的兼类虚词上。

14.2 兼类虚词的语法化顺序和习得顺序的一致性

我们在 11 个专题中采取了基本相同的研究程序,即先基于语法化顺序构拟习得顺序,再通过中介语语料考察分析得出客观习得顺序,最后对比验证构拟顺序和客观习得顺序之间的一致性。我们对大类用法(不同词类,如介词"在"和副词"在")、小类用法(某一大类内部的小类用法,如介词"在"包括 5 个小类用法)以及所有用法(全部小类用法)之间的语法化顺序基本上都分别进行了描述,也作出了相应的构拟。为了直观地说明研究结果,我们把构拟顺序和客观习得顺序之间的一致关系分为"一致""基本一致""正相关""不一致"和"未见反映"几种情况(其中指的是构拟顺序和客观习得顺序完全一致;"基本一致"是指几个小类用法的构拟顺序和客观习得顺序在总体上一致,或绝大多数用法之间顺序一致;"正相关"指多数用法的构拟顺序和客观习得顺序一致;"不一致"指多数用法的构拟顺序和习得顺序不一致,或总体上不一致;"未见反映"是指不同用法的构拟顺序有先后之分,但根据中介语语料的习得情况考察结果却无法分出先后,或者某些小类用法在中介语料中都没有输出,无法得出客观习得顺序),得出表 14 – 1:

表 14 - 1　　兼类虚词构拟顺序和客观习得顺序的一致关系情况

兼类虚词	构拟顺序和客观习得顺序的一致关系		
	大类用法	小类用法	全部用法
在	一致	一致	基本一致
和	一致	正相关	基本一致
与	一致	基本一致	基本一致
跟	一致	正相关	基本一致
同	一致	未见反映	未见反映
因	不一致	一致	正相关
因为	一致	一致	正相关
只是	一致	一致	一致
不过	一致	基本一致	基本一致
可	一致	基本一致	基本一致
可是	一致	未见反映	未见反映
尽管	一致	基本一致	基本一致
就是	一致	基本一致	基本一致
还是	一致	基本一致	未见反映
同时	一致	基本一致	基本一致
甚至	一致	一致	一致
那么	未见反映	一致	一致

　　由表 14 - 1 可见，绝大多数兼类虚词的大类用法（不同词类）之间的构拟顺序和客观习得顺序一致，例外只有两个："因"和"那么"。前者的构拟顺序和客观习得顺序相反，后者的习得情况难分高下，无法得出先后顺序。就某一大类内部各小类用法来说，"一致"和"基本一致"这两种情况占大多数。"可是"的副词用法和"同"的介词用法在理论上可以分为多个小类，但中介语料中的输出用例极少甚至根本没有，构拟顺序是否准确无从得知；"和""跟"引介动作对象的用法在构拟顺序和客观习得顺序中的位置相差较大，但其他几个介词用法的两种顺序基本一致。至于全部用法综合顺序，除了"可是""同"因前述原因未见反映，"因"和"因为"为正相关外（原因是我们对它们的连词用法分类过细），大多数兼类虚词的全部小类用法的构拟顺序和客观习得顺序之间都

是"一致"或"基本一致"的。

　　"一致"和"基本一致"都能够表明我们对习得顺序的构拟基本上是成功的,对中介语语料库兼类虚词的客观习得情况的考察验证了"语法化顺序和习得顺序基本一致"这一理论假设。

　　"不一致""正相关"和"未见反映"代表着什么?我们认为并不是语法化和习得顺序基本一致这一假设不成立,而是语体、频率、学习策略和教学安排等因素对习得顺序有一定的影响。构拟顺序和客观习得顺序"不一致"的只有"因"一个,根据本书的假设,它介词用法的语法化程度低,应该先于连词用法习得,但客观习得顺序却正好相反。我们认为原因在于"因"是书面词语,学习者是把它作为"因为"的变体来学习的,因此其客观习得顺序和"因为"相同,这也是导致其小类用法的客观习得顺序和构拟顺序之间表现为"正相关"的原因。"正相关"的典型是介词"和""跟"的小类用法。它们引介动作对象(和$_{1b}$/跟$_{1b}$,参见第4章)这一用法的类型频率太低——要求动词是非对称性动词,而这类动词的实例(token)太少,其结果就是输出情况较差,影响了它在客观习得顺序中的位置,如果单按正确率高低排序的话,它的位置并不十分靠后。而它们引介比较对象的用法(和$_{1c}$/跟$_{1c}$)的类型频率很高,而且可以语块化为"X和/跟Y一样",公式化倾向很明显,结果就是它在输出、正确率以及初现方面的表现都很好,在可断习得顺序中的位置自然靠前。"未见反映"分两种情况,一种情况是中介语料中输出太少,"同"和"可是"的副词用法都属此类。其中"同"的输出明显不足和它的语体有关,而"可是"的副词用法输出严重不足则与在教学上没有得到重视有关。第二种情况是输出足够,但一方面,由于本书使用的汉语中介语语料库分级细化程度不够,无法清楚地反映出初现时间上的先后;另一方面,相关教学安排人为提前或加强了某一用法的教学,尽管这样做没能从根本上改变习得顺序,但客观上提前了初现时间。"那么"就是一个典型的例子:它的连词用法在教学中得到了强调,其习得顺序因此不再位于副词用法之后,而是与之并列(参见第13章)。

　　根据上述研究结果,我们有理由得出这样的结论:虚词的不同意义和用法之间的习得顺序与其语法化程度顺序基本一致。二语习得顺序是一种客观存在,有其内在的规律。就汉语虚词包括兼类虚词来说,这一内在规律与其语法化顺序一致的。语体、频率、教学安排以及学习策略等外在因素虽然也能对习得顺序产生一定的影响，但一般是局部而不是根本性的。

14.3 研究启示与思考

本书最突出的特色是把语法化作为习得顺序研究的理论框架，开展具有理论导向的汉语语法项目的二语习得顺序研究。理论观照下的习得顺序研究与单纯依靠个案跟踪、问卷调查以及语料分析等描写性研究的根本性区别在于，它可以对习得顺序进行解释和预测。解释能够揭示习得顺序的内在规律，预测则能提高习得顺序研究的效率——在习得顺序研究不够充分甚至还很薄弱的情况下，具有解释性和预测力的研究显然能够提高习得顺序研究的效率。

解释是否合理、预测是否准确取决于理论是否适用或者说理论假设是否成立。本书之所以采取"构拟—验证"这一研究方法，就是为了检验语法化理论是否适用于汉语语法习得顺序研究、"语法化顺序和习得顺序基本一致"这一假设是否成立。理论的适用性和假设的可靠性一经证明，"构拟"就可以升华为"预测"。

本书采用相同的研究思路、方法和操作程序对 17 个兼类虚词的语法化顺序进行了比较科学的构拟，并对它们在较大规模汉语中介语语料库中的习得表现情况进行了多角度的描述和评价，得出了相应的客观习得顺序，结果发现，兼类虚词不同意义和用法的语法化顺序与习得顺序之间存在着高度的一致性。我们的结论是，语法化是汉语虚词习得顺序研究的一个很好的理论框架，可以根据语法化顺序构拟和预测习得顺序。

习得顺序研究的一个直接的促动力量来自于二语教学安排包括教材编写的实际需要。根据可教性假设，教学顺序只有在基本上顺应习得顺序的时候，才能取得更高的效率。传统的语言项目的教学安排往往是经验式的，缺乏相关研究结果的支持。对尽可能多的语言项目的习得顺序作出全面的描写是一种语言作为第二语言教学的实际需要。在汉语国际推广事业如火如荼的今天，习得顺序研究的必要性是不言而喻的。汉语语法项目的二语习得顺序研究虽然是习得顺序中着力最多的部分，但到目前为止，研究的广度和深度都还不够。在这种情况下，语法化理论就显得特别重要，因为对于很多语法项目来说，语法化顺序比二语习得顺序更容易观察和描写。因此，把语法化理论作为框架，根据语法化顺序构拟、预测习得顺序在揭示汉语二语习得顺序方面可以达到事半功倍的效果。把语法化作为汉语语法项目习得顺序研究的框架，不但能使汉语的习得顺序研究具有可靠的理论导向，增强研究的解释性和预测力，同时还能为汉语作为第二语言的教材编写和课堂教学中的语法项目排序提供有益的参考。

当然，本书所用汉语中介语语料库在属性方面存在一定的局限：语体限于书面语体，缺乏口语语料；只分了初、中、高三个级别，语料分级细化程度不够。我们认为，这种局限基本上不影响上述结论。为了更好地证明本书提出的假设，我们打算以后尽力收集口语语料，建成一个一定规模的口语语料库，并新建一个初级水平的细分级书面语料库，进一步对兼类虚词的语法化顺序和习得顺序之间的一致关系进行研究。

语法化包括虚词功能的语法化，也包括结构甚至句式的语法化。本书在虚词的语法化顺序和习得顺序的一致关系方面进行了尝试，研究结果使我们有理由相信，语法化同样也可以作为汉语多义和相关结构式或句式习得顺序研究的理论框架。这是我们将来进一步研究的方向。

参考文献

［丹麦］奥托·叶斯柏森：《语法哲学》，何勇等译，语文出版社 1988
　　年版。

池爱平：《"跟"的语法化》，《内江师范学院学报》2011 年第 5 期。

储泽祥、谢晓明：《语法化研究中应重视的若干问题》，《世界汉语教学》
　　2002 年第 2 期。

董秀芳：《词汇化：汉语双音词的衍生和发展》，四川民族出版社 2002
　　年版。

董秀芳：《汉语的词库与词法》，北京大学出版社 2004 年版。

董秀芳：《"是"的进一步语法化：由虚词到词内成分》，《当代语言学》
　　2004 年第 1 期。

方一新、姜兴鲁：《"甚至"的词汇化历程》，《江南大学学报》2009 年第
　　1 期。

冯丽萍、孙红娟：《第二语言习得顺序研究方法述评》，《语言教学与研
　　究》2010 年第 1 期。

高顺全：《动词虚化与对外汉语教学》，《语言教学与研究》2002 年第
　　6 期。

高顺全：《从语法化的角度看语言点的安排》，《语言教学与研究》2006
　　年第 5 期。

高顺全：《多义副词"还"的语法化顺序和习得顺序》，《华文教学与研
　　究》2011 年第 2 期。

高顺全：《多义副词的语法化顺序和习得顺序研究》，复旦大学出版社
　　2012 年版。

高育花：《近代汉语"和"类虚词研究述评》，《古代汉语研究》1998 年

第 3 期。

高增霞：《处所动词、处所介词和未完成体标记》，《中国社会科学院研究
　　生院学报》2005 年第 4 期。

洪波：《论汉语实词虚化的机制》，载郭锡良主编《古汉语语法论集》，语
　　文出版社 1998 年版。

洪波：《论平行虚化》，《汉语史研究集刊》第 2 辑，巴蜀书社 2000 年版。

洪波、董正存：《"非 X 不可"格式的历史演化和语法化》，《中国语文》
　　2004 年第 3 期。

胡孝斌：《说"还是"》，《语言教学与研究》1997 年第 4 期。

蒋骥骋、吴福祥：《近代汉语纲要》，湖南教育出版社 1997 年版。

江蓝生：《近代汉语探源》，商务印书馆 2000 年版。

江蓝生：《汉语连—介词的来源及其语法化的路径与类型》，《中国语文》
　　2012 年第 4 期。

江新：《第二语言习得的研究方法》，《语言文字应用》1999 年第 2 期。

江晓红：《基于转喻认知机制的语用推理研究》，《山东外语教学》2001
　　年第 1 期。

雷冬平：《极度构式"最/再 + X + 不过"的构成及语法化研究》，《湘潭
　　大学学报》2011 年第 1 期。

雷冬平、胡丽珍：《时间副词"正在"的形成再探》，《中国语文》2010
　　年第 1 期。

李宗江：《汉语常用词演变研究》，汉语大词典出版社 1999 年版。

李宗江：《语法化的逆过程：汉语量词的实义化》，《古汉语研究》2004
　　年第 4 期。

刘坚：《试论"和"字的发展，附论"共"字和"连"字》，《中国语文》
　　1989 年第 6 期。

刘坚、曹广顺、吴福祥：《论诱发汉语词汇语法化的若干因素》，《中国语
　　文》1995 年第 3 期。

刘颂浩：《第二语言习得导论——对外汉语教学视角》，世界图书出版公
　　司 2007 年版。

刘祥友：《"因"的虚化机制探析》，《湖南城市学院学报》2007 年第
　　5 期。

罗晓英、邵敬敏：《副词"可"的语义分化及其语用解释》，《暨南学报》

2006 年第 2 期。

吕叔湘：《中国文法要略》，商务印书馆 1982 年版。

吕叔湘：《近代汉语指代词》，学林出版社 1985 年版。

吕叔湘（主编）：《现代汉语八百词（增订本）》，商务印书馆 1999 年版。

马宁：《副词"可"的产生及发展》，温州大学硕士学位论文 2011 年。

马贝加：《介词"同"的产生》，《中国语文》1993 年第 3 期。

马贝加：《介词"因"辨义》，《语文研究》1996 年第 2 期。

彭利贞：《现代汉语情态研究》，中国社会科学出版社 2007 年版。

彭小川：《转折句中的"还是"》，《汉语学习》2009 年第 6 期。

齐春红：《现代汉语语气副词"可"的强调转折功能探源》，《云南民族大
学学报》2006 年第 3 期。

齐沪扬：《语气词与语气系统》，安徽教育出版社 2002 年版。

戚国辉、杨成虎：《语法化和母语语法习得》，《宁波大学学报》2008 年
第 3 期。

钱旭菁：《日本留学生汉语趋向补语的习得顺序》，《世界汉语教学》1997
年第 1 期。

仇志群：《普通话中副词"在"和"正在"的来源》，《聊城师范学院学
报》1991 年第 1 期。

沈家煊：《"语法化"研究综观》，《外语教学与研究》1994 年第 4 期。

沈家煊：《实词虚化的机制——〈演化而来的语法〉评介》，《当代语言
学》1998 年第 3 期。

沈家煊：《语言的"主观性"与"主观化"》，《外语教学与研究》2001 年
第 4 期。

沈家煊：《说"不过"》，《清华大学学报》2004 年第 5 期。

沈家煊：《语用原则、语用推理和语义演变》，《外语教学与研究》2004
年第 4 期。

施家炜：《外国留学生 22 类现代汉语句式的习得顺序研究》，《世界汉语
教学》1998 年第 4 期。

施家炜：《国内第二语言习得研究二十年》，《语言教学与研究》2006 年
第 1 期。

石毓智：《判断词"是"构成连词的概念基础》，《汉语学习》2005 年第
5 期。

石毓智、李讷：《汉语语法化的历程——形态句法发展的动因和机制》，北京大学出版社 2001 年版。

解惠全：《谈实词的虚化》，《语言研究论丛（4）》，南开大学出版社 1987 年版。

宋彦云：《"这么""那么"的近现代用法比较》，《语文学刊》2010 年第 8 期。

孙朝奋：《〈虚化论〉评介》，《国外语言学》1994 年第 4 期。

孙德金：《对外汉语语法教学应慎用语法化理论》，《语言文字应用》2011 年第 4 期。

太田辰夫：《中国语历史文法》，蒋绍愚、徐昌华译，北京大学出版社 1987 年版。

王力：《汉语史稿》，中华书局 1980 年版。

王力：《汉语语法史》，商务印书馆 1989 年版。

王伟：《论"在"的语法化》，《西安外国语大学学报》2009 年第 3 期。

王霞：《转折连词"不过"的来源及语法化过程》，《河北师范大学学报》2003 年第 2 期。

王灿龙：《说"这么"和"那么"》，《汉语学习》2004 年第 1 期。

王灿龙：《词汇化二例——兼谈词汇化和语法化的关系》，《当代语言学》2005 年第 3 期。

王月萍：《"可是"的语法化》，《安阳师范学院学报》2000 年第 3 期。

吴颖：《"还是"的多义性与习得难度》，《华文教学与研究》2010 年第 4 期。

吴福祥：《关于语法化的单向性问题》，《当代语言学》2003a 年第 4 期。

吴福祥：《汉语伴随介词语法化的类型学研究》，《中国语文》2003b 年第 1 期。

武克忠（主编）：《现代汉语常用虚词词典》，浙江教育出版社 1992 年版。

席嘉：《转折副词"可"探源》，《语言研究》2003 年第 2 期。

席嘉：《与副词"只"有关的几个连词的历时考察》，《武汉大学学报》2004 年第 6 期。

席嘉：《选择关联"不是 X 就是 Y"的语法化研究》，《古汉语研究》2006 年第 2 期。

席嘉：《近代汉语连词》，中国社会科学出版社 2010 年版。

向明友、黄立鹤：《汉语语法化研究——从实词虚化到语法化理论》，《汉语学习》2008 年第 5 期。

邢志群：《汉语动词语法化的机制》，《语言学论丛》第 28 辑，2003 年。

杨成虎：《语法化与母语习得》，《宁波大学学报》2005 年第 6 期。

杨德峰：《英语母语学习者趋向补语的习得顺序》，《世界汉语教学》2003 年第 4 期。

杨德峰：《日语母语学习者趋向补语习得情况分析》，《暨南大学华文学院学报》2004 年第 3 期。

肖奚强等：《外国学生汉语句式学习难度及分级排序研究》，高等教育出版社 2009 年版。

杨慧芬：《副词"可"的语义及用法》，《世界汉语教学》1993 年第 4 期。

杨荣祥：《近代汉语副词》，商务印书馆 2005 年版。

杨永龙：《〈朱子语类〉完成体研究》，河南大学出版社 2001 年版。

姚小鹏：《副词"可是"的语法化及相关问题》，《汉语学习》2007 年第 3 期。

于超：《副词"还是"的多角度考察》，延边大学硕士论文，2007。

于江：《近代汉语"和"类虚词考察》，《中国语文》1996 年第 6 期。

张鹏：《古汉语"因"的语法化》，《遵义师范学院学报》2007 年第 1 期。

张斌（主编）：《现代汉语虚词词典》，商务印书馆 2001 年版。

张雪平：《"可"的程度意义及其来源和演变》，《天中学刊》2005 年第 6 期。

张亚军：《时间副词"正""正在""在"及其虚化过程考察》，《上海师范大学学报》2002 年第 1 期。

张谊生：《现代汉语副词研究》，学林出版社 2000 年版。

张谊生：《"就是"的篇章衔接功能及其语法化过程》，《世界汉语教学》2002 年第 3 期。

张谊生：《现代汉语副词探索》，学林出版社 2004 年版。

赵新：《"不过"补语句的历史考察》，《语言研究》2000 年第 2 期。

赵克诚：《近代汉语语法》，陕西师范大学出版社 1987 年版。

周小兵：《学习难度的测定和考察》，《世界汉语教学》2004 年第 1 期。

周小兵、刘瑜：《汉语语法点学习发展难度》，《华文教学与研究》2010 年第 1 期。

周刚:《连词与相关问题》,安徽教育出版社 2002 年版。

周静:《"甚至"的语篇衔接功能和语法化历程》,《暨南学报》2004 年第
5 期。

周娟:《副词"还是"的非类同用法试析》,《汉语学习》2005 年第 5 期。

周生亚:《并列连词"与""及"用法辨析》,《中国语文》1989 年第
2 期。

朱德熙:《语法讲义》,商务印书馆 1982 年版。

国家汉办(编):《高等学校外国留学生汉语教学大纲(长期进修)》,北
京语言大学出版社 2002 年版。

中国社会科学院语言研究所古代汉语研究室(编):《古代汉语虚词词
典》,商务印书馆 1999 年版。

Dulay, H. & Burt. M. 1974, "Natural Sequences in Child Second Language
Acquisition", *Language Learning*. 24: 37 – 53.

Eckman, F. 1977, "Markedness and the Contrastive Analysis Hypothesis",
Language Learning. 27: 315 – 330.

Erbaugh, Mary S. 1986, "Taking Stock: The Development of Noun Classifiers
Historically and in Young Children," In Craig, C. (ed.), *Noun Classes
and Categorization*, Amsterdam/Philadelphia: John Benjamins, 399 – 436.

Gass, S. & L. Selinker, 2008, *Second Language Acquisition: An Introductory
Course*. 赵扬译,北京大学出版社 2011 年版。

Giacalone Ramat, A. 1992, "Grammaticalization Processes in the Area of Tem-
poral and Modal. Relations", *Studies in Second Language Acquisition*. 14:
297 – 322.

Givón, T. 1998, "On the Co-evolution of Language, Mind and Brain," *Evo-
lution of Communication*. 2: 45 – 116.

Goldschneider, J. M. and Dekeyser, R. M. 2001, "Explaining the Natural Or-
der of L2 Morpheme Acquisition in English," *Language Learning*51: 1
– 50.

Hopper, P. J. and Traugott, E. 1993, *Grammaticalization*. Cambridge Univer-
sity Press,外语教学与研究出版社 2001 年版。

Krashen, S. 1982, *Principles and Practice in Second Language Acquisition*,
London: Pergamon.

Krashen, S. 1985, *The Input Hypothesis: Issues and Implications*, New York: Longman.

Larsen-Freeman, D. 1976, "An Explanation for the Morpheme Acquisition Order of Second Ianguage Iearners'," *Language Learning*26: 125 – 134.

Liu, Jian & Alain Peyraube 1994, "History of Some Coordinative Conjunctions in Chinese", *Journal of Chinese Linguistics*. Vol. 22. No. 2.

LlorençComajoan & Manuel Pérez Saldanya. 2005, "Grammaticalization and Language Acquisition: Interaction of Lexical Aspect and Discourse", Selected Proceedings of the 6th Conference on the Acquisition of Spanish and Portuguese as First and Second Languages, David Eddington (Ed.), 44 – 55.

Pienemann, M. 1989, "Is language teachable?" *Applied Linguisitics*10: 52 – 79.

Pienemann, M. 1998, *Language Processing and Second Language Development: Processability Theory*, Amsterdam: John Benjamins.

Slobin, D. 1994, "Talking Perfectly. Discourse Origins of the Present Perfect", In W. Pagliuca (eds.), *Perspectives on grammaticalization*. Amsterdam: John Benjamins.

Slobin, D. 2002, "Language Evolution, Acquisition and Diachrony: Probing the Parallels", In Givón, T. , & Malle, B. F. (eds.), *The Evolution of Ianguage Out of Pre-language* (pp. 375 – 392), Amsterdam: John Benjamins.

Traugott, Elizabeth C. 1995, "Subjectification in Grammaticalizaton", In Stein, D. ands. Wright (eds), *Subjectivity and Subjectivisaton in Language*. 31 – 54, Cambridge University Press.

Ziegeler, D. 1997, "Retention in Ontogenetic and Diachronic Grammaticalization", *Cognitive Linguistics*8: 207 – 241.

后　记

本书是作者承担国家社会科学基金项目"基于语法化理论的汉语兼类虚词习得顺序研究"（项目批准号：09BYY031）的最终成果。该项目已经通过审核结项，鉴定等级为良好。

本书可以看作拙著《多义副词的语法化顺序和习得顺序研究》（复旦大学出版社 2012 年出版，教育部人文社科规划基金项目）的姊妹篇。其特色也是理论导向和实证研究相结合。

感谢南京师范大学肖奚强教授，肖教授友情提供的南师大汉语中介语语料是本书实证研究的重要基础。感谢复旦大学国际文化交流学院研究生程阿西子、杜氏碧莲、俞媛媛、吴小怡、卞舒舒、赵莹、沈安怡和刘芳等同学，本研究使用的自建语料库主要是她们辛勤劳动的结果。程阿西子同学还以介连兼类虚词的习得情况考察为题完成了硕士学位论文，本书第四、第五两章的部分内容在很大程度上受益于她的研究。蒲丛丛、王怡姐、罗星、孙立彦等同学为本书部分章节的语料分类标注做了不少工作，在此也一并表示谢意。

感谢中国社会科学出版社副总编郭沂纹女士为本书出版提供的大力支持。感谢责任编辑吴丽平女士，她为本书付出了大量的时间和精力。

高顺全

2014 年 10 月于复旦大学